Christa Farwick und Adam Riese

DASMÜNSTERBUCH
Der Stadtführer

Daedalus Verlag

Benutzerhinweis:
Anschriften, Web-Adressen etc. unterliegen Änderungen.

INHALT

ADRESSEN IM ÜBERBLICK

Zu Ihrer Orientierung haben wir zahlreiche Adressen zusammengestellt, können aber nicht alle Einrichtungen nennen. In der *Münster-Information* im *Stadthaus 1* bekommen Sie tagesaktuelle Informationen zu Freizeit, Sport, Kultur, Veranstaltungen und Ausstellungen. Lassen Sie sich einfach inspirieren.

Willkommen

Es ist schon ein Phänomen. Ganz gleich, wohin Sie der Weg durch Münster auch führt – westfälische Idylle und urbanes Leben sind eine perfekte Symbiose eingegangen. Auf Schritt und Tritt erleben Sie diese Welten fast immer gleichzeitig. Wahrscheinlich ist es genau diese Mischung, die für die große Lebensqualität sorgt. Auch dem Weltenbummler wird ganz warm ums Herz, wenn die Glocken am späten Samstagnachmittag von allen Türmen läuten.

Das Zusammenspiel aus alten Traditionen und jugendlichem Schwung prägt das Lebensgefühl ebenso wie die Balance aus mittelalterlichen Giebelhäusern und avantgardistischer Architektur oder das Nebeneinander von Altbierschänke und Trend-Location. Wegen ihrer Silhouette mit den vielen Kirchtürmen wird die Stadt auch das „nordische Rom" genannt.

Aus einer Koexistenz der Welten zwischen Pumpernickel und Prinzipalmarkt, Forschung und Technologie, westfälischer Dickköpfigkeit und studentischer Offenheit ist ein dynamischer Prozess gegenseitiger Inspiration geworden. Der einstige Verhandlungsort des Westfälischen Friedens, der über Jahrhunderte von Kirche und Kaufmannschaft geprägt

Kirchturm ist Spitze. Das sahen die Münsterländer schon so, als sie noch Sachsen hießen. Seitdem bauten sie wuchtige oder steile Türme und statteten die Kirchen mit kostbaren Schätzen aus.

war, hat sich immer weiter zu einem weltoffenen, europäisch denkenden Münster entwickelt.

Die Westfalenmetropole ist seit Jahren preisverdächtig. Es regnete Auszeichnungen für Klimaschutz, Fahrrad- oder Kinderfreundlichkeit. Sogar bei einem weltweiten Wettbewerb um die höchste Lebensqualität siegte Münster und hängte Städte wie Seattle ab.

Das Flair der Stadt und die wirtschaftliche Entwicklung sind eng verbunden mit der *Westfälischen Wilhelms-Universität*, der drittgrößten Uni Deutschlands. Jeder siebte Münsteraner studiert oder arbeitet dort. 50 000 Studierende machen die Stadt jung, die Hälfte der fast 300 000 Einwohner ist unter 35 Jahre alt. Die Universität, die Fachhochschulen, Akademien und Forschungseinrichtungen sorgen auch für einen Transfer der Wissenschaften in die Praxis. So hat sich Münster zu einem renommierten Standort für Nano- und Biotechnologie entwickelt.

Kunst und Kultur lassen sich in Münster genießen. Alle zehn Jahre trifft sich die internationale Szene zur weltweit gefeierten Ausstellung *Skulptur Projekte*. Die Künstlerinnen und Künstler sind eingeladen, sich in ihren Werken mit Münster auseinanderzusetzen. Da plaudern schwedische und japanische Besucher vor Skulpturen und Installationen, Spanier und Amerikaner stärken sich am Reibekuchenstand für die Kunst. Galerien und Museen bereichern mit moderner Kunst und alten Meistern die Kulturlandschaft.

Mit Schwung und frischem Wind um die Nase geht es durch die Fahrradstadt Münster.

Auf dem Markt den Einkaufskorb füllen und dann den Latte Macchiato genießen

Die Theaterszene vom Boulevard bis zum Off-Theater mit hochkarätigem Gastspielprogramm internationaler Künstler ist einzigartig für eine Stadt dieser Größenordnung.

Auch im musikalischen Takt swingt Münster vom Frühling bis zum Winter live auf den Bühnen der Clubs, mit dem städtischen Sinfonieorchester, bei zahlreichen Konzerten drinnen und draußen.

Ausgehen in Münster macht einfach Spaß. Bei Tag und Nacht. In der bunten Kneipenszene, in Biergärten und Cafés, in Clubs oder Discos, in der Gastro-Meile am Hafen, auf dem *Germania Campus* oder im Kuhviertel. Es gibt fast doppelt so viele Fahrräder in der Stadt wie Einwohner, nämlich über 500 000. Von der Studentin bis zur Firmenchefin, vom „grünen" Polizeipräsidenten bis zum Oberbürgermeister – mehr als hunderttausend Menschen in Münster schwingen sich täglich auf die Leeze, wie das Fahrrad in der alten Masematte-Sprache heißt. Zum Glück hatte der Universitätsgründer Franz von Fürstenberg vor ein paar Jahrhunderten die Idee, die Stadtmauer abzureißen und stattdessen eine Promenade rund um die Stadt anzulegen. Daraus ist einer der schönsten innerstädtischen Rad- und Spazierwege weit und breit geworden.

In Münster lässt sich's leben. In der City, im Kreuzviertel mit seinen Jugendstilfassaden oder im Stadtteil Klein-Muffi am Kanal. Im urbanen Rhythmus oder ganz naturnah.

Joggen im Park, Segeln auf dem Aasee, Rudern auf dem Kanal oder

Paddeln auf der Werse, ein Spaziergang um die Promenade oder durch den Schlossgarten: Aus fast jedem Stadtviertel sind es nur ein paar Meter, um Sport zu treiben. Zu einem größeren Ausflug laden die Wasserburgen und Kaffeewirtschaften im Umland ein.

Traditionell ist Münster Verwaltungszentrum einer Region mit anderthalb Millionen Menschen, der „Schreibtisch Westfalens". 80 Prozent der Beschäftigten arbeiten im Dienstleistungssektor. Neben Einrichtungen von Bund und Land – wie Regierungspräsidium, Verfassungsgerichtshof, Oberverwaltungsgericht und Polizei-Führungsakademie – sind es vor allem die privaten Dienstleister – wie Versicherungen, Rechenzentren, Banken oder West-Lotto. Münster ist Boomtown für die Finanzwirtschaft. Außerdem haben hohe Verwaltungsinstanzen der Bundeswehr ihren Sitz in der früheren Garnisonsstadt.

Die ehemalige westfälische Provinzialhauptstadt ist Sitz *des Landschaftsverbandes Westfalen-Lippe*. Das Rückgrat der Industrie bilden Unternehmen wie der größte Autolackhersteller Europas, die *BASF Coatings AG*, der Farbenhersteller *Brillux*, der Energieversorger *Westfalen AG* und der Mineralfaser- und Kunststoffverarbeiter *Armstrong World Industries*.

Im Kirchenleben Deutschlands spielt Münster als Bischofssitz und drittgrößtes Bistum eine bedeutende Rolle. Niederrheiner, Oldenburger und Münsterländer: Mehr als zwei Millionen Katholiken gehören zu dieser Diözese.

Wie es in einer katholischen Gegend so Brauch ist, liegt das Oberbürgermeisteramt in konservativen Händen. Zum Schrecken mancher Münsteraner hatte das Amt eine Wahlperiode lang während der Koalition aus SPD und Grünen eine Frau inne. Und die war auch noch Protestantin! Mit den Kommunalwahlen 1999 wurde dem für das konservative Münster politischen Spuk ein Ende gesetzt. Seitdem führen wieder Oberbürgermeister von der CDU die Geschicke der Stadt.

Sie sehen, Münster steckt voller Überraschungen und wartet nur darauf, von Ihnen entdeckt zu werden. Per pedes oder ganz stilsicher mit dem Fahrrad.

Münster:
www.muenster.de
Münster-Wiki:
wiki.muenster.org
Portal für die Region Münsterland:
www.muensterland.de
Münsterland e.V.:
www.muensterland.com

St.-Paulus-Dom

UNTERWEGS IN MÜNSTER

Rundgang durch die Altstadt | Von der City zum Schloss |
Das schicke Kreuzviertel | Rein ins Vergnügen:
Das Hafenviertel | Ausflüge und Freizeitvergnügen

RUNDGANG DURCH DIE ALTSTADT

Prinzipalmarkt und Rathaus

Besonders stolz sind die Münsteraner auf den **Prinzipalmarkt**. Diesen Prachtboulevard mit dem mittelalterlichen Flair nennen sie liebevoll „Gute Stube". Das Kopfsteinpflaster macht allerdings nicht nur dem Betrachter, sondern vor allem Münsters Schustern Freude, die die lädierten Absätze der Damenschuhe wieder reparieren dürfen.

Im Laufe von Jahrhunderten sind 48 imposante Giebelhäuser entstanden; nach einer Bombennacht im Oktober 1943 lag diese städtebauliche Glanzleistung in Schutt und Asche. In den fünfziger Jahren wurden die alten Fassaden in einheitlicher Höhe wieder aufgebaut – einige originalgetreu, die meisten mit einfacheren Formen und zum Teil mit modernen Stilelementen. Schon seit dem Mittelalter ist der Prinzipalmarkt das Handelszentrum der Stadt. Am Rand der Domburg hatten sich um das Jahr 1000 Kaufleute und Händler niedergelassen.

Apostelkirche	Erbdrostenhof	Picassomuseum
Clemenskirche	Kiepenkerldenkmal	Rathaus
Dom	Ludgerikirche	St. Lamberti

Entlang der blauen Linie lässt sich die Tour in zwei Rundgänge aufteilen.

MEINMÜNSTER

„Mit meiner Frau genieße ich es, mit dem Fahrrad durch die Promenade zu fahren. Wo gibt es eine Stadt, die soviel Natur hat, aber sich auch kulturell von vielen anderen Orten abhebt? Durch das *Picassomuseum* hat Münster einen internationalen Standard erreicht, auf den mich viele Menschen in der Welt ansprechen. Welche Stadt kann so etwas Schönes bieten wie den Prinzipalmarkt mit seinen hervorragenden Geschäften und kleinen Cafés? Meine Frau und ich sind glücklich, das wunderschöne Haus am Kreuztor 1 bewohnen zu dürfen. Unseren internationalen Gästen zeigen wir die hohe Gastlichkeit vom *Kleinen Kiepenkerl*, vom *Oerschen Hof* und von der *Villa Medici*."

Dieter Sieger *(Architekt und Designer)*

Im 12. Jahrhundert boten sie im Bereich des heutigen Prinzipalmarktes ihre Waren auf Tischen direkt vor ihren Häusern an. Sie standen damit unter hölzernen Schlechtwetter-Konstruktionen, die die Vorläufer der berühmten Bogengänge waren. Mit dem wachsenden Reichtum entstanden auf dem Prinzipalmarkt immer prächtigere Bauten. Die Häuser mit den oft dreistöckigen Giebeln stammen aus der Zeit der späten Gotik und der Renaissance.

Seit Jahrhunderten geht man gern „unterm Bogen" einkaufen. Dass sich der Münsteraner aber auch zu Shopping-Trips nach außerhalb aufmachte, belegt schon der älteste bekannte Fund einer münsterschen Münze, des Mimigernafordpfennigs von etwa 988, in Schweden.

Die Arkaden des Prinzipalmarkts haben auch den späteren Papst Alexander VII. beeindruckt. Ab 1644 lebte er als Nuntius des Vatikans anlässlich der Westfälischen Friedensverhandlungen für ein paar Jahre in Münster. Als Pontifex beauftragte Alexander VII. den berühmten Architekten

Mit diesem Mimigernafordpfennig hat ein Münsteraner um 988 in Schweden eingekauft.

Bernini, der das Gesicht des barocken Roms prägte. Wie gut der Papst sich da noch an Münster erinnerte, zeigen die Bogengänge am Petersplatz.

Blick aus dem zerstörten Rathaus in Richtung Dom (1948)

Im Zentrum des Prinzipalmarkts steht Münsters Wahrzeichen: Das historische **Rathaus** mit seinem berühmten hohen Giebel ist ein beeindruckendes Beispiel gotischer Bauschöpfung. Nach der Zerstörung im Krieg wurde es auf Privatinitiative der Kaufleute und mit Hilfe eifriger Spenden der Bürger fast originalgetreu wieder aufgebaut.

Das Prunkstück entstand bereits im 12. Jahrhundert. Der Treppengiebel stammt aus dem 14. Jahrhundert, der einige Jahrzehnte später verziert wurde. Der historische **Friedenssaal**

ist legendärer Ort des Westfälischen Friedens. Im Rathausfestsaal im ersten Stock findet alljährlich das *Kramermahl* statt, eine Traditionsveranstaltung der münsterschen Kaufleute mit Grünkohl und prominenten Gastrednern.

Der Treppengiebel ist reich mit

Das Symbol westfälischer Identität wurde durch das beispiellose Engagement der Bürger, allen voran die Kaufmannschaft, innerhalb weniger Jahre wiedererrichtet.

Skulpturen geschmückt und war für den Betrachter im Mittelalter ein christliches Bilderbuch.

An dem Rathauspfeiler auf Höhe des Schriftzugs FRIEDENSSAAL sind die Köpfe der Täuferführer dargestellt. An der linken Außenwand glänzt ein kleines Rechteck aus Blattgold, das der Münsteraner Künstler Adolf

UNTERWEGS IN MÜNSTER

Westfälischer Friede

Der berühmteste Raum im münsterschen Rathaus ist der *Friedenssaal*, der symbolträchtige Ort des Westfälischen Friedens von 1648. Er sieht noch fast genauso aus wie zu Zeiten des Friedenskongresses in Münster und Osnabrück, mit dem das Ende des Dreißigjährigen Krieges besiegelt wurde. Auch kunsthistorisch ist der Saal mit der originalen Einrichtung von größtem Wert. Das Mobiliar war während des Zweiten Weltkrieges rechtzeitig in Sicherheit gebracht worden. Ein üppig mit Schnitzereien verzierter Aktenschrank stammt aus dem Jahr 1540. Daneben befinden sich die Bürgermeisterbank und der Richtertisch, der noch an die Funktion der Ratskammer als Gerichtssaal erinnert. Die Holzschnitzwerke im Renaissancestil wurden im Jahr 1577 nach den Entwürfen Hermann tom Rings angefertigt.

Der Friedenskongress ist das bedeutendste weltgeschichtliche Ereignis, das in Münster stattgefunden hat. An dem Dauermassaker des Krieges hatte sich fast

Die kostbare Holzvertäfelung im Stil der Renaissance gehörte zum wertvollen Inventar des *Friedenssaals*, das im Mai 1942 in Sicherheit gebracht wurde.

Knüppel 1993 mit einer Feder aufgetragen hat. An dieser Stelle trifft die alte Bausubstanz auf die neue. Der Stein mit der Jahreszahl 1335 unterhalb des Rechtecks stammt von der ursprünglichen Bebauung, der obere Stein von 1951 aus der Zeit des Wiederaufbaus.

Beim Wiederaufbau des **Stadtweinhauses**, dem Spätrenaissance-Bau gleich neben dem Rathaus, hielt man sich auch sehr genau an das Original aus den Jahren 1615/16. Es diente im Mittelalter als Lager für den städtischen Wein und die Stadtwaage. Rats- und Gerichtsbeschlüsse

Fabio Chigi, vatikanischer Nuntius und späterer Papst Alexander VII., mochte Münsters Bogengänge, beschimpfte aber die Einwohner als „Breifresser".

ganz Europa beteiligt, unter anderem Frankreich, Dänemark, Schweden, Spanien, Polen und Deutschland. Gekämpft wurde um die Vorherrschaft der katholischen oder evangelischen Konfession sowie um die Position des Kaisers im Reich gegenüber den Fürstentümern. Die Fürsten gewannen mit dem Friedensschluss ihre Unabhängigkeit, was für Deutschland den Beginn der Kleinstaaterei bedeutete.

Erstmalig in der Geschichte Europas wurde ein Friede durch diplomatischen Dialog erreicht – im wahrsten Sinne des Wortes auf dem „Verhandlungswege". Denn dass sich der Friedensschluss über Jahre hinzog, hing auch mit den Strecken zusammen, die zwischen den Gesandten in Münster und Osnabrück immer wieder zurückgelegt werden mussten.

Im Friedenssaal wurde am 15. Mai 1648 der für den Dreißigjährigen Krieg entscheidende Vertrag über den Teilfrieden zwischen Spanien und den Niederlanden unterzeichnet und damit die Entstehung des souveränen Staates Niederlande besiegelt. Das große Gemälde des holländischen Meisters Gerard Terborch im *Friedenssaal* zeigt den historischen Staatsakt als Symbol des Westfälischen Friedens. Die holländischen und spanischen Gesandten sprachen ihren Eid vor den Truhen, die die Friedensverträge und Ratifikationsurkunde enthielten.

Die Hauptverträge des römisch-deutschen Kaisers Ferdinand III. mit Frankreich und Schweden wurden erst im Oktober in den jeweiligen Quartieren der Gesandten in Münster und Osnabrück abgeschlossen. Die Portraits der 32 Botschafter und ihrer Souveräne, Kaiser Ferdinand III., König Ludwig XIV. von Frankreich und Philipp IV. von Spanien, hängen ebenfalls im *Friedenssaal*.

Die Einwohnerzahl Münsters wuchs während der fünf Jahre dauernden Verhandlungen beinahe auf das Doppelte an, denn jeder Diplomat wurde von einem Gefolge von bis zu 200 Menschen begleitet. Einem italienischen Nuntius aus Mantua war offensichtlich besonders mulmig zumute: „Die Hölle muss leer sein, denn die Teufel sind alle in Münster".

wurden von seinem Balkon unter dem großen Stadtwappen aus verkündet. Darunter liegt der *Sentenzbogen* – der Name leitet sich von Sententia, dem lateinischen Wort für „(Gerichts-)Beschluss", ab.

Die beiden kleinen Gassen links und rechts vom Rathaus führen in den Innenhof. Hier fallen zwei L-förmige Stahlobjekte ins Auge, die einander gegenüberstehenden Bänken gleichen. Diese 18-Tonnen-Skulptur des baskischen Bildhauers Eduardo Chillida erinnert seit 1993 an den Westfälischen Frieden und mahnt gemäß ihrem Titel zu Toleranz durch

Den 350. Jahrestag des Westfälischen Friedens feierte Münster ein ganzes Jahr lang. Höhepunkt war das in der Geschichte der Bundesrepublik bis dahin einmalige Treffen von 20 Staatschefs – darunter einige gekrönte Häupter wie König Juan Carlos von Spanien – am 24. Oktober 1998. Die großen Jubiläumsfestivitäten ließen ahnen, wie bunt das Treiben war, das die Friedensverhandlungen Jahrhunderte vorher begleitete und das Publikum in Münster amüsierte. Rund 150 Veranstaltungen zwischen 1643 und 1649 schufen eine Festkultur, mit der die damalige ständische Gesellschaft ihre diplomatischen Intentionen unterstrich. Die Einladung in die VIP-Lounge war damals eben genauso wichtig wie

Die Gesandten beim Friedensschwur 1648, festgehalten von Gerard Terborch, der den niederländischen Gesandten begleitete

heute. Theater, Bankett und Ballett waren für die Gesandten-Gesellschaft auch eine Plattform, um politische Ziele durchzusetzen. Die Rangordnung im europäischen Machtgefüge ließ sich sogar an der Art der prunkvollen Einzüge der Delegationen oder der Teilnahme an Prozessionen und Zeremonien ablesen. Dass die Sitzordnung der Diplomaten Indiz für den Stand der zwischenstaatlichen Beziehungen war, versteht sich von selbst. Trotz des politischen oder gesellschaftskritischen Inhalts ging es immer auch um das Entertainment – zur Freude der Münsteraner, die durch öffentliche Inszenierungen in den Genuss von barockem Lebensgefühl mit Musik, Tanz und Theater kamen. Auch die Einwohner der Stadt beteiligten sich an den Kulturereignissen. So unterstrichen zum Beispiel die Jesuiten mit zahlreichen Inszenierungen – auch mit den Schülern des jesuitischen Gymnasiums *Paulinum* – ihren Einfluss.

Eine Karnevalskomödie allerdings, die die neue Freundschaft zwischen Niederländern und Spaniern signalisieren sollte, entwickelte sich durch eingeschmuggelte Störenfriede im wahrsten Sinne des Wortes zu einem Mantel- und Degenstück. Selbst Ehrengäste zückten ihre Waffen. Das Ablenkungsmanöver eines niederländischen Gesandtschaftssekretärs endete für ihn im Gartenteich. Während man ihn dort herausfischte, ging die Feier munter weiter.

Forschungsstelle Westfälischer Friede:
www.westfaelischer-friede.de

Erinnerungen an den Friedensschluss

Nicht nur im *Friedenssaal*, sondern in der gesamten Stadt gibt es kleine Zeugnisse des Westfälischen Friedens zu entdecken. Der Dalai Lama pflanzte bei seinem Besuch 1998 eine Kastanie auf dem ehemaligen britischen Kasernengelände *Loddenheide*. Im Pflaster der münsterschen Straßen tragen sogar Kanaldeckel das Logo mit der Taube des großen Jubiläums zum 350. Jahrestag.

Im Rathaus-Innenhof wurde stellvertretend für die Provinzen der Niederlande ein Dutzend Pflastersteinchen in eine Bodenplatte eingelassen, um an

die Geburt des unabhängigen Staates Niederlande mit dem Westfälischen Friedensschluss zu erinnern.

Der Münsteraner Adolf Knüppel brachte vor den ehemaligen Gesandtenquartieren Hinweistafeln mit einem Friedenslogo und dem Namenszug des jeweiligen Gesandten an – zum Beispiel am Domplatz oder an einer *Karstadt*-Säule gegenüber der *Clemenskirche*.

Pflastersteine im Rathaus-Innenhof

Dialog. Der Künstler sagte bei der Einweihung der Skulptur: „Wer sitzt, der kämpft nicht."
Gegenüber an den kleinen Balkonen des *Stadthauses 1* erzählen Bronzetafeln von der Entstehung Münsters. Vom elften Stock dieses Gebäudes hat man übrigens eine großartige Aussicht. Größere Gruppen sollten allerdings den Pförtner um Erlaubnis fragen.

Der Weg führt aus dem Rathaus-Innenhof nach rechts hinaus, sofort links zum Kaufhaus *Karstadt* und rechts daran entlang zur *Clemenskirche*.

Ein Schwergewicht, das doch Leichtigkeit ausstrahlt: Eduardo Chillidas Skulptur *Toleranz durch Dialog* im Rathaus-Innenhof.

Salzstraße

Die Clemenskirche (1745 bis 1753) ist ein Meisterwerk des großen Barockarchitekten Johann Conrad Schlaun, ebenso wie der elegante Erbdrostenhof, der schon an der nächsten Ecke auf bewundernde Blicke wartet. Wer durch diese Stadt spaziert, wird immer wieder Schlauns Baukunst entdecken – beim *Schloss Münster* genauso wie hier an der *Clemenskirche*.

Der helle Sandstein im Wechsel mit roten Backsteinen, ein konkav-konvexer Fassadenschwung: Das ist typisch Schlaun. Der Grundriss der Papst Clemens geweihten Kirche ist ein gleichseitiges Dreieck mit runden und flachen Nischen. Das Kuppelgebäude ist nach römischem Vorbild entstanden. Bayernprinz Clemens August, der seit 1719 Fürstbischof von Münster war, ließ die Kirche als Kapelle des dazu gehörenden Krankenhauses und Klosters bauen. Sein Wappen befindet sich über dem Eingangsportal. Das runde Innere der Kirche statteten süddeutsche Künstler im Stil des Rokoko aus.

Für viele Paare ist es ein Herzenswunsch, unter dem wundervollen Kuppelfresko der *Clemenskirche* zu heiraten.

UNTERWEGS IN MÜNSTER

Das Prunkstück *Erbdrostenhof* mit prachtvollem Festsaal war das schönste Stadtpalais der barocken Domstadt.

Hochzeitspärchen lassen sich hier besonders gerne trauen, weil sie sich unter dem prächtigen Kuppelfresko wie im siebten Himmel fühlen. Und in dem besonderen Licht fühlt sich die Braut so schön wie abends im Kerzenschein. Das Fresko zeigt die Himmelfahrt des Papstes, die doppelten Altarsäulen strahlen in Himmelblau, der Farbe der Wittelsbacher. Wie am Rathaus weist auch an der *Clemenskirche* eine Blattgoldmarkierung auf die Grenze zwischen alter und neuer Bausubstanz hin.

Zwischen *Clemenskirche* und der *Servatiikirche* aus dem 13. Jahrhundert liegt der Maria-Euthymia-Platz, benannt nach der berühmten Clemensschwester, die Papst Johannes Paul II. im Oktober 2001 selig gesprochen hat. Weil sich Schwester Maria Euthymia im Zweiten Weltkrieg aufopferungsvoll um Kriegsgefangene gekümmert hat, wurde sie „Engel der Liebe" genannt. Seit ihrem Tod im Jahre 1955 pilgern Heerscharen von Gläubigen zu ihrer Grabstelle auf Münsters Zentralfriedhof.

Die Bronzeplastik *Der Aufstieg* aus dem Jahr 1929 mitten auf dem Platz stammt von Otto Freundlich. Durch die Ringoldsgasse gelangt man zum Erbdrostenhof (1753–1757), dem Glanzstück Johann Conrad Schlauns. Der Haupteingang des schönsten Adelshofes des 18. Jahrhunderts liegt an der Fußgängerzone Salzstraße. Die Verzierungen unter den Balkonen stellen die ver-

Schlachtmonat November mit Mettwürsten

schiedenen Monate dar: Karnevalssymbole stehen für den Februar; Kirschen und Gartenschere weisen auf den Juni hin. Und wie könnte es in Westfalen anders sein: Der November ist der Mettwurstmonat.
Der Erbdroste, der Stellvertreter des Fürstbischofs, Adolph Heidenreich hatte sich eine damals im Trend liegende Dreiflügelanlage gewünscht.

Das Problem des kleinen Bauplatzes löste Schlaun genial, indem er den *Erbdrostenhof* diagonal auf das Grundstück setzte. Die Architektur beweist die große Virtuosität des Baumeisters. Der atemberaubend schöne Festsaal ist nur zu offiziellen Anlässen geöffnet.
Die meist im barocken Stil von den besten Baumeistern der Zeit – wie Schlaun, Pictorius, Lipper – gebauten Adelshöfe in der Stadt sind Gegenstücke zur ländlichen Sommerresidenz, der Wasserburg. Im Winter wurde der Adelshof zum politischen und kulturellen Mittelpunkt. Einige dieser Höfe sind in der Königsstraße erhalten.
Der ehemalige Hanseweg *Salzstraße* wurde 1725 fertiggestellt und ist damit Münsters älteste Geschäftsstraße, auf der Salz zu den wichtigsten Handelsgütern zählte. Seit 1993 erinnern Wappen und in Messing gefasste Steine aus den Hansestädten im Straßenpflaster an die Hanse, zu der auch Münster gehörte.

Straßenbahn am Roggenmarkt um 1940

Die Hanse

Die *Hanse* war in ihrer Blütezeit eine sehr mächtige Organisation von niederdeutschen Fernkaufleuten, der rund 200 große und kleinere Städte angehörten. Der wirtschaftliche Einflussbereich reichte im 16. Jahrhundert von Portugal bis Russland und von den skandinavischen Ländern bis nach Italien. Die hansischen Kaufleute versorgten West- und Mitteleuropa mit Luxuswaren, Nahrungsmitteln und Rohstoffen des nördlichen und östlichen Europa. Im Gegenzug brachten die Hansekaufleute die gewerblichen Fertigprodukte des Westens und Südens wie Tuche, Metallwaren, besonders Waffen, und Gewürze.

Münster ist Mitglied im *Internationalen Hansebund* der Neuzeit, der weltweit größten freiwilligen Städtegemeinschaft. Alljährlich im Mai organisiert die Stadt einen Internationalen Hansetag und drückt damit die Verbundenheit mit Wirtschaft und Handel aus. Die Kaufleute decken auf dem Prinzipalmarkt die große Hansetafel und bewirten Bürger und internationale Gäste.

TIPP

Vom Erbdrostenhof rund fünfzig Meter stadtauswärts lädt auf der linken Seite der Salzstraße das **Stadtmuseum** hinter der Gründerzeitfassade des ehemaligen ältesten Kaufhauses der Stadt zum Besuch ein. Das Haus wurde einst analog zum *Erbdrostenhof* diagonal auf das Grundstück gebaut.

Im 18. Jahrhundert entwickelte sich die Salzstraße zu einem vornehmen Boulevard. Zusammen mit Prinzipalmarkt und Ludgeristraße bildet sie Münsters Einkaufsmeile.

Schräg gegenüber vom *Erbdrostenhof* sieht man die Kneipe *Der Bunte Vogel*, die als eines der ersten Szenelokale Ende der siebziger Jahre an der Rothenburg 20 Geschichte machte. In ihren jetzigen Räumlichkeiten am Alten Steinweg 41 befand sich bis 1986 die Gastwirtschaft *Heulende Kurve*. Beim Bier hörte man hier regelmäßig die Räder der abbiegenden Straßenbahn quietschen, die den Münsteranern bis 1954 erhalten blieb.

Der Weg führt die Salzstraße hinunter Richtung Prinzipalmarkt. Gegen-

UNTERWEGS IN MÜNSTER

über dem Kaufhaus *Karstadt* hält die Devotionalienhandlung *Kuhlmann* Kerzen und Heiligenfiguren bereit.

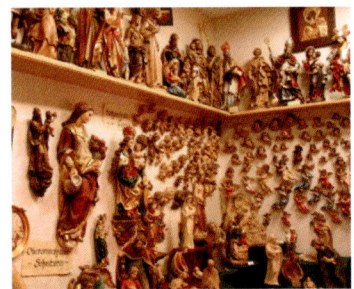

Tradition in Devotionalien und Kerzen bei Kuhlmann in der Salzstraße

Die Dominikanerkirche (1705-1725) mit ihren schlanken Glockentürmen macht den barocken Dreiklang mit *Erbdrostenhof* und *Clemenskirche* komplett. Schlauns Lehrer Lambert Friedrich von Corfey hat damit an die Architektur römischer Basiliken angeknüpft. Auffällig ist der Materialkontrast zwischen der Schaufront aus Sandstein und den Ziegelwänden des Kirchenschiffs. Nur die 1731 entstandene Südfassade der einstigen Konventgebäude ist noch erhalten.

Zwischen Gotteshaus und *Karstadt* fliegen die „Bananen", wie der Volksmund die fünf großen Windspiele nennt. Tomitaro Nachi bringt damit den bewegten Austausch der Domstadt mit ihren Partnerstädten zum Ausdruck.

Die „fliegenden Bananen", das Symbol für Städtepartnerschaften

Partnerstädte

Münster unterhält mit folgenden Städten eine Städtepartnerschaft:
- York in Großbritannien, seit 1958
- Orléans in Frankreich, seit 1960
- Kristiansand in Norwegen, seit 1967
- Monastir in Tunesien, seit 1969
- Beaugency in Frankreich, seit 1974 Partnerstadt des Stadtbezirks Münster-Hiltrup
- Rishon-Le-Zion in Israel, seit 1981
- Fresno in den USA, seit 1986
- Rjasan in Russland, seit 1989
- Mühlhausen in Thüringen, seit 1990
- Lublin in Polen, seit 1991

Übrigens:
Die Stadt Muenster in Texas wurde nach der Westfalenmetropole benannt.

Rund um die Lambertikirche

Direkt hinter der *Dominikanerkirche* geht es rechts durch die Julius-Voos-Gasse geradewegs zur Stadtbücherei. Der postmoderne Bau von 1993 nach den Plänen des Architektenbüros Julia Bolles-Wilson und Peter Wilson wurde weltweit diskutiert. Große Beachtung findet die stadtplanerische Sensibilität für das historische Umfeld. Die Längsachse der *Lambertikirche* wird aufgegriffen und als Gasse zwischen den beiden Bauelementen der Bücherei fortgesetzt. Die acht Meter hohe Skulptur *Überfrau* hinter der Bibliothek hat der New Yorker Künstler Tom Otterness in Kooperation mit den Architekten für diesen Ort geschaffen.

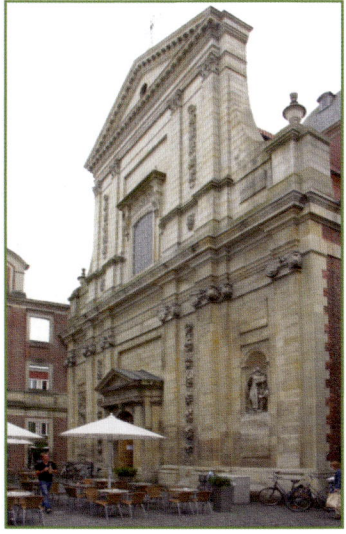

Die historische Fassade der *Dominikanerkirche*

UNTERWEGS IN MÜNSTER

Schöner Lesen in der architektonisch herausragenden Stadtbücherei

Das **Krameramtshaus** links neben der Stadtbücherei stammt aus dem Jahr 1589 und zeigt den Reichtum einstiger Bürgerbauten. Die Architektur ist eine Weiterentwicklung der lokalen Bauweise im Stil der Renaissance. Die Kaufleute errichteten es

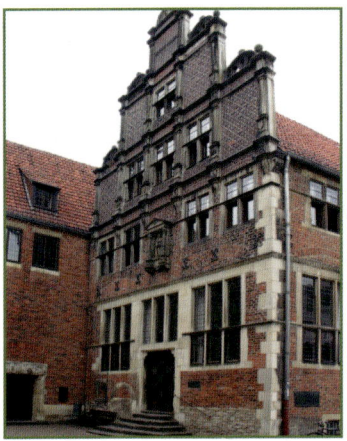

Das *Krameramtshaus*, einziges noch erhaltenes der mächtigen Gilde (1588)

als repräsentativen Versammlungsort und Warenlager. Zur Zeit der Verhandlungen zum Westfälischen Frieden hatten hier die niederländischen Gesandten ihr Quartier. Als *Haus der Niederlande* verfügt es mit seiner Bibliothek über ein deutschlandweit einzigartiges Medienangebot im Bereich der Niederlandeforschung. Das *Zentrum für Niederlande-Studien* ist die einzige wissenschaftliche Einrichtung in Deutschland, die sich interdisziplinär den Niederlanden und Flandern widmet.

Vom *Krameramtshaus* schaut man auf die Rückseite der Stadt- und Marktkirche **St. Lamberti**. Das Eckhaus links davon, am Lambertikirchplatz 1, hat ein drei Meter hohes Relief des Heiligen Lambertus im Giebel. Etwas kleiner fällt das Bildnis am Kapitell der Ecksäule aus. Hier

Glockenspiele

Sechs Glockenspiele klingen in Münster. Gegenüber der *Lambertik* WMF-Gebäude ist eines der weltweit seltenen Porzellanglockenspiele zu hören, und zwar täglich um 15 und 17 Uhr. Nur wenn es sehr kalt ist, kommen die empfindlichen Glocken aus Meißener Porzellan nicht zum Einsatz.

Das Glockenspiel im *St.-Paulus-Dom* mit dem Figurenumgang der Heiligen Drei Könige an der Astronomischen Uhr hört man montags bis samstags um 12, sonn- und feiertags um 12.30 Uhr. Mit dem Glockenspiel im *Stadthausturm*, täglich um

11, 15 und 19 Uhr, wird sogar manchmal Live-Musik geboten. Im Schlossgarten kann man täglich um 8, 12 und 18 Uhr sehr gut die Klänge vom Glockenspiel im Schloss hören. Im Landeshaus des *Landschaftsverbandes Westfalen-Lippe*, an der Promenade/Ende Mauritzstraße, werden die Glocken um 8, 13, 18 und 20 Uhr gespielt. Die Weltzeituhr an der Rothenburg 12/13 ertönt täglich um 12, 16, 17 und 18 Uhr.

Münster klingt

ist das münstersche Original Philipp Kuhlmann (1849-1921), Küster von *St. Lamberti*, verewigt. An der Salzstraße 11-13 betrieb er eine Kerzenzieherei und Hostienbäckerei. Die Kerzenhandlung war eben noch Station dieses Rundgangs.

Berühmt ist die *Lambertikirche* seit Jahrhunderten für die drei eisernen Käfige am Kirchturm über der goldenen Uhr. Sie stammen aus einem rebellischen Kapitel der Stadtgeschichte, dem Königreich der Täufer.

Mit *St. Lamberti* ist während der reichen Hansezeiten die in Westfalen entstandene Idee der Hallenkirche perfekt realisiert worden. Die Grundsteinlegung der spätgotischen Markt-

und Stadtkirche erfolgte im Jahr 1375. Die Kirche spiegelt den Wohlstand und die Stärke der Kaufleute wider und ist das fünfte Gotteshaus an dieser Stelle. Bis in das Jahr 1000 sind die Anfänge der Marktkirche der Fernkaufleute zurückzuverfolgen.

Der mit Ornamenten geschmückte Innenraum wirkt weit und lichtdurch-

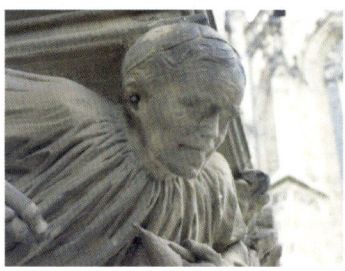

Küster und Kerzenmacher Kuhlmann

...ßutet. Der imposante neogotische Turm, geschaffen vom Dombaumeister Hilger Hertel, ist angelehnt an das Vorbild des *Freiburger Münsters*. Vollendet wurde der Bau des 90,5 Meter hohen Turmes im Jahr 1898. Der alte Turm, von dem Teile aus dem 12. Jahrhundert stammen, musste wegen Baufälligkeit abgerissen werden. Dabei entdeckte man alte jüdische Grabsteine, die nach der Vertreibung der Juden im Pestjahr 1349/50 als Baumaterial verwendet wurden.

Zu den erhaltenen Kunstwerken gehören die gotische Madonna von 1380 am Pfeiler zwischen den beiden Chorräumen und das Silberexpositorium von 1782 nach den Entwürfen von Wilhelm Ferdinand Lipper, dem Nachfolger Schlauns als Hofbaumeister.

Der berühmte Glockengießer Gerhard de Wou goss 1493 zwei der acht Lambertiglocken. Die Geschichte der *Lambertikirche* ist zugleich ein Blick in die Kirchengeschichte mit Reformation und Herrschaft der Täufer. Während der Französischen Revolution war die *Lambertikirche* ein Refugium für französische Bischöfe und Kardinäle. Der im Jahr 2005 seliggesprochene Kardinal Clemens August Graf von Galen war hier bis 1933 Pfarrer und hielt später als Bischof von der Kanzel seine berühmten Predigten gegen das NS-Regime.

Spricht man in Münster vom „Brunnen", so ist der Lambertibrunnen vor der Kirche gemeint. Hier traf sich in den siebziger und achtziger Jahren die Jugend – von den Hippies über

Das Königreich der Täufer

Die Täufer waren eine im Zuge der Reformation entstandene Glaubensgemeinschaft, deren Ansichten grundlegend von der bis dahin gültigen Kirchenlehre abwichen. Populärer ist der Begriff der „Wiedertäufer", weil sich ihre Anhänger ein zweites Mal taufen ließen.

In Münster fielen die reformerischen Ideen in einer Zeit der Konflikte der Bürgerschaft mit dem Fürstbischof als Stadtherrn auf fruchtbaren Boden. Den Weg dahin hatte auch der Prediger Bernhard Rothmann bereitet. Mit ihm und seinen für das katholische Umfeld ketzerischen Gedanken hatte Münster einen eigenen Reformator. Dabei verlief die Reformation bis Mitte 1533 nicht anders als in anderen Städten, die wie Münster mehrheitlich lutherisch geworden waren. Doch die Situation wurde immer radikaler. Rothmann wandte sich den reformatorischen Lehren Zwinglis zu: Er brach zur Eucharistie westfälisches Weißbrot und wurde daher „Stutenbernd" genannt. Dann geriet er unter den Einfluss des Täufertums. Er war einer der ersten, die in Münster die Erwachsenentaufe als bewussten Willensakt propagierten – ein ungeheuerlicher Affront gegen den Kaiser, die damaligen Herrscher und

die Punkszene und schließlich auch die etwas braveren Jugendlichen. Das Zusammentreffen verschiedener Subkulturen endete für manch einen nicht selten in einem unfreiwilligen Bad im Brunnen.

Samstags mittags kamen aus allen Schulen Münsters die Pennäler herbei und füllten den Platz, so dass Passanten sich nur schwer den Weg durch die Massen bahnen konnten. Als aber Ende der achtziger Jahre ein Reiseführer den Brunnen als Szenetreff und somit als Touristenattraktion auswies, blieb die Jugend aus. Wie sehr doch Reiseführer der Kultur einer Stadt schaden können!

Im *Lambertibrunnen* ist lange keiner mehr baden gegangen.

deren Einheit von Staat und Kirche, zu der ein durch Geburt festgelegter Glaube gehörte. Sie drohten den erwachsenen Täuflingen mit der Todesstrafe. Auf die politisch und religiös aufgeheizte Stimmung in der Stadt trafen zwei Abgesandte des „Propheten" Jan Mathys, die sich auf erfolgreicher Missionstour befanden und neue Apostel im Schlepptau hatten. Münster wurde zur Hochburg der Täufer: Die religiösen Eiferer rissen die Macht an sich und zwangen den Bischof aus der Stadt. Schließlich zog der Prophet Jan Mathys selbst mit 1 400 Jüngern in die Stadt ein und deklarierte sie als „Neues Jerusalem", in dem das Jüngste Gericht erwartet werden sollte. Das hatte er aufgrund seiner seherischen Fähigkeiten auf Ostern 1534 datiert. Die Erwartung, das Weltende könnte vor der Tür stehen, war übrigens durchaus populär zu jener Zeit. Was als frohe Massenbewegung begann, bei der auch die Frauen sehr viel stärker am religiösen Leben teilhaben konnten, nahm bald tyrannische Züge an. Der Druck auf die Täufer wurde nicht nur angesichts der bis an die Zähne bewaffneten Soldaten vor den Stadttoren größer, sondern auch wegen des drohenden Weltendes. Säuberungsaktionen sollten die Stadt auf den Tag vorbereiten. Wer sich nicht taufen ließ, musste ohne Hab und Gut fliehen. Bücher wurden verbrannt; der Bildersturm mit der Zerstörung in den Kirchen setzte ein und die Gütergemeinschaft wurde ausgerufen. Zurück blieben 5 500 Einwohner und 2 500 zugezogene Anhänger der neuen Religion.

Doch Ostern verstrich ohne den erwarteten Untergang. Der kam nur für Jan Mathys selbst, als er mit einem Häuflein Täufer durch das Stadttor geradewegs in die Arme seiner Widersacher ritt. Von seinem zerstückelten Körper blieb nur der aufgespießte Kopf.

Am Westeingang der *Lambertikirche*, zum Prinzipalmarkt hin, begegnet einem der eine oder andere komische Heilige. Rechts neben der Tür steht eine Statue, deren Gesicht zumindest Germanistikprofessoren bekannt vorkommen müsste. Zwei der vier Evangelisten des Bildhauers Anton Rüller weisen nämlich eine bemerkenswerte Besonderheit auf: Lukas trägt die Gesichtszüge von Johann Wolfgang von Goethe und Johannes die von Friedrich Schiller – allerdings des jungen Schiller, darum erscheint dessen Gesicht nicht so vertraut wie das von Goethe.

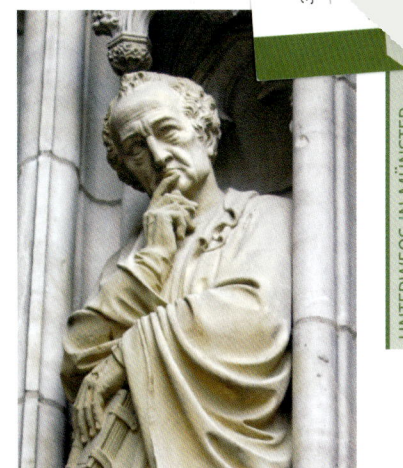

Komischer Heiliger: Dichterfürst Goethe am Westportal der *Lambertikirche*

Stattdessen begann eine andere Art der Götterdämmerung. Die Stunde von Johann Bockelson war gekommen, besser bekannt unter dem Künstlernamen Jan van Leyden. Die eben noch anarchistischen Wiedertäufer-Rebellen gegen Kaiser, Kirche und Papst errichteten ein totalitäres Regiment. Der ehemaligen Bürgerelite gab van Leyden mit der Herrschaft der „Zwölf Ältesten" ihre Führungsrolle zurück. Mit Bernd Knipperdolling als Statthalter und Scharfrichter sowie Reichskanzler Heinrich Krechting führte er ein Schreckensregiment, das jeden Widerstand im Blut erstickte. Jan van Leyden krönte sich selbst, errichtete das Königreich Zions und heiratete Divara, die Witwe des Propheten Mathys. Zepter, Siegelring und Reichsapfel komplettierten die königliche Ausstattung. Der ehemalige Schauspieler, Gastwirt und Tuchhändler spielte seine Rolle glänzend. Anscheinend war er ein großer Rhetoriker und hatte nicht nur hoch zu Ross ein gewinnendes Auftreten. Sein Page war pikanterweise der uneheliche Sohn des Bischofs von Waldeck, der die Stadt belagerte.

Die Gesetze, die van Leyden erließ, waren nicht unoriginell: Getreu dem alttestamentarischen Spruch „Seid fruchtbar und mehret Euch" wurde für gebärfähige Frauen die Ehepflicht ausgerufen. Diese Maßnahme sollte die Frauen wieder in die patriarchalische Gesellschaft zurückholen. Nach den Wirren der Vertreibungen der Nichtgläubigen und dem Zuzug von Missionierten stand das Geschlechterverhältnis in Münster Kopf: Nur 1 800 Männer zählt die Statistik, aber 4 900 Frauen und 1 200 Kinder. Hurerei und Ehebruch wurden ebenso wie Murren und Aufruhr gegen die Obrigkeit mit dem Tode bestraft.

►

Erst fromm, dann fundamentalistisch: Jan van Leyden und Bernhard Knipperdolling

Die Vielweiberei hatte Jan van Leyden offensichtlich nicht ganz uneigennützig eingeführt, er selbst ging mit der bescheidenen Anzahl von 16 Frauen die Ehe ein. Eine von ihnen, Elisabeth Wandscherer, enthauptete er eigenhändig auf dem Marktplatz inmitten einer Volksversammlung. Sie hatte sich angemaßt, ihm Prasserei angesichts eines hungernden Volkes vorzuwerfen.

Der Druck auf die Täufer in der Stadt wurde größer: Die Vorräte gingen zu Ende, abtrünnige Täufer, die aus der Stadt fliehen konnten, verrieten dem Bischof Schwachstellen in der Verteidigung. In der Nacht vom 24. auf den 25. Juni 1535 eroberten die Soldaten des Bischofs Franz von Waldeck mit Hilfe des Landgrafen Phillip von Hessen die Stadt zurück.

Die Rache des Bischofs war furchtbar, die Leichen der Wiedertäufer pflasterten die Straßen der Stadt. Für seine wichtigsten Gefangenen hatte sich von Waldeck etwas Besonderes ausgedacht. Ein halbes Jahr lang wurden sie verhört und gefoltert, doch

Sozialromantischer Blick in die Badestube der Wiedertäufer (Kupferstich von Virgil Solis, 16. Jh., im *LWL-Museum*)

in allen wesentlichen Glaubensfragen blieben sie standhaft. Am 6. Januar 1536 fällte ein Inquisitionsgericht in Wolbeck das Todesurteil über drei prominente Täufer: die Anführer Bernd Knipperdolling und Jan van Leyden sowie Heinrich Krechtings Bruder Bernd. Letzterer musste sein Leben lassen, weil der Reichskanzler fliehen konnte. Heinrich Krechting starb erst 1580 als hoch geachteter Mann.

Die aus heutiger Sicht grausame Hinrichtung entsprach der damals geltenden Rechtsauffassung und war nicht unüblich. Sie fand am 22. Januar vor dem Rathaus statt. Die Verurteilten wurden mit glühenden Zangen brutal gefoltert und schließlich mit einem Dolch erstochen. Ihre zerfetzten Leiber hängte der Bischof zur Abschreckung in den drei eisernen Körben am Kirchturm von *St. Lamberti* auf, wo die Reformation durch Bernhard Rothmann ihren Ausgangspunkt genommen hatte. Dieses Symbol für die Strenge der Apostolischen Kirche wurde erst mit dem Abbruch des alten Turms am 3. Dezember 1881 zum ersten Mal vorübergehend abgenommen.

Die Käfige als Grabstätten sollten verhindern, dass die Seelen der drei ins Himmelreich einzögen. Zwar war die Präsentation von Verbrechern im 16. Jahrhundert nicht ungewöhnlich – Hingerichtete und dann ihre Gräber über Jahrhunderte zur Schau zu stellen, ist jedoch nur aus Münster bekannt.

Die Nachfahren der Täufer gehörten zu den Gründern der USA; unter anderem wanderten sie als Mennoniten aus den Niederlanden nach Amerika aus.

Seit 1987 erinnert eine Installation mit drei Glühbirnen in den Käfigen an die verlorenen Seelen der Täuferführer. Sie trägt den Namen *Drei Irrlichter* und wurde vom Künstler Lothar Baumgarten im Rahmen der Skulpturen-Ausstellung 1987 geschaffen. Ein lichtempfindlicher Regler schaltet die Lampen bei einbrechender Dunkelheit ein. Wie Totenlichter bewegen sie sich im Wind. Der herausragenden künstlerischen Arbeit gelingt es, an die fanatische Schreckensherrschaft der Täufer zu erinnern, aber auch an die Beharrlichkeit der Kirche, ihre Macht zu demonstrieren. Selbst nach den Zerstörungen an der Kirche im Zweiten Weltkrieg wurden die Käfige wieder aufgehängt.

Drei Irrlichter leuchten durch die Nacht in den Täuferkäfigen an *St. Lamberti*.

Die vielschichtige Historie der Täufer-Herrschaft interessiert die Kunstschaffenden seit Jahrhunderten. Die Massenbewegung, die Vorstellung, dass die ungewöhnlichen Geschehnisse an diesem konservativ-heimeligen Ort Münster ihren Lauf nahmen, inspirierte Dichter, Musiker und Theatermacher zugleich. So sind die Täufer oft Gegenstand von Literatur, Film und Musik. Nicht nur in Jürgen Kehrers Krimi *Wilsberg und die Wiedertäufer* (der 2007 für das ZDF verfilmt wurde) oder in Friedrich Dürrenmatts Drama *Die Wiedertäufer*. Auch Heine erwähnt in seinem *Wintermärchen* die Täufer und „jene Körbe von Eisen, die hoch zu Münster hängen am Turm, der *St. Lamberti* geheißen".

Norbert Johannimlohs Roman *Die zweite Judith* von 2000 handelt von drei der sechzehn Gattinnen des Jan van Leyden. Dessen Leben erzählt Robert Schneider (*Schlafes Bruder*) in seinem Roman *Kristus* von 2004. Für den WDR schrieb Christoph Busch das Buch zu einer Hörspielserie um. Ein literarisches Meisterwerk anderer Sorte ist das Bastei-Heft *Wiedertäufer-Vampire* aus der Gruselromanserie um den Dämonenjäger Mark Hellmann. Darin wird der Universitätsprofessor Uhlengang nach Münster gerufen, um gegen die als Vampire zurückgekehrten Täufer zu kämpfen.

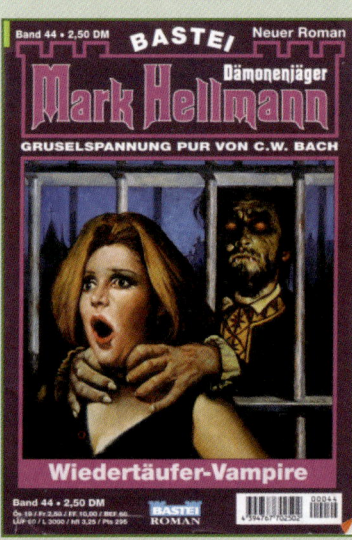

Hohe Literatur von 1999

Das *Theater im Pumpenhaus* eröffnete 1985 mit dem Wiedertäuferstück *Herz der Freiheit* von Dirk Spelsberg. Die auch überregional beachtete Täufer-Oper *Divara – Wasser und Blut* schrieb der italienische Komponist Azio Corghi 1993 für Münsters Stadttheater. Giacomo Meyerbeer dramatisierte mit seiner Oper *Le Prophète* 1849 ebenfalls die Geschichte der Täuferbewegung. Er wurde damit zum international führenden Opernkomponisten seines Jahrhunderts: Von Paris aus ging das Werk innerhalb weniger Jahre über alle führenden Bühnen der Welt.

Tom Toelle drehte 1993 den ZDF-Historienfilm *König der letzten Tage* mit Christoph Waltz als Jan van Leyden und Mario Adorf als Franz von Waldeck.

Der Grund für diese künstlerische Säkularisierung der Säulenheiligen ist nicht überliefert. Vielleicht hatten es Rüller ja die deutschen Dichter besonders angetan, nachdem er mit dem Annette-von-Droste-Hülshoff-Denkmal die erste Portraitbüste Münsters geschaffen hatte. Oder man fühlte sich in Goethes Schuld, dem es in Münster an Gastfreundschaft fehlte, als er im Dezember 1792 die Fürstin von Gallitzin besuchte: „In Münster fuhr ich an einen Gasthof, wo mir aber Zimmer und Bett durchaus versagt wurden: Die französischen Emigrierten hatten sich in Masse auch hierher geworfen und jeden Winkel

Die Türmerin

Die Wiedertäuferkäfige sind nicht die einzige Besonderheit, mit der die Spitze des Lambertikirchturms aufwarten kann. Dort oben, in einer kleinen Stube, sitzt die höchste städtische Angestellte, die Türmerin von *St. Lamberti*. Mit Martje Salje ist 2014 erstmals eine Frau in die Turmstube eingezogen und damit die dritte Turmwächterin Deutschlands. Zum Job der jungen Frau zählt nicht nur das halbstündliche Tuten des Horns zwischen 21.00 Uhr und Mitternacht (außer dienstags), sondern auch das Läuten der Ratsglocke zu besonderen Anlässen und die Brandwache. Bereits 1379 wurde der Lambertiwächter urkundlich erwähnt.

Zwei Türmer aus dem Jahr 1627 wurden schriftlich aufgefordert, „in Zukunft des Nachts ihre Weiber vom Turm zu lassen, sich des Saufens zu enthalten und nüchtern ihre Wacht in Acht zu nehmen."

Im Jahr 1902 bekam ein Türmer zu hören: „Bei Strafe sofortiger Entlassung hat er sich jeder Verunreinigung des Turmes, namentlich des Ausgießens seines Nachtgeschirrs auf dem Umgang oder von diesem herab, zu enthalten."

In den achtziger Jahren versackte ein Aushilfstürmer zwischen zwei Blaseinsätzen in einer Kneipe, so dass er für den Rest des Abends das Tröten vergaß. Es hagelte Beschwerdeanrufe von Anwohnern, die behaupteten, ohne das regelmäßige Tuten nicht schlafen zu können.

Der Aufgang zur Amtstube des Türmers ist dem Prinzipalmarkt zugewandt. Die kleine Tür liegt etwas versteckt. Zur Not kann man den steinernen Goethe am Kircheneingang nach dem Weg fragen.

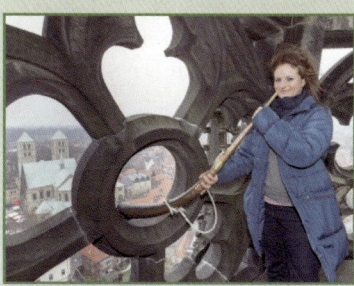

In schwindelnder Höhe hält die Türmerin Wacht.

ausgefüllt. Unter diesen Umständen bedachte ich mich nicht lange und brachte die Stunden auf einem Stuhl in der Wirtsstube hin."

Heutzutage hätte man jemanden, der im Sitzen einschläft, als vermeintlichen Besuffski aus der Kneipe geschmissen und ihm womöglich noch das Götz-Zitat hinterhergerufen. Für die Übernachtung auf dem Stuhl an der Rothenburg 2 im Gasthof *Zur Stadt London* – der wurde 1895 abgerissen – musste Goethe auch noch drei Reichsthaler entrichten. Er hat Münster nie wieder betreten.

Kiepenkerlviertel

Vom Prinzipalmarkt geht es über die Straße Drubbel (der Name zeigt an, dass hier die Häuser einmal sehr eng zusammen standen) durch Roggenmarkt und Bogenstraße in das Kiepenkerlviertel.

Vom Brunnen auf dem Platz mit dem großen Handwerkerbaum blickt ein bronzener Herr. Den Korb, den der Kollege auf dem Buckel hat, nennt man Kiepe – hier ist sie gefüllt mit Eiern, Kartoffeln und einem Hasen. Männer wie dieser schleppten bis vor etwa hundert Jahren landwirtschaftliche Produkte auf ihrem Rücken direkt von den Bauernhöfen auf die Märkte der Stadt. Die Kiepenkerle fungierten ganz nebenher als wandelnde Auskunftei, gelegentlich sogar als Heiratsvermittler. Pfeife, Knotenstock und Leinenkittel gehörten fest zum Outfit der Kiepenkerle. Die beiden alteingesessenen Restaurants neben dem Denkmal sind nach ihnen benannt.

Jeff Koons, der amerikanische Objektkünstler, nahm die Bronzefigur während der Skulptur-Ausstellung 1987 aufs Korn. Der furiose Macher der Ausstellung *Skulptur Projekte*, Kasper König, hatte es in Deutschland als erster gewagt, den umstrittenen Künstler einzuladen. Koons ließ die Münsteraner Traditionsfigur in Edelstahl abgießen, auf Hochglanz polieren und tauschte den alten Kiepenkerl

---

TIPP

Dort wo der Roggenmarkt in die Bogenstraße übergeht, lohnt sich ein Blick nach rechts in die Neubrückenstraße. Sie sehen dort das **Stadttheater**, in dessen Bau 1955 die Ruine des *Romberger Hofes* sehr elegant integriert wurde. Schräg gegenüber dem Theater steht die evangelische **Apostelkirche**, der erste gotische Kirchenbau Münsters.

Münster-Fan Theodor Heuss zwischen zwei Kiepenkerlen (1953)

für die Dauer der Ausstellung gegen die hochglänzende Kopie aus. Der Künstler spielte damit auch auf die Geschichte des Denkmals an, das die Bombardierung im Krieg überstanden hatte, während ringsherum alles in Schutt und Asche lag. Die Nazis missbrauchten das Bild des standhaften Kiepenkerls inmitten der Trümmer, um den Durchhaltewillen der Bevölkerung zu stärken. Dann aber zerschoss ein alliierter Panzerfahrer das Denkmal. Noch in den Kriegstrümmern wurde eine Nachbildung der Bronzestatue in Anwesenheit von Bundespräsident Theodor Heuss eingeweiht. Seither pflegte jener zu sagen: „Wenn ich in einer schönen Stadt war, habe ich immer gesagt, sie sei die zweitschönste in Deutschland. Damit provozierte ich die Frage,

welche denn die schönste sei. Und dann habe ich gesagt: Münster."

Trotzdem und dennoch
Wi staoht fast!

Wi staoht fast – Wir bleiben standhaft: Ein Plakat als Instrument der Durchhaltepropaganda. Das Kiepenkerldenkmal hatte den Luftangriff vom 10. Oktober 1943 überstanden.

… Kiepenkerl liegt das
…, Schauplatz des Kult-
…ms *Alle Jahre wieder*, der 1967 mit
Sabine Sinjen gedreht wurde.
Die Nikolausstatue von 1966 an der
Hausecke erinnert an eine kleine
Nikolauskapelle, die sich zu Karolin-
gerzeiten in der Domburg befunden
hatte.

Domplatz

Am *Hotel Busche* geht es die Stufen
hoch in Richtung **Dom**, vorbei an
der Häuserzeile am **Horsteberg**, die
sich oberhalb der Treppe nach rechts
erstreckt. Ein Stück weiter auf der
linken Seite sieht man zwischen den

Bäumen das Denkmal von Kardinal
Clemens August Graf von Galen.

Je nach Sonnenstand und Jahres-
zeit leuchtet der Sandstein des *St.-
Paulus-Doms* und zaubert damit
eine ganz besondere Atmosphäre.
Große Teile wurden aus Baumberger
Sandstein geschaffen, dem „westfälischen Marmor". Auch für das
Rathaus, den *Friedenssaal*, einige
Fassaden des Prinzipalmarktes und
das Schloss wurde dieser besondere gelb-braune Naturstein aus den
Steinbrüchen der nahe gelegenen
hügeligen Landschaft der Baumberge eingesetzt.
Die imposante Bischofskirche ist
zwar 109 Meter lang, doch das

Westfälische Reihe unterm Kreuz: Edith Stein, die selige Anna Katharina Emmerick
aus Coesfeld, Kardinal von Galen und Jan van Leyden im Abseits

Der Löwe von Münster

Der Pfarrer der münsterschen *Lambertikirche*, Clemens August Graf von Galen (1878–1946), wurde 1933, im Jahr von Hitlers Machtübernahme, zum Bischof von Münster berufen. Im Sommer des Jahres 1941 hielt er gegen die nationalsozialistische Rassenideologie und die Euthanasiemorde drei mutige Predigten, die ihn als „Löwen von Münster" berühmt gemacht haben. Gestärkt durch den großen Rückhalt in der Bevölkerung konnte er einer Verhaftung durch die Staatsmacht entgehen und unzählige Ermordungen im Münsterland verhindern.

Galens reservierte Haltung zur Demokratie und die Befürwortung des Zweiten Weltkrieges werden allerdings von Historikern kritisch beurteilt.

Im Jahr 1946 wurde er von Papst Pius XII. zum Kardinal ernannt. Er ist noch im selben Jahr verstorben. Papst Benedikt XVI. sprach von Galen am 9. Oktober 2005 selig.

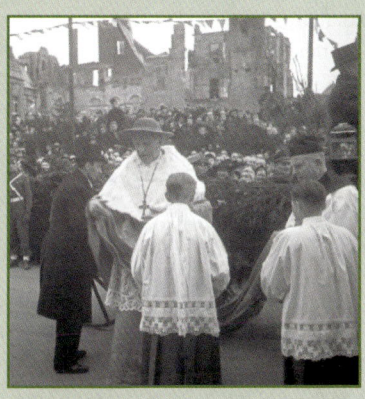

Als Kardinal kehrt von Galen am 16. März 1946 aus Rom nach Münster zurück. Junge Messdiener begrüßen ihn vor der zerstörten *Lambertikirche*.

Bistum Münster:
www.bistummuenster.de

Hauptgebäude hat nur eine Höhe von 27 Metern. Die Türme messen jeweils 55 und 57 Meter. Die Architektur der Basilika ist romanisch geprägt, die verschiedenen Anbauten aus dem 16. Jahrhundert sind gotischen Stils. Das Innere des Doms überrascht mit seiner Helligkeit. Sie entsteht aus dem Zusammenspiel der weit gespannten Bögen zwischen den Hoch- und Seitenschiffen mit den gotischen Fenstern.

Über das sogenannte Paradies, die heutige Haupteingangshalle, gelangt man von der Südseite in den Dom. Aus einiger Entfernung ist über diesem Vorbau ein runder Skulpturenschmuck in Form eines großen Rades zu sehen, das aus der Erbauungszeit stammt. In der Mitte erkennt man den mächtigen Kopf des heiligen Paulus, Patron von Bistum und Dom. Im Kreis angeordnet sind das Haupt von Johannes dem Täufer sowie Löwe und Lamm aus der Apokalypse des Johannes.

UNTERWEGS IN MÜNSTER

Wie Münster entstand

Das Zentrum Münsters befindet sich schon seit über 1 200 Jahren auf dem Domhügel. Die Archäologen buddeln und puzzeln noch eifrig, um neue Erkenntnisse über die exakten ersten Ansiedlungen zu bekommen. Die erste Siedlung Mimigernaford, mit den Sachsen im 7. Jahrhundert n. Chr. entstanden, lag vermutlich jenseits der Aa im Bereich der heutigen *Überwasserkirche*.

Karl der Große unterwarf die Sachsen und zwang sie in sein neues christlich-römisches Reich. Die so zu Christen bekehrten Menschen schienen von der Religion noch nicht besonders begeistert zu sein. Da schickte Karl im Jahr 793 den friesischen Missionar Liudger in das westliche Sachsenland.

Der europaweit gereiste Liudger war allerdings kein Anhänger der imperialen Methode, er wollte friedlich missionieren. Mit großem Erfolg: Auf dem Domhügel entstand ein neues Mimigernaford mit dem ersten Kloster im Bereich des Horstebergs. Damit legte Liudger den Grundstein für den Bischofssitz und den rasanten Aufstieg zur Stadt. Von „Monasterium" (lateinisch für Kloster) leitet sich der Name Münster ab.

797 gründete der später heiliggesprochene Liudger eine Domschule für Mönche, das heutige Gymnasium *Paulinum*. Es wetteifert mit dem Gymna-

Der Horsteberg, ein ebenso romantischer wie geschichtsträchtiger Ort am Dom sium *Carolinum* in Osnabrück um den Titel „älteste Schule Deutschlands". Mangels handfester urkundlicher Beweise wird der Streit auch schon mal sportlich beim Fußballspiel ausgetragen.

Liudger wurde 805 zum ersten Bischof Münsters geweiht. Schon um das Jahr 900 stieg die Siedlung zur befestigten Domburg mit mächtigem Wallgraben auf, vor dem sich die ersten Kaufleute niederließen. Die Wirtschaft boomte, und der Bischofssitz entwickelte sich zur mittelalterlichen Metropole. Im Fürstbistum errangen die Bürger zunehmend Macht, so dass der Bischof um 1170 die Stadtrechte verlieh. Die Bürger fundamentierten ihren neuen Status mit dem Bau einer Stadtmauer entlang des heutigen Promenadenrings. Münsters wirtschaftlicher und politischer Einfluss wuchs weiter; auch als Mitglied mächtiger Städtebünde und schließlich der Hanse. Ihren Reichtum präsentierten die Händler in Bauten wie dem

Liudger wird 805 zum Bischof geweiht.

Rathaus mit Schmuckgiebel, der ab circa 1370 entstand. Bereits zur Zeit der Verleihung der Stadtrechte lebten auch Juden in Münster, vor allem im Bereich des heutigen Syndikatsplatzes mit der Synagoge und dem rituellen Bad. Als 1349/1350 die große Pest in Münster wütete, richtete sich der Zorn gegen die jüdische Gemeinde. Die Mitglieder wurden getötet oder vertrieben.

Nach der Täuferherrschaft erlangte Münster 1534/35 wieder städtische Rechte, wurde aber schon 1661 vom „Bombenbernd", Fürstbischof Christoph Bernhard von Galen, unterworfen und der Unabhängigkeit und Selbstverwaltung beraubt. Als Haupt- und Residenzstadt wurde Münster Garnisonsstandort. Auch unter den folgenden Fürstbischöfen schwand der politische Einfluss der Stadt zunehmend. Im 18. Jahrhundert wandelte sich das Stadtbild – mit der Domkurie, Klöstern und barocken Adelshöfen, in denen der Landadel sein Winterquartier bezog. Anfang des 19. Jahrhunderts besetzte Preußen mit General Blücher das Fürstbistum, ihm folgte für acht Jahre bis 1813 die napoleonische Herrschaft. In den Freiheitskriegen übernahm wieder Preußen die Macht – nicht gerade zur Begeisterung der katholischen Münsteraner. Ab Ende des 19. Jahrhunderts begann das Wachstum Münsters zur Großstadt.

Der Grundstein für den heutigen Dom wurde im Jahr 1225 gelegt.

In der Eingangshalle erinnern die Fotografien an den Wänden an die Zerstörung im letzten Krieg und den späteren Wiederaufbau.

Das prächtige gotische Portal an der Westseite wurde nach dem Krieg trotz eines Sturms der Entrüstung in der Bevölkerung nicht wieder aufgebaut. Stattdessen gab der damalige Bischof Michael Keller einen Vorbau mit 16 modernen Rundfenstern, geordnet zu einem Rad, in Auftrag. Im Volksmund wird es „Seelenbrause" genannt, weil es an einen Duschkopf erinnert. Ältere Münsteraner sahen darin auch eine Telefonwählscheibe – zu Zeiten, als 16-Jährige diesen Begriff noch kann-

ten. Die Glaskunst von Ewald Mataré aus dem Jahr 1956 symbolisiert die vier Evangelisten.

Ein Schmuckstück im Inneren des Domes ist die **Astronomische Uhr** aus dem Jahr 1540 im Chorumgang der Hallenkirche. Mittags Punkt zwölf begeben sich in acht Meter Höhe die Heiligen Drei Könige auf einen kleinen Rundgang, begleitet von dem Glockenklang und den Blicken zahlreicher Touristen. Zum Anzeigen der Zeit hat die Uhr nur einen Zeiger. Und der dreht sich auch noch links herum. Was zunächst verwirrend ist, reicht aus, um auf dem 24-Stunden-Zifferblatt exakt die Zeit anzuzeigen. Auf dem äußeren Kreis lassen sich die Minuten ablesen.

Die *Astronomische Uhr* ist ein Gemeinschaftsprodukt des Mathematikers Dietrich Tzwyfel, des Schmiedes Nikolaus Windemaker und des Mönchs Johann von Aachen. Für die künstlerische Ausgestaltung war der münstersche Maler Ludger tom Ring der Ältere zuständig.

Kirchgänger können überprüfen, ob der kleine Kuckuck an der Orgel tatsächlich ein munteres Tierchen ist. Angeblich meldet er sich flügelschlagend zu Wort, wenn die Predigt (mal wieder) zu lang gerät.

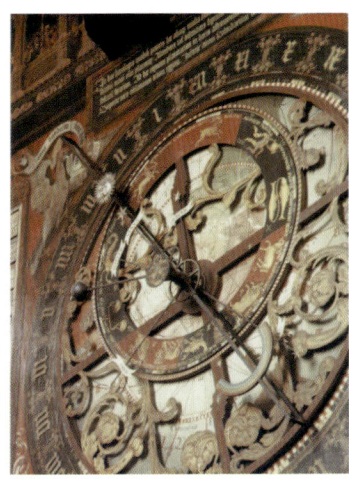

Auch ohne Chip zuverlässig: Die Astronomische Uhr im Dom

Im 17. Jahrhundert ließ der machtbesessene Fürstbischof Christoph Bernhard von Galen die drei Galenschen Kapellen bauen und schuf

Der *St.-Paulus-Dom*: Ein Kunstwerk voller Kunstwerke

sich schon zu Lebzeiten eine feudale Grabstätte. Der „Kanonenbischof" belagerte Münster drei Mal, um seinen absolutistischen Herrschaftsanspruch durchzusetzen und die alte Hansestadt gegen den Widerstand der Bürger zu erobern. Als ihm das schließlich gelang, endete die Hoffnung Münsters, freie Reichsstadt zu werden. Das Bürgertum musste sich dem absolutistischen Herrscher beugen.

In einer der Kapellen ruhen seine Gebeine, in einer anderen die sterblichen Überreste des Kardinals Clemens August Graf von Galen.

In die eindrucksvolle Domkammer auf der Nordseite gelangt man über den Kreuzgang. Mit Objekten der

TIPP

Treffpunkt Marktcafé

Einen sehr schönen Blick auf den Dom haben Sie vom **Marktcafé** aus, besonders am späten Nachmittag im Licht der untergehenden Sonne. Alle Generationen Münsters mögen diese Atmosphäre, daher trifft man hier stets eine bunte Mischung an Gästen. An der Theke, die Gastronom Jürgen Köhn aus Paris importiert hat, haben schon Ernest Hemingway und Marlon Brando gestanden.

Goldschmiede- und Textilkunst, religiösen Kunstschätzen aller Jahrhunderte, gehört sie zu den bedeutendsten Schatzkammern Europas.

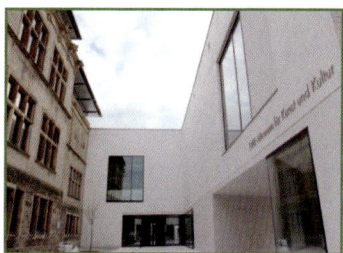

Das *LWL-Museum für Kunst und Kultur* erstrahlt seit 2014 in neuem Glanz.

Der heutige Bischof wohnt natürlich nur einen Steinwurf vom Dom entfernt. Die ehemalige Domdechanei, eine Dreiflügelanlage aus dem Jahr 1732, ist bischöfliches Palais und Generalvikariat. Mit dem Dom im Rücken und dem *Marktcafé* vor Augen liegt sie rechter Hand.

Eine Sammlung beeindruckender mittelalterlicher und moderner Kunst zeigt das LWL-Museum für Kunst und Kultur schräg gegenüber dem Dom. Zu Beginn des 20. Jahrhunderts gebaut und hundert Jahre später durch die *Staab Architekten* (Berlin) erneuert zur Wiedereröffnung im Herbst 2014. Das *LWL-Museum* veranstaltet alle zehn Jahre die berühmte Schau *Skulptur Projekte* und hält alle Informationen für deren Besucher bereit.

Geomuseum

Gegenüber dem *LWL-Museum* entlang der Pferdegasse liegt die Museumsmeile der münsterschen Universität. Das Fürstenberghaus beherbergt das *Archäologische Museum* mit seinen Kostbarkeiten. Einige Millionen Jahre alte Skelette, ein Mammut aus der Eiszeit, Dinosaurier und Korallen aus dem Erdaltertum zeigt das Geomuseum. Raritäten rund um die Heilige Schrift sind im Bibelmuseum zu bestaunen.

Immer mittwochs und samstags: Südländisches Flair auf dem westfälischen Wochenmarkt vor der Domkulisse

MEINMÜNSTER

„Münsters Markt: Das ist mein Luxus. Mit dem Fahrrad aus dem Kreuzviertel zu einem der Kaffeestände. Leute beim Schlendern und die Kinder zu beobachten,

das ist Leben pur. Im Frühling mag ich die Blumen; im Sommer das frische Obst und Gemüse. Mein Favorit: Eine frische Waffel mit Milchkaffee. Weil ich als Kind eine Kaninchenzucht hatte, schaue ich immer am Kaninchenstand vorbei. Zum Abschluss: Erbsensuppe von Rölver. Die bestelle ich auch schon mal zu Veranstaltungen am Stall; das kennen die Gäste noch aus Vaters Zeiten."

Ingrid Klimke
(Olympiasiegerin und Reitmeisterin)

Franz von Fürstenberg (1729–1810)

Das Fürstenberghaus am Domplatz gegenüber dem *LWL-Museum* birgt nicht nur das *Archäologische Museum*. Im völlig überfüllten Hörsaal 1, der sich damals noch in diesem Unigebäude befand, saßen am 28. Juni 1963 Studierende einem neuen Professor zu Füßen, der Jahrzehnte später Papst werden sollte. Joseph Ratzinger, der spätere Papst Benedikt XVI., lehrte hier bis 1966 als Professor für Dogmatik und Dogmengeschichte. Er galt als aufgeschlossener Theologe der jüngeren Generation. Über Münster sagte er damals: „Eine schöne, ja geradezu vornehme Stadt. Hier korrespondiert große Vergangenheit mit dynamischer Gegenwart. Beeindruckend."

Gleich in der Nachbarschaft, auf dem Rasen neben dem *Fürstenberghaus*, steht ein Denkmal (1855–1876) des Reformers und Uni-Gründers Franz von Fürstenberg. Die Borte wird von studentischen Witzbolden regelmäßig mit einer anderen Farbe ange-

Ein echter Macher mit Geist und Weitblick war Staatsmann und Reformer Franz von Fürstenberg.

pinselt. Kritiker warfen dem Erbauer des Standbilds vor, dass es ein Plagiat des Entwurfs der Bildhauerin Elisabet Ney sei, den die Stadt aus Kostengründen nicht realisiert hat.

Angesichts dessen, was Staatsmann Franz Friedrich Wilhelm Freiherr von Fürstenberg während seiner Amtszeit auf die Beine stellte, dürfte mancher Minister im heutigen Berlin vor Neid erblassen. Mit seinen aufklärerischen Ideen brachte der

Rothenburg und Königsstraße

Zwischen *LWL-Museum* und *Geomuseum* geht es zur nächsten Querstraße, der Johannisstraße (siehe Tipp Seite 52). Der Rundgang führt nach links in die Rothenburg. In dieser Straße – an der Hausnummer 33 – stand das Geburtshaus des Zoo-

Tafel am Geburtshaus des Originals und Zoogründers Prof. Dr. Hermann Landois

UNTERWEGS IN MÜNSTER

westfälische Adlige nicht nur frischen Wind in das Münster des 18. Jahrhunderts. Mit seiner Vorstellung eines modernen Staates zog er Menschen weit über die Region hinaus in seinen Bann. Das Duo Fürstin Amalie von Gallitzin und Fürstenberg war Dreh- und Angelpunkt des *Kreises von Münster*.

Dem Chef des Domkapitels (seit 1748) und Generalvikars des Kurfürsten (1762–1780) gelang es, seine fortschrittlichen Ideen auch politisch umzusetzen. Fürstenberg sollte den maroden Haushalt – eine Folge des Siebenjährigen Krieges – sanieren, er gründete die Universität (1773), errichtete ein Komödienhaus (1775), setzte eine moderne Medizinalverordnung durch (1776), verbesserte die Justizverwaltung, regelte das Polizeiwesen neu – und vor allem: Er reformierte das

Schulwesen von Grund auf und beispielhaft. Eltern zogen nach Münster, um ihre Sprösslinge in diesem neuen Stil unterrichten zu lassen. Allerdings musste Fürstenberg eine politische Niederlage hinnehmen, nachdem er sich für die Einführung eines stehenden Heeres eingesetzt hatte. Mit diesem Vorstoß verlor er sein Ministeramt, blieb aber Generalvikar und damit verantwortlich für das Schulwesen. Sein Freund Bernhard Heinrich Overberg unterstützte ihn bei den Reformen. Im Gymnasium wurde der Fächerkanon zugunsten der Mathematik und der Naturwissenschaften erweitert, die Schulpflicht wurde verschärft und Elementarschulen neu geordnet.

Auch vor der Geistlichkeit machten seine Vorschläge nicht halt. Gegen den heftigen Widerstand der Kirchenmänner führte er deren Besteuerung ein. Die Weiterbildung von Geistlichen war ihm ebenso ein Anliegen wie das Klosterleben.

gründers Landois, an den eine alte Gedenktafel erinnert. Ein paar Türen weiter lebte sein Onkel, der Kupferschmied Franz Essink.

Diesen beiden münsterschen Originalen und dem nicht minder berühmten Baron Bomberg hat der Uhrmachermeister Wilhelm Nonhoff mit einer **Weltzeituhr** an der

Die Weltzeituhr an der Rothenburg

TIPP ❗

Wer am Ende der Pferdegasse nach rechts in die Johannisstraße blickt, sieht das Werk **Bus Shelter IV** von Dennis Adams. Der amerikanische Künstler hat 1987 auch in Münster eine Bushaltestelle gestaltet. Er setzte sich mit der deutschen Nachkriegszeit auseinander und hat die Reklamekästen mit Fotos des Naziverbrechers Klaus Barbie und seines Verfolgers Jacques Verges versehen.

Rothenburg 12/13 ein Denkmal gesetzt. Zum Glockenspiel erschienen früher die drei Herren als Figuren hinter den Arkaden.

Als der erste Bauabschnitt der Uhr am 26. November 1950 eingeweiht werden sollte, ergaben sich allerdings technische Probleme: Die Zeiger rührten sich nicht. Um eine Blamage abzuwenden, musste sich kurzerhand ein Lehrling ins Gehäuse zwängen und die Zeiger im Minutentakt von Hand bewegen. Heutzutage wäre der Azubi vermutlich heulend zur Gewerkschaft gerannt.

Das Konterfei von Wilhelm Nonhoff ist auf einer Gedenktafel an der Hauswand zu sehen.

Ganz in der Nähe, gegenüber der Einmündung Königsstraße, an der Rothenburg Nr. 44, ist das einzige Gebäude in dieser Straße mit Arkaden zu sehen: Das *Haus Guldenarm*, ein Patrizierhaus im Renaissancestil von 1583. Die Fassade aus rotem Backstein, verziert mit Sandstein, ist noch im Originalzustand. Die Sandsteinfassade des Kaufmanns-

hauses daneben stammt aus dem 18. Jahrhundert.

Gegenüber davon geht es jetzt in die Königsstraße. Zehn prächtige Adelshöfe prägten bis zum Zweiten Weltkrieg das Bild dieser Straße; einige sind noch erhalten. Hinter der Originalfassade des ehemaligen *Druffelschen Hofes* (1784/88) in der Königsstraße 5 ist das **Kunstmuseum Pablo Picasso** entstanden.

Das *Haus Guldenarm* mit originaler Fassade von 1583

Spektakuläre Werke des großen Künstlers im *Picassomuseum*

Über die klassizistische Freitreppe geht der Besucher in das Museum oder das schöne Museums-Café. Das Kunstmuseum bewahrt beinahe das gesamte lithographische Werk des Künstlers sowie exzellente Beispiele seines Spätwerks. Das Museum hat einen direkten Zugang zu der Einkaufspassage *Münster Arkaden*.

Am 9. September 2004 hat Pop-Ikone und Affenfreund Michael Jackson in den Räumen des *Picassomuseums* für seinen Vater zum Geburtstag ein klassisches Konzert veranstalten lassen. Papa Joseph Jackson war zu der Zeit nämlich gerade auf Lesetournee in Deutschland und ist ein großer Picasso-Fan. Es wurde ein reichhaltiges Büfett aufgefahren, von dem der Jubilar allerdings nur die Erdnüsse gegessen hat. Jacko selbst ist dem Konzert ferngeblieben.

Auf der anderen Straßenseite, ungefähr auf Höhe des Kunstmuseums, stand bis zum letzten Krieg der Kettelersche Hof. 2006/2007 wurde hier ein Geschäftshaus für Mode, Computer-High-Tech und Restaurant errichtet. Picassos Porträt im Straßenpflaster daneben ist nur aus der Vogelperspektive erkennbar.

Ein Stück weiter, an der Königsstraße 47, befindet sich der älteste noch erhaltene Adelspalast mit bedeutender Renaissancefassade von 1546, der **Heeremannsche Hof** (siehe Tipp Seite 54), Sitz des Oberverwaltungsgerichts. Der rückwärtige Teil enthält noch Steinwerk von 1549.

Zu den Adelshöfen, die an der Königsstraße noch erhalten sind, zählen auch der *Sendensche Hof* (Hausnummer 39), der 1974 elegant in den Neubau der *Commerzbank* integriert wurde und der besonders schöne **Oersche Hof** an der Königsstraße 42. Auf der einen Seite des Gebäudes lockt ein exquisites Restaurant und auf der anderen die Kunst des Buchdrucks in der *Galerie Kleinheinrich*.

TIPP ❗

Wenn Sie einen Blick auf die von Johann Conrad Schlaun entworfene **Aegidiikirche** werfen wollen: Entlang des *Heeremannschen Hofes* führt die Krumme Straße zu dem Gotteshaus, das ursprünglich ein Kapuzinerkloster war. Im Inneren finden sich Edward Steinles Malereien von 1857 im Stil der Nazarener, einer Vereinigung, die die religiöse Malerei erneuern wollte.

Die *Aegidiikirche* mit Malereien im Stil der Nazarener

Ludgeristraße

Die mächtige Ludgerikirche am Ende der Königsstraße stellt die vermutlich älteste Stufenhallenkirche im Münsterland dar – das Mittelschiff ist nur wenig höher als die Seitenschiffe, der Ursprung reicht ins 12. Jahrhundert zurück. Die Kirche wurde nach der Kriegszerstörung rekonstruiert. Bedeutend sind die Chorstuhlschnitzereien und das Tafelgemälde sowie das Taufbecken aus dem 16. Jahrhundert. Die Jesusfigur des Kreuzes am Westende des südlichen Seitenschiffs, erschaffen vom Künstler Heinrich Bäumer, verlor durch Bomben beide Arme, das Loch im Herzen stammt von einem Bombensplitter. Das von Stadtdechant Vennemann in den fünfziger Jahren zitierte Bibelwort ist die heutige Inschrift: „Ich habe

„Ich habe keine anderen Hände als die Euren"

keine anderen Hände als die Euren". Auf der Verkehrsinsel vor der *Ludgerikirche* am Marienplatz erinnert die Skulptur der **100 Arme der Guan-yin** von Huang Yong Ping an die buddhistische Göttin Tausendarmige Guan-yin. Zugleich nimmt das Kunstwerk der Skulpturenausstellung 1997 Bezug auf das Kruzifix von *St. Ludgeri* und den berühmten *Flaschentrockner* von Marcel Duchamp, einem Pionier der Konzeptkunst.

Der Marienplatz direkt vor der Kirche verdankt seinen Namen der **Mariensäule** von 1899, einem Geschenk des Kunstmäzens Joseph Hötte jun. Die

Mariensäule: Die große Schwester steht in München.

Die *Ludgerikirche* ist eine der ältesten westfälischen Stufen-Hallenkirchen.

Madonnenfigur kommt vielen Betrachtern bekannt vor: Das Original steht in München vor dem Rathaus.

Durch die Fußgängerzone **Ludgeristraße** gelangt man zu den **Münster Arkaden**, einer Einkaufswelt auf zehntausend Quadratmetern. Man kann nach Herzenslust sein Geld ausgeben oder es sich bei einem Gläschen Wein gemütlich machen, um den nächsten Spaziergang zu planen. In die *Münster*

The Lord of the Board

Skater Alex Fiedler beim Hardflip

Titus Dittmann ist der Pionier des Skateboardings in Deutschland. Jeder Jugendliche kennt *Titus.* Oder zumindest seine Trendsportartikel, Skate- und Streetfashion – in diesem Bereich ist das Unternehmen schon seit den achtziger Jahren Marktführer. Der unkonventionelle Münsteraner, leidenschaftliche Skater, Oldtimer-Fan und Rennfahrer brachte die Subkultur Millionen nahe. Münster wurde Austragungsort der Skateboard-Weltmeisterschaften, der *Münster Monster Masterships*, die 1982 erstmalig stattfanden, damals noch auf einem kleinen Parkplatz vor handverlesenen Fans. Angefangen hat die Erfolgsstory Ende der siebziger Jahre, als Titus Boards aus den USA mitbrachte und seinen Schülern – er war damals noch Lehrer – zum Selbstkostenpreis verkaufte. Heute deckt das Unternehmen sämtliche Bereiche des Jugendmarktes ab und versorgt nicht nur Kids mit Skateboards, passenden Schuhen, Kleidung und Accessoires. Der Vertrieb läuft über den Versandhandel, 38 Shops in Deutschland und das Jugendkaufhaus in Münster im ehemaligen Filmtheater *Apollo* an der Königsstraße 32. Mit der Initiative *skate-aid* bringt Titus Jugendlichen in Krisengebieten Hoffnung auf vier Rädern. In Afghanistan, Tansania, Uganda, Kenia, Costa Rica und Deutschland ist die Stiftung aktiv.

Arkaden wurde die Rückseite des *Picassomuseums* architektonisch mit einbezogen. Die Ludgeristraße endet am **Prinzipalmarkt**, wo man geradewegs auf den Stadthausturm zusteuert, den letzten noch erhaltenen Teil des ehemaligen Stadthauses von 1907. Beliebt ist der *Maxi-Turm* bei Eltern und Kindern: Während die Großen bummeln, werden die Mädchen und Jungen fachkundig betreut.

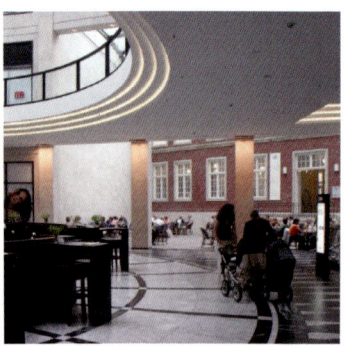

Shopping in den *Münster Arkaden*

Der Prinzipalmarkt, die älteste Marktstraße der Stadt mit ihren Giebelhäusern und Bogengängen, gehört zu den Lieblingsorten in Deutschland.

VON DER CITY ZUM SCHLOSS

Vorbei an der Überwasser-kirche zur Promenade

Vom Rathaus führt der Weg zum Schloss quer über den Domplatz. Die Straße, die den Domhügel hinunter bis zur kleinen Brücke über der Aa führt, heißt Spiegelturm. Von hier aus geht es geradeaus weiter zur Liebfrauen-Überwasserkirche. Der zweite Namensteil rührt daher, dass sie vom Dom aus gesehen jenseits der Aa, das heißt „über dem Wasser" gelegen ist. Das Überwasserviertel entstand um die Kirche und Immu-nität des früheren *Liebfrauenstiftes* als Vorstadt mit eigenem Gericht und Markt. Zusammen mit dem Kuhviertel – der Name ist auf die Ackerbürger zurückzuführen – er-innert es an eine längst vergangene Zeit um das Jahr 1900, als in den Gassen noch Masematte gesprochen wurde. Manch Bewohner des Vier-tels war berüchtigt und jeder kannte den Spruch: „Tasche, Brink und Ribbergasse – Messerstecher erster Klasse." Mit dem Wiederaufbau nach dem Krieg verschwanden die kleinen Gassen. Entstanden ist ein Viertel, das mit einer bunten Viel-falt an inhabergeführten Geschäften und Betrieben mit dem Rosenplatz im Zentrum zum Bummeln einlädt.

Dom	Large Vertebrae	Rathaus
Schloss	St. Lamberti	Überwasserkirche

Diözesanbibliothek, Priesterseminar und *Überwasserkirche*

Die Mitte des 14. Jahrhunderts gebaute *Überwasserkirche* zählt zu den schönsten gotischen Hallenkirchen Westfalens. Die Wiedertäufer sägten den Dachstuhl ab, ließen die Kirchturmspitze unter gewaltigem Krachen herabstürzen, um die Geschütze auf das Lager der bischöflichen Truppen in Stellung zu bringen. Zu ihrer Rechtfertigung zogen die Täufer die Bibel heran: „Das Hohe soll erniedrigt und das Niedrige erhöht werden". Sie rissen die gotischen Steinfiguren vom Westportal und verstärkten mit dem wertvollen Baumaterial die Stadtwälle. Die wiederaufgebaute Turmspitze überstand einen Orkan im Jahre 1704 nicht. Seitdem ist der Kirchturm flach geblieben.

Direkt an der Kirche befindet sich der architektonisch besonders gelungene Neubau der Diözesanbibliothek, in die das neo-romanische Priesterseminar integriert wurde. Mit 600 Jahre alter Tradition, 700 000 Bänden und Tausenden alter Handschriften ist es die größte theologische Spezialbibliothek nördlich der Alpen. Sie ist der Öffentlichkeit zugänglich.

Gegenüber dem Haupteingang der *Überwasserkirche*, in den Räumlichkeiten des Restaurants *royals & rice* an der Frauenstraße 51-52, befand sich in den achtziger Jahren Münsters innovativer Musikclub, das *Odeon*. Legendäre Konzerte von Bands wie *Red Hot Chili Peppers*, *Die Ärzte* oder *Die Toten Hosen* zogen Fans aus dem ganzen Land an. Musiker wie die *H-Blockx*, DJ RAW von

UNTERWEGS IN MÜNSTER

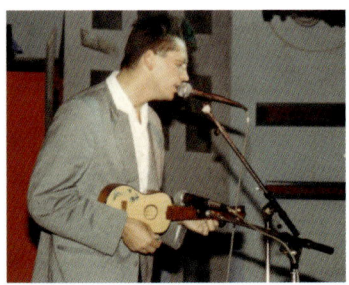

Achtziger-Jahre-Show: Götz Alsmann und Ukulele 1987 im *Odeon*

sink, ist in den beliebten ZDF-Krimis Münsters Verbrechern auf der Spur.

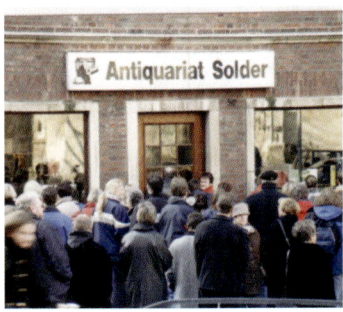

Wilsberg-Fans stürmen das Antiquariat.

Dune, Götz Alsmann oder WestBam zählten hier am Anfang ihrer Karrieren zu den Szenestars.

Direkt neben dem ehemaligen *Odeon* liegt das Antiquariat Solder, das sich regelmäßig in das *Antiquariat Wilsberg* verwandelt. Privatdetektiv Georg Wilsberg, gespielt von Leonard Lan-

Links vom Antiquariat führt die abknickende Frauenstraße zum Schloss. Kurz vor der großen Ampelkreuzung heißt eine Kneipe wie ihre Adresse: Frauenstraße 24. Das Haus war Anfang der siebziger Jahre ein unge-

Edith Stein (1891–1942)

Eine Station auf dem Lebensweg der 1998 in Rom heiliggesprochenen Jüdin und Katholikin, Philosophin, Nonne und Frauenrechtlerin Edith Stein war das Collegium Marianum an der Frauenstraße 3. Das Jugendstil-Haus wurde 1945 völlig zerstört. Seit 1952 hat das Marianum eine neue Bedeutung als Studentenheim in kirchlicher Trägerschaft.

1931 holte der Leiter des Deutschen Instituts für wissenschaftliche Pädagogik in Münster, Johann Peter Steffes, die zum katholischen Glauben konvertierte Edith Stein nach Münster. Schon 1933 bekam sie Berufsverbot, trat in den Orden des Kölner Karmel ein und musste nach Holland fliehen. Anfang August 1942 wurde sie dort von der Gestapo zusammen mit 986 Männern, Frauen und Kindern inhaftiert und nach Auschwitz deportiert. Edith Stein wurde am 9. August 1942 in der Gaskammer umgebracht.

Im Marianum leben rund hundert Studierende aus allen Erdteilen, vor allem aus Afrika. Das *Café Milagro* der *Katholischen Studentengemeinde* macht die Gäste für kleines Geld satt.

liebtes Spekulationsobjekt. Makler, die das Haus abreißen wollten, bissen sich an den bockigen Bewohnern die Zähne aus. Die zogen einfach nicht weg. 1972 stellten sie auch noch die Mietzahlungen ein. Nach zehnjährigen Querelen entspannte sich erst 1982 die Lage, als das Land Nordrhein-Westfalen das Gebäude erwarb und sich mit den Bewohnern einigte.

In der Kneipe hängen neben einem erstklassigen Che-Guevara-Portrait noch Fotos aus glorreichen Besetzertagen.

Ein Stück weiter gelangt man über eine Fußgängerampel auf den Schlossplatz und weiter zum Schloss. 1977 gab es die Ampel noch nicht und man musste die erschreckend hässliche Fußgängerunterführung nutzen, um auf die andere Straßenseite zu gelangen. Der Künstler Joseph Beuys entdeckte am Eingang einen keilförmigen Hohlraum, der ihn zu einer spektakulären Aktion inspirierte. Der Künstlerstar und Provokateur goss einen Nachbau des verdreckten Hohlraums mit Rindertalg aus und zerschnitt den klobigen Keil. Die so entstandene *Skulptur Unschlitt/ Tallow (Wärmeskulptur auf Zeit hin angelegt)* wurde im Lichthof des *LWL-Museums* präsentiert. 30 Jahre später wurde die Unterführung erneut Schauplatz für Kunst,

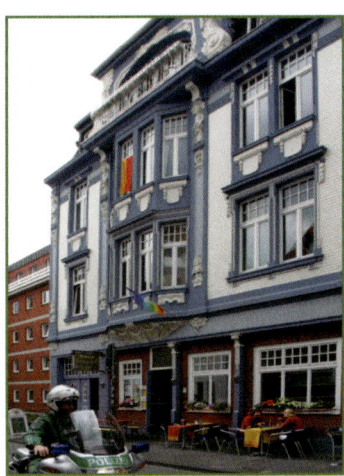

Das Haus Frauenstraße 24 ist der Polizei längst kein Dorn mehr im Auge.

bei einer Video-Installation der französischen Künstlerin Valérie Jouve. Vom Schlossplatz hat man nach links Sicht auf das denkmalgeschützte Amtsgericht, ehemals *Königlich Preußisches Amtsgericht.* In frühen *Wilsberg*-Filmen durfte es mitspielen, und zwar als Rathaus.

Von 1927 an war der heutige Schlossplatz noch nach Paul von Hindenburg benannt, dem Erfinder der Dolchstoßlegende, der als Reichspräsident Hitler zum Kanzler berief. Erst 2012 kam es nach heftigen Diskussionen in der Stadt zur Umbenennung.

Auf dem großen innerstädtischen Platz lockt drei Mal im Jahr Münsters berühmte Kirmes, der Send, mit Karussells, Pottmarkt und Feuerwerk.

Auf dem Send, der größten Kirmes im Münsterland

Der Name Send ist von Synode abgeleitet, der seit dem 9. Jahrhundert halbjährlich stattfindenden Versammlung der Geistlichen und führenden Vertreter des Bistums Münster. Vermutlich seit dem 11. Jahrhundert war der Synode ein Markt angeschlossen, der Vorläufer des Sends. An die Einhaltung des Marktfriedens mahnte das Sendschwert, das heute noch während der Sendtage am Rathaus ausgestellt wird.

Das historische Sendschwert wurde während des Herbstsends 2000 gestohlen und ist nicht wieder aufgetaucht. Seitdem müssen sich die Münsteraner mit einer Rekonstruktion begnügen, die der Oberbürgermeister flugs anfertigen ließ.

Auch der Karnevalszug startet auf dem Schlossplatz. Münster ist in Sachen närrisches Treiben eine wahre Hochburg mit über dreißig Karnevalsgesellschaften. Da kann man sehen, wie die Menschen hier feiern können. Wer behauptet da noch, die Münsteraner seien stur? Die sind doch nur angenehm unaufdringlich. Und im Karneval fühlen sie sich wie die Brasilianer Europas.

Auf dem Weg vom Schlossplatz zum Schloss überquert man die **Promenade**, den grünen Rad- und Spazierweg um Münsters Altstadtkern. Wo jetzt im Frühling die Linden duften, stand die mittelalterliche Stadtmauer, die fünf Jahrhunderte lang die Stadt umschloss. Sie wurde im

18. Jahrhundert auf Betreiben des Universitätsgründers Franz von Fürstenberg abgerissen und von dem Baukünstler Johann Conrad Schlaun zur Promenade umgebaut. Reste der Befestigungsanlagen mit elf Toren und sieben Wehrtürmen sind der Zwinger und der Buddenturm.

Die Spaziergänger und Radfahrer danken es den Herren noch heute. Die aus der Innenstadt führenden Straßen kreuzen die viereinhalb Kilometer lange Promenade genau an den Stellen, wo früher die Stadttore standen.

Vor der traumhaften Kulisse des Schlosses schlängelt sich sich an vier Samstagen im Jahr einer der größten Flohmärkte Deutschlands bis zum Aasee. Am Schlossplatz haben die Profis ihre Stände, rund um die Promenade bieten Kinder und Erwachsene als Hobbyhändler ihre Schnäppchen feil.

Weil viele ihre Stände bereits Freitagabend aufbauen, kommen die Schnäppchenjäger schon nachts nach Party oder Discobesuch zum Flohmarkt. Da sich das nicht verhindern ließ, gibt es jetzt einmal im Jahr offiziell einen Nachtflohmarkt. Manch ein Käufer wundert sich allerdings am nächsten Tag über das, was er da erstanden hat.

An der Promenade liegen spie-

Von Mai bis September stürmen Schnäppchenjäger den Flohmarkt an der Promenade.

MEINMÜNSTER

„Münster hat nicht nur viele Fahrräder, sondern auch die meisten Reithallen in Deutschland. Bei uns ist Reiten ein Volkssport und nicht elitär. Um etwas typisch Westfälisches zu erleben, ist das alljährliche *Turnier der Sieger* erste Wahl. Ein Ereignis vor der traumhaften Schlosskulisse und auf der Westerholtschen Wiese. Alle fünf Jahre finden dabei die deutschen Spring- und Dressur-Meisterschaften statt. Hier spürt man, dass das Turnier traditionell von Freunden gestaltet wird und nicht von Turniermanagern."

Wolfgang Hölker *(Verleger)*

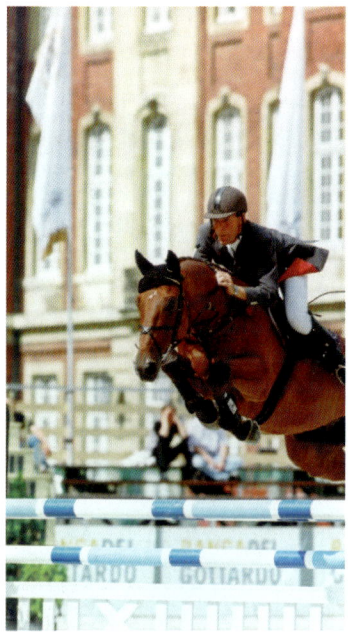

gelbildlich die beiden ehemaligen Wachhäuschen des Schlosses. Im linken sind die Büros des *AStA*, der Interessenvertretung der Studierenden an der *Westfälischen Wilhelms-Universität*. Dem *AStA* gehörte Ende der fünfziger Jahre auch die spätere Terroristin Ulrike Meinhof an. Im rechten Kavaliershäuschen, wo heute eine Beratungsstelle untergebracht ist, promovierte einst Götz Alsmann in Musikwissenschaften.

Die nationale Elite trifft sich beim Reitereignis *Turnier der Sieger*.

Wachhäuschen des Schlosses

Schloss Münster

Mit dem Bau des Residenzschlosses erfüllte sich Stararchitekt Schlaun einen Lebenstraum.

Das Fürstbischöfliche Schloss Münster wurde von 1767 bis 1787 aus Baumberger Sandstein erbaut und ist das letzte in Deutschland gebaute Barockschloss. Der Baumeister starb allerdings vier Jahre vor der Fertigstellung des Schlosses, das sein Nachfolger Wilhelm Ferdinand Lipper vollendete. Erster Hausherr war der Fürstbischof Max Friedrich. Nach der Inbesitznahme Münsters durch die Preußen im Jahre 1802 zogen die Repräsentanten der neuen Regierung ein: Freiherr vom Stein und General Blücher, dem man seinen Ausspruch „Münster und die Münsteraner gefall'n mich nich'!" nie verziehen hat.

Den goldenen Engel auf dem Schlossdach kann man bei gutem Wetter noch aus der Hügellandschaft der dreißig Kilometer entfernten Baumberge sehen. In dem geschwungenen Mittelpavillon mit Glockentürmchen ist das barocke Motiv über dem Haupteingang besonders eindrucksvoll. Es erzählt von Leben und Tod. An den vorderen Fenstern sind die Monate mit dazugehörenden Tierkreiszeichen dargestellt.

Für das Fürstbischöfliche Schloss (1767 bis 1787) wählte Baumeister Schlaun wieder seine Lieblingsmaterialien roten Backstein und Baumberger Sandstein.

Johann Conrad Schlaun (1695–1773)

Dem Baumeister Johann Conrad Schlaun, einem der letzten bedeutenden Architekten des deutschen Barock, verdankt Münster einige seiner schönsten

Bauten. Die Verbindung aus militärischer Laufbahn mit der Tätigkeit des Architekten war im Zeitalter des Barock durchaus üblich. So wechselte Schlaun vom Infanterieregiment des Fürstbistums Paderborn zum Militär nach Münster. Der Landesherr, der Kölner Kurfürst Clemens August I. von Bayern, machte ihn zum Landingenieur und Generalmajor der Artillerie und ermöglichte Schlaun längere Reisen nach Italien, Frankreich und Süddeutschland. Schlaun entwarf *Schloss Augustusburg* in Brühl, *Schloss Clemenswerth* im Emsland oder den historischen Ortskern von Nottuln in den Baumbergen – nur eine halbe Stunde Autofahrt von Münster entfernt.

Schlau(nsch)er Kopf mit dicker Nase

Nach dem Zweiten Weltkrieg hat man die stark beschädigte Fassade des Schlosses originalgetreu restauriert. Das Gebäudeinnere wurde im modernen Stil der Fünfziger wieder aufgebaut. Seitdem ist das Schloss Verwaltungs- und Hörsaalgebäude der Westfälischen Wilhelms-Universität.

Westfälische Wilhelms-Universität

Die *Westfälische Wilhelms-Universität* (kurz *WWU*) ist mit über 40 000 Studierenden die drittgrößte Universität Deutschlands. In fünfzehn verschiedenen Fachbereichen können 120 Fächer belegt werden. Die *WWU* gehört zur ersten Adresse in Sachen Forschung und Lehre. Freiherr Franz von Fürstenberg hat die Hochschule 1773 gegründet. Ihr späterer Namensgeber ist Kaiser Wilhelm II. Als erste Frau schrieb sich im Sommersemester 1908/09 die gebürtige Osnabrückerin Auguste Rannenberg als Mathematikstudentin ein.

Jahrhundertelang begleiteten Anlaufschwierigkeiten die Gründung einer Universität in Münster. Erst kam den Gelehrten der Domschule das Täuferreich dazwischen. Dann hatte Münster die Gründungsprivilegien von Papst und Kaiser schon in der Tasche, als der Dreißigjährige Krieg 1618 ausbrach. Und als die Uni schließlich gegründet war, machte 1818 der preußische König einen Strich durch den Stundenplan. Er hatte den Rheinländern nämlich versprochen, dass sie in Bonn eine Universität gründen durften, so dass Münster erst einmal den Lehrbetrieb einstellen musste.

▶

Die *WWU* ist keine Campus-Universität; ihre Gebäude und Einrichtungen sind über die ganze Stadt verteilt. Die vielen Studierenden aus Europa und anderen Kontinenten und zweihundert Gastwissenschaftler verleihen der Uni internationales Flair. Ein beliebter Treffpunkt für alle Nationalitäten ist *Die Brücke* in der Wilmergasse. Das völkerverbindende Begegnungszentrum wurde für die gute Betreuung ausländischer Studenten ausgezeichnet. Die britische Militärregierung hatte schon 1947 das *British Centre* gegründet, um den Münsteranern englische Kultur und demokratisches Gedankengut näherzubringen. 1956 entstand daraus *Die Brücke*, die zum Beispiel dafür sorgt, dass man alljährlich beim Internationalen Sommerfest vor dem Schloss musikalische und kulinarische Köstlichkeiten aus aller Welt genießen kann.

Wissenschaft, Forschung und Technologiebereiche der Universität und der Fachhochschulen entwickeln zusammen mit den Unternehmen in Münster und dem Münsterland Zukunftsstrategien. Im Dienst der Gesundheit arbeitet die Medizinische Fakultät, eine der größten Deutschlands. In über siebzig Kliniken, Polikliniken und Instituten werden 500 000 Menschen jährlich versorgt. Das Herzzentrum, die Transplantationsmedizin, die Erforschung von Entzündungskrankheiten, Herz-Kreislauf-Leiden, die Onkologie sowie radiologische und nuklearmedizinische Diagnoseverfahren zählen zu den Schwerpunkten.

Die Zahl derjenigen, die sich den *Leibniz-Preis* verdient haben, war an der *WWU* stets besonders hoch. Zurzeit lehren und forschen hier zehn Träger des höchstdotierten deutschen Förderpreises für Forschung – in Medizin und Mathematik, Chemie und Zellbiologie, Geschichte, Theologie und Islamwissenschaften.

Mit der Aktion *Elternalarm* lockt die Stadt regelmäßig Mütter und Väter der Studierenden ein Wochenende lang an die Uni und die anderen Hochschulen. Die Eltern können sich innerhalb eines bunten Rahmenprogramms davon überzeugen, dass ihr Kind in Münster gut aufgehoben ist.

WWU: www.uni-muenster.de **Elternalarm:** www.elternalarm.de

Studentinnen in der regionalen „Wissenshauptstadt"

Der Schlosspark

Durch das Eisentor an der linken Seite des Schlosses gelangt man in den Schlosspark. Wer allerdings in den späten Abendstunden herkommt, könnte das Tor verschlossen vorfinden. Dann bleibt nichts anderes übrig, als durch das Gitter zu sehen und zu glauben, was im Folgenden geschrieben steht.

An der hinteren Ecke des Schlosses zeigt ein Bronzerelief Johann Conrad Schlaun. Zeitgenössischen Schilderungen zufolge ist die große Kartoffelnase keineswegs übertrieben dargestellt. Der Baumeister hatte die Grünanlagen als Barockgarten französischer Art geplant. Sein Nachfolger Lipper ließ den Garten im Stile des strengeren Klassizismus bepflanzen. 1854 wurde er als Englischer Garten neu angelegt und bekam damit im Wesentlichen die heutige Form. Auch die Rückseite des Schlosses wird von Figuren geschmückt, die in bildhafter Sprache die Planeten wie Venus mit Amor darstellen.

UNTERWEGS IN MÜNSTER

Klosterzelle für Künstlerseelen

Im *Kapuzinerkloster* nahe dem Schloss fühlen sich die Künstler wie in Abrahams Schoß – nicht erst seit der Rückzug ins Kloster Hochkonjunktur hat. Bühnenstars und Prominente aus Film und Fernsehen fliehen gern aus ihrem Alltag in die Kapuzinerstraße 27. Vor allem Bruder Bruno hat ein gutes Händchen für die Künstlerseelen und findet immer das richtige Wort. Sein Arbeitszimmer hängt voller Fotos von Stars wie Sting oder Günter Strack, den er für dessen Rolle als Pfarrer beriet. Schauspieler wie Jan Josef Liefers, Jutta Speidel oder Diana Körner ziehen sich regelmäßig in die Klosterzelle zurück. Bruder Bruno setzte sich für Sänger Sting ein, der sich eine Audienz beim Papst wünschte, und begleitete TV-Moderatorin Sabine Christiansen zum Kirchenoberhaupt in die Heilige Stadt. Künstler wie Witta Pohl, Robert Atzorn oder Hans Korte lesen hier aus den Büchern, die das Kloster herausgibt, andere geben Konzerte wie die Sopranistin Caroline Thomas. Eine bunte und vielfältige Mischung prägt die Aufgaben und Arbeiten der Kapuzinermönche. Die Edelkommunisten leben in echter Gütergemeinschaft und haben das Rotationsprinzip lange vor den Grünen entdeckt. Die philosophisch-theologische Hochschule befindet sich in Trägerschaft des Klosters, außerdem ist es Missionszentrum für Indonesien und Mexiko. Im Mittelpunkt stehen die Seelsorge und die Gottesdienste in der Kapelle mit der wertvollen Madonna.

Unter der Telefonnummer (0251) 9 27 60 können Klosterführungen verabredet werden.

Kapuzinerkloster: www.kapuziner.org/dprov/orte/muenster

UNTERWEGS IN MÜNSTER

Der Eingang zum Botanischen Garten liegt direkt gegenüber. Der Pavillon des Schlossgartens wird regelmäßig zur Bühne für kulturelle Ereignisse und Konzerte.

Der **Botanische Garten** mit rund 8 000 Pflanzenarten ist eine wissenschaftliche Einrichtung der Uni und zugleich eine Oase der Ruhe und Erholung mitten in der City. Hier kann man durch die Flora des Mittelmeerraumes ebenso schlendern wie durch das Sukkulentenhaus mit seinen wüstentauglichen Gewächsen, durch den alten westfälischen Bauerngarten oder Gewächshäuser, die Ferienstimmung vermitteln. Die Orangerie aus dem Jahr 1840 steht unter Denkmalschutz.

Geöffnet ist der Botanische Garten von ca. Ende März bis Ende Oktober von 8 bis 17 Uhr. Im Winter schließt er schon um 16 Uhr. Der Eintritt ist frei.

TIPP

Rund um Schloss und Schlossgraben lädt pure Natur zu ausgedehnten Spaziergängen ein. An der Wilhelmstraße liegt der verwunschene **alte Friedhof** mit Grabmalen wie dem des Philosophen Johann Georg Hamann aus dem *Kreis von Münster* um die Fürstin Amalie von Gallitzin.

Die Grabstätte des Generals von Schreckenstein auf dem Friedhof an der Wilhelmsstraße könnte auch Kulisse eines schönen Vampirfilms sein.

Verlässt man den Schlossgarten an der anderen Seite und überquert die Promenade in Richtung Aasee, so gelangt man zum Gebäude der *LBS*, in dem zuvor die *WestLB* untergebracht war. Neben dem Parkplatz hat der englische Künstler Martin Boyce die unscheinbare Fläche durch sein Bodenrelief verwandelt: „We are still and reflective (Wir sind still und reflektieren – 2007).
Hinter der WestLB liegt die Skulptur **Large Vertebrae** (1967/68) von Henry Moore.

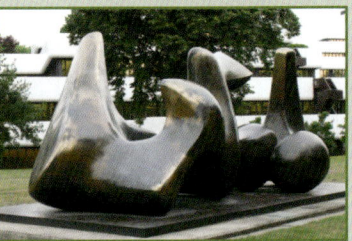

Large Vertebrae (1967/68), eine der schönsten monumentalen Skulpturen von Henry Moore

MEIN MÜNSTER

„Im Herbst 1971 hatte sich Henry Moore einige Stunden für meinen Besuch in seinem kleinen Haus im Norden Londons Zeit genommen. Drei große Plastiken, die ihm selbst am besten gefallen hatten, waren auf einem Hügel aufgestellt. Eine davon, *Large Vertebrae*, hätte ich allzu gerne für den Park der WestLB an der Himmelreichallee erworben. Doch sein abschließendes Wort lautete: ‚Für eine Bank? Nein, dafür gebe ich keines meiner Werke her.' Die Übergabe einer Leihgabe meiner Bank an das *Landesmuseum* (heutiges *LWL-Museum*) bot mir die Gelegenheit, Henry Moore nach Münster zu locken. Ich führte ihn zu dem Platz, wo

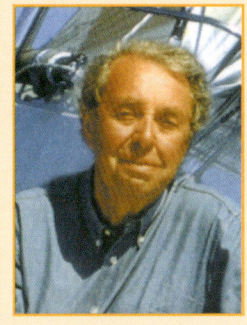

ich diese Plastik gerne hätte stehen sehen. Henry Moore musterte die Szene, nahm den Aasee, den kleinen Flusslauf, den weiten Rasen, die alten Bäume und das weiße, weit gefächerte Gebäude ins Auge: ‚Aber dies ist ja gar keine Bank, dies ist Architektur im Park. Ich würde mich freuen, wenn meine Plastik hier ihren Platz finden würde.'" (Zum Standort siehe Karte auf S. 58)

Ludwig Poullain *(ehemaliger Chef der WestLB)*

Der Botanische Garten mit der Orangerie von 1840

DAS SCHICKE KREUZVIERTEL

Der historische Stadtteil

Das Kreuzviertel mit zahlreichen denkmalgeschützten Häusern gehört zu den schönsten Stadtteilen Münsters. Die begehrte Wohngegend liegt nördlich der Altstadt, nur durch die Promenade vom Zentrum getrennt. Bevor hier ab Ende des 19. Jahrhunderts stattlich-städtische Bürgerhäuser entstanden, wurden in den Feldern und Gärten Kohl und Gemüse geerntet und das Vieh über die von Hecken gesäumten Sandwege getrieben. Kleine Feldmarkhäuser (wie das in der Stierlinstraße 10) erinnern an diese Zeit.

Zunächst wohnten Gärtner in der Gegend oder Ackerer, es folgten Handwerker wie Korbmacher oder Böttcher mit ihren kleinen Betrieben. Im Sonntagsstaat unternahm man einen Ausflug zur Wienburg und spazierte auf dem breiten Sandweg, der heutigen Kanalstraße.

Private Bauunternehmer hatten um die Wende zum 20. Jahrhundert erkannt, dass in der neuen Einkommensschicht der Stadt ein hoher Bedarf an repräsentativem Wohnraum bestand. Auf dem einstigen Ackerland wurden Häuser mit großen Mietwohnungen und Einfamilienhäuser mit bis zu zehn Zimmern gebaut. Professoren und Dozenten, die mit der Universitätsgründung nach Münster gekommen waren, Beamte der Behörden, Adelsfamilien oder Geschäftsleute bekamen hier ein schickes Zuhause. Der Kreis der ersten Bewohner gehörte wegen der nahen Kasernen überwiegend dem Militär an – vom Offizier bis zum Hoboisten, der in der Militärkapelle die Oboe spielte. Münster gehörte damals zu den größten Garnisonsstädten Deutschlands.

Eine bunte Mischung aus Handwerkern, Lokalprominenz, Intellektuellen und Wissenschaftlern, die auch über die Stadtgrenzen hinaus bekannt waren, bevölkerte das neue Viertel.

Im Laufe der 1970er und -80er Jahre entwickelte sich das Kreuzviertel zunehmend zum Studentenviertel. Die großzügigen Altbauten boten Platz für Wohngemeinschaften, Pulks von Fahrrädern versperrten die Gehsteige. Den wilden Jahren und heftigen Diskussionen über Adorno und Foucault in der Studenten-WG folgte das inzwischen etwas gesetztere Leben der Doppelverdiener-Pärchen in der mittlerweile luxuriösen Altbauwohnung. Der teure Wohnraum ist inzwischen für Studierende oder Familien mit Kindern kaum mehr bezahlbar.

Die meisten der zahlreichen münsterschen Studentenverbindungen residieren in einer Kreuzviertelvilla. Die Wappen und Fahnen an der Fassade zeigen, dass es sich um Verbindungshäuser handelt. Manchmal hört man auch aus jungen Männerkehlen das in konservativen Kreisen so beliebte Münsterlied schmettern.

Eher sportliche Interessen hatte der Student Jens Lehmann, der in der Kinderhauser Straße am *Schloß-theater* wohnte – später glänzte er als Nationaltorwart; auch bei der Fußballweltmeisterschaft. *Take That*-Star Howard Donald lebte jahrelang im Schatten der *Kreuzkirche.*

Die Häuser dieses historischen Stadtteils präsentieren den Geschmack der Zeiten: Den der Gründerzeit mit reich dekorierten Fassaden und den stilistischen Anleihen aus Gotik oder Renaissance; den Geist der Sachlichkeit ab 1910 und die Bauweise mit Backstein, die ab den dreißiger Jahren folgte. Nicht zu übersehen sind allerdings auch die Bausünden, die noch vor wenigen Jahrzehnten begangen wurden. Manch schönes altes Haus musste für lieblose Architektur weichen und wurde ohne Genehmigung in einer Nacht- und Nebelaktion abgerissen.

Die Studentenverbindung *Ravensberg* in Aktion (1969)

Ein kleiner Spaziergang

Der Rundweg startet am **Buddenturm** am südlichen Rand des Viertels. Der ehemalige Wehrturm ist ein Relikt der mittelalterlichen Stadtbefestigung, die Mitte des 12. Jahrhunderts entstand. Die Dimension der Stadtmauer lässt sich angesichts der noch erhaltenen Reste an der Seite des Turms erahnen. Der *Buddenturm* blieb vom Abriss verschont, weil er auch nach dem Schleifen der Stadtmauer 1764/67 ständig genutzt wurde, ob als Pulvermagazin, Gefängnis oder 1879 als Wasserturm. Romantisch verklärt hatte man dem Turm zeitweilig Zinnen wie aus dem Mittelalter verpasst, nach 1945 bekam er wieder das ursprüngliche Kegeldach.

Gegenüber dem *Buddenturm*, wo die evangelische Studentengemeinde

Der Buddenturm, Relikt der alten Stadtbefestigung

residiert, stand einst das Elternhaus von Hermann Löns, dem Heimatdichter und angesehenen Naturforscher. Als die Nacktschneckenzucht des kleinen Hermann eines Tages Reißaus nahm und die Tierchen zu hunderten ihre nasse Spur durch das ganze Haus zogen, war es nicht das letzte Mal, dass er Mama und Papa zur Weißglut brachte. Seine spätere Alkoholsucht führte zum Bruch mit den Eltern.

Buddenturm	Kreuzkirche
Luftschutzbunker	Villa Terfloth

Der Name Kreuzviertel stammt vermutlich von der traditionellen Kreuzprozession, die bis in die Täuferzeit hinein durch das nördliche Tor der Altstadt führte, ebenso wie Kreuzschanze oder der Straßenname Am Kreuztor. Das historische Kreuztor befand sich ganz in der Nähe des Buddenturms. Von hier aus eroberten die bischöflichen Truppen in der Johannisnacht 1535 die Stadt von den Wiedertäufern zurück.

Die **Kreuzschanze** ist die grüne Idylle mit Teichanlage und dem sogenannten Liebeshügel hinter dem Buddenturm. Das lauschige Plätzchen lässt kaum ahnen, dass sich hier während der Täufer-Herrschaft eine schwer gesicherte Bastion befand. Die Truppen des Bischofs konnten hier nur einmarschieren, weil Überläufer die Stadttore öffneten.

Als die Kreuzschanze im Jahr 1898 nach den Plänen des engagierten Stadtrats Adolph Kleimann gärtnerisch umgestaltet werden sollte, setzte sich der damalige Student und spätere Direktor des *Landesmuseums* (heute: *LWL-Museum*), Max Geisberg, dafür ein, dort Grabungen vorzunehmen. Der angehende Kunsthistoriker vermutete an dieser Stelle wichtige Funde. Mit seinen Kommilitonen nahm er den Spaten selbst in die Hand und machte eine Entdeckung, die ihn in

Am Eingang der *Überwasserkirche* fehlen Apostelfiguren. Die Täufer befestigten damit den Stadtwall an der Kreuzschanze.

der Kunstwelt auf einen Schlag berühmt machte: Sie fanden kostbare Monumentalskulpturen aus dem 14. bis 16. Jahrhundert. Mit diesen Figuren als Füllmaterial – unter anderem vom Westportal der *Überwasserkirche* – hatten die Wiedertäufer die Verteidigungsanlage befestigt. Die kostbaren Werke – unter anderem von Heinrich Brabender – sind beispielhaft für die Blüte der Bildhauerkunst vor der Täufer-Herrschaft und befinden sich im Besitz des *LWL-Museums*.

An der Kreuzschanze gedenkt die Stadt Münster sehr verschämt einer der größten deutschen Dichterinnen, Annette von Droste-Hülshoff, die nicht nur bei Havixbeck, sondern auch zeitweise in Münster lebte. Das Marmordenkmal der Dichterin steht gut versteckt zwischen den Bäumen. Es ist die erste Portraitbüste der Stadt. Anton Rüller hat sie zusammen mit Heinrich Fleige geschaffen; sie wurde 1896 zunächst an anderer Stelle aufgestellt. Dem sonst immer zu einem Schabernack aufgelegten Zoodirektor Professor Landois wurde angesichts der Annette-Büste so poetisch ums Herz, dass er seine Verehrung für die „elfengleiche Gestalt, vom Haar umwallt" in Versform fasste.

Auf der anderen Seite der Straße, Am Kreuztor 1, wirkt die um 1905 erbaute wuchtige Villa Terfloth mit ihren Rundbögen und Werksteinquadern wie eine Burg. Der Architekt hatte jahrelang für reiche Amerikaner Häuser wie europäische Burgen gebaut und setzte seinen Stil an der Promenade für den Zucker- und Bonbon-Großhändler Terfloth um. Als er auf dem Grundstück stand und den Buddenturm auf der anderen Seite sah, hatte er schon die erste Idee und entwarf den runden Eckturm. Im Sims zwischen dem ersten und zweiten Obergeschoss hat er Tierchen versteckt: Wer genau hinsieht, entdeckt zum Beispiel Schildkröte oder Eichhörnchen. Der Designer Dieter Sieger und seine Frau haben die „Zuckervilla" restauriert und leben hier.

UNTERWEGS IN MÜNSTER

Die „Zuckervilla" ließ der Bonbon-Großhandler Terfloth circa 1905 bauen.

Entlang der Villa geht es weiter geradeaus, und dann vor dem Supermarkt rechts in die **Rudolf-von-Langen-Straße**, die nach dem münsterschen Humanisten und Schulreformer (1433–1519) benannt wurde.

Sehenswert ist das Eckhaus Rudolf-von-Langen-Straße/Kampstraße 2 von 1906, eines der schönsten Exemplare gründerzeitlichen Bauens mit Erker und figürlichen sowie ornamentalen Stuckverzierungen. In der Rudolf-von-Langen-Straße 34 entstand ein zweigeschossiges Haus im schlichten Stil des Spätklassizismus. Es wurde 1875 gebaut, kurz bevor das Kreuzviertel planmäßig besiedelt wurde. Der

Figuren und Ornamente im gründerzeitlichen Haus von 1906 in der Kampstraße 2

charakteristische Giebel wurde der Fassade zugefügt, der neue Eigentümer, ein Steinmetz, brachte die Symboltiere Eule, Katze und Hund an den Giebelstaffeln an.

Etwas weiter sieht man rechts den prachtvollen Bau mit der Hausnummer 11, in dem der berühmte Physiker und Chemiker Johann Wilhelm Hittorf wohnte, der von 1852 bis 1889 Professor an Münsters Uni war. Seine Arbeiten waren eine wichtige Voraussetzung für die Entwicklung der Röntgenröhren. Eine Gedenktafel an der Hausseite erinnert an ihn. Nun geht es zurück bis zur Kampstraße und durch diese zur **Kreuzkirche**.

Die münstersche Autorin Jutta Balster kennt das Kreuzviertel wie ihre Westentasche und hat die alten

Die neogotische *Kreuzkirche* aus dem Jahr 1902 im Zentrum des Viertels

Adressbücher studiert. Sie geben ein buntes Bild des illustren Völkchens ab, das hier gelebt hat. Berufe wie Zuckerkocher, Büchsenmacher, Hühneraugenoperateur und Plakatsäulenpächter waren damals so aktuell wie Geldzähler oder Postwagenreiniger. Auch kleine Fabriken entstanden im Viertel, etwa die Pianofortefabrik in der Kampstraße, 1910 gegründet von den beiden Instrumentenmachern Bernhard Samson und Theodor Bennemann.

Die neogotische *Kreuzkirche* baute der damals bekannte Architekt und Dombaumeister Hilger Hertel; fertiggestellt wurde sie 1902. Der Turm folgte ein paar Jahre später.

Wenn man entlang der Kirche ein Stück nach rechts geht, gelangt man zum Haus Hoyastraße 20 auf der rechten Seite. Der Name Hoya erinnert an ein altes Adelsgeschlecht in Münster, aus dem auch zwei Bischöfe hervorgingen. Das Haus aus dem Jahr 1910 im neubarocken Stil ist eine Reminiszenz an Baumeister Schlaun. Der reiche Kaufmann Ferdinand „Tobby" Ebert hatte es bei dem Architekten Alfred Hensen in Auftrag gegeben. Es war der Dreh- und Angelpunkt der Gesellschaft jener Zeit. Hier trafen sich das Offizierskorps, Kaufleute und der Adel; der namhafte Kunsthistoriker Prof. Dr. Max Geisberg war ein enger

In der Hoyastraße 20 traf sich in den zwanziger Jahren des letzten Jahrhunderts die feine Gesellschaft. So heiter wie auf diesem Gruppenbild anlässlich der Silberhochzeit von Mia und Ferdinand Ebert ging es im Haus des Kaufmanns zu. In der Mitte der hinteren Reihe: Kunsthistoriker Prof. Dr. Max Geisberg, berühmt geworden auch durch die Skulpturenfunde in der Kreuzschanze

Häuser in der Raesfeldstraße mit Jugendstildekor

Freund der Familie.

Wenn man die Kirche halb umrundet hat, geht es nach rechts in die Dettenstraße und nach einigen Metern links in die Raesfeldstraße. Sie wurde beinahe in einem Zug bebaut und beeindruckt als einheitliches Ensemble. Gleich auf der Ecke an der Raesfeldstraße 4 steht das Gebäude, in dem Franz-Josef Henke 1906 sein Kolonialwaren- und Delikatessengeschäft mit Kaffeerösterei eröffnete. Bis Februar 1989 weckte die originale Einrichtung beim Einkauf nostalgische Gefühle – die man jetzt im Stadtmuseum genießen kann, wo der Tante-Emma-Laden wieder aufgebaut wurde. Charakteristisch ist das Haus Nummer 18, ungefähr aus dem Jahr 1907 mit Giebel über dem Fassadenerker, originaler Einfriedung und eigenwilligem Jugendstil-Fassadendekor.

An der nächsten Kreuzung führt der Gang nach links in die Nordstraße, und dann rechts in die Studtstraße. An dieser Ecke gibt es frische Brötchen in der Stadtbäckerei, die zwanzig Filialen in der Stadt betreibt. Fast hätte der Chef, Dirk Limberg, sein Herz an die Rockmusik verloren. Dann entschied er sich doch, die jahrhundertealte Familientradition fortzuführen und in der Kunst des Backens den Ton anzugeben.

Wer sich jetzt Blasen gelaufen haben sollte, kann beim Traditionsschuhmacher Surmund an der Studtstraße

TIPP

Werfen Sie von der Nordstraße noch einmal einen Blick in die Hoyastraße. Auf der linken Seite liegt das legendäre Restaurant **Nordstern**, das 1908 gegründet wurde. Generationen von Nachschwärmern haben hier ihr Hähnchen verspeist und im wenig schmeichelhaften Licht die resolute Bedienung der unvergessenen Kellnerin Helga erduldet. Das Ambiente ist eine konsequente Mischung aus westfälischer Gemütlichkeit und Bahnhofswartehalle. Im Kontrast dazu gleichen die Toiletten einer Hochsicherheitsanlage.

Die **Eisdiele** gegenüber ist der Treffpunkt des Viertels. Wenn die Kinderhorte ihre Türen schließen, bevölkern Eltern mit ihrem Nachwuchs die Terrasse. Viertelbewohner versuchen vom Frühling bis in den Spätherbst, nach Feierabend hier noch ein paar Sonnenstrahlen zu erhaschen.

62 Hilfe bekommen.

Ein Stück weiter geht es links in die Gertrudenstraße, die früher „Professorenstraße" genannt wurde. Der Architekt und Bauunternehmer Hermann Borchard prägte mit seinem Stil das Gesicht dieser und anderer Straßen. Sein ehemaliges Stammhaus von 1911 steht in der Lazarettstraße 25. Er hatte für die gut situierten Bürger eine neue Wohnform entwickelt, das Einfamilienhaus mit acht bis zehn Zimmern.

Der alte Gebäudeteil des *Schillergymnasiums* auf der rechten Seite wurde im Jahr 1907 fertiggestellt. Ein Fußweg entlang der Schule führt geradewegs zur Heerdestraße, an der

Das Haus an der Heerdestr. 1 wurde 1902 erbaut.

Der Luftschutzbunker an der Lazarettstraße 32

Ein Jahr nach den ersten Bombenangriffen auf Münster entstand 1941 der Luftschutzbunker mit drei Stockwerken für 530 Menschen. Er ist ein Beispiel für die neohistorische Bunkerarchitektur des Nazi-Regimes. Der Betonbau sollte als mittelalterliche Festung mit Grabenanlage, Zugangsbrücke, Rundtürmen und den Ziegeln, die ihn umkleiden, harmlos und sicher wirken.

einige schöne Villen liegen. Hier geht es nach links. In dieser Straße lebte Ende des 19. Jahrhunderts der Zuckerbäcker Louis Midy. Der Franzose eröffnete später das historische Kaffeehaus *Hofkonditorei Middendorf* in der Bogenstraße, in der der Tolle Bomberg mit seinen Kumpanen für Stimmung sorgte. Auch eine Mineralwasseranstalt und eine Likörfabrik nahmen in der Heerdestraße ihren Betrieb auf. Am Ende der Straße steuert man geradewegs auf das kleine Café *roestbar* an der Nordstraße 2 zu, wo Sandra Götting und Mario Joka das Geheimnis guten Kaffees lüften. Aus eigener Rösterei bieten sie einen der besten Kaffees der Stadt an, köstliche Kuchen und herzhafte Brote oder Trinkschokolade, die man sich auf der Zunge zergehen lassen sollte. Von hier geht es nach rechts zurück zum Buddenturm.

Köstlicher Kaffee in der *roestbar*

REIN INS VERGNÜGEN: DAS HAFENVIERTEL

Klein-Muffi und das Hansaviertel

Wenn man einen Masematte-Seeger bei einem Kower eine Lowine und einen Pilo bestellen hört, sitzt man wahrscheinlich gerade in der Gaststätte *Hubertihof* am Hubertiplatz in Klein-Muffi. Zusammen mit dem Hansaviertel am Hafen gehörte es schon früher zu den aufregenden Stadtvierteln – von den übrigen Münsteranern oft als „schofle Bendine" (üble Gegend) beschimpft. Das schlechte Image machte den Bewohnern so sehr zu schaffen, dass sie wirklich in die Luft gingen: Sie wollten es den anderen Vierteln mal so richtig zeigen und bauten mit der *Herz-Jesu-Kirche* den höchsten Kirchturm Münsters. Der Turm von 1900 überragt mit 94,63 Metern sogar *St. Lamberti* und die *Kreuzkirche*.

Der Bau des *Dortmund-Ems-Kanals*, der 1899 beendet wurde, sorgte für einen Strom von Arbeitern aus Polen, Italien und Holland. Von „Muffen", einem Schimpfwort für Holländer, soll das Viertel seinen Namen haben. Handwerker, Kleingewerbetreibende und „Malocher" lebten in Klein-Muffi, das bis zum Zweiten Weltkrieg eine Hochburg der Kommunisten war. Hier entwickelte sich jenseits des Großbürgertums ein Stück Münster, das in der Stadt für so manchen Gesprächsstoff sorgte. In den Straßen wurden Platt und die Sondersprache Masematte gesprochen. Die Gegend um die Ewaldi-, Huberti- und Lambertistraße war ein Dorf in der Stadt; für die Kinder war das eigene Viertel der reinste Abenteuerspielplatz. In den Erinnerungen schwärmen die Bewohner vom Gemeinschaftssinn und dem engen Nachbarschaftsleben, von den Originalen und dem gemeinsamen Gläschen Wermut, „eenen ut de Stükern", dem bewährten Heilmittel bei Zahnschmerzen und Liebeskummer.

Tätowierprofi Tanina Palazzolo

Kleiner Masematte-Sprachführer

Die münstersche Geheimsprache Masematte hat sich als eine Mischung aus Jiddisch, Rotwelsch und Hebräisch entwickelt. In vier Stadtvierteln wurde im 19. Jahrhundert Masematte gesprochen. Neben Klein-Muffi gehörte das Kuhviertel dazu, Pluggendorf sowie die Gegend zwischen Wevelinghofergasse, Sonnen- und Hörsterstraße. Sie gehörten zu den sozial schwächeren Wohngebieten Münsters, in denen Handwerker und Arbeiter lebten; oder Scherenschleifer, Entfesselungskünstler und Lumpensammler, Prostituierte, Landfahrer und Tagelöhner. Die Kehrseite des abenteuerlich klingenden Alltags war oft die große Armut der Menschen.

Obwohl heute niemand mehr mit der Geheimsprache groß geworden ist, ist eine Fülle von Masematte-Wörtern lebendig und gehört zum Wortschatz eines jeden Münsteraners:

Masematte	Deutsch	Masematte	Deutsch
abnippeln	sterben	meschugge	dumm
achilen	essen	Murmelschuppen	Kirche
Anim	Mädchen	Nerbloköster	Spinner,
ausbaldowern	ausdenken		Verrückter
Bendine	Gegend,	Pani	Wasser
	Umgebung	Pilo	Schnaps
Bosse	Hose	Plinte	Unterhose
Chalo	Bauer, Kerl	plümpsen	schwimmen,
Döppen	Augen		baden
Fleppe	Gesicht,	poofen	schlafen
	Führerschein	Seeger	Mann, Kerl
Jontef	Spaß	Schock	Kirmes, Send
jovel	klasse, toll	schofel	gemein,
Kaline	Mädchen, Frau		schlecht
Keilof	Hund, Köter	Schond	Toilette
kneistern	sehen, schauen	Schore	Diebesgut,
Kower	Kellner		gestohlene Ware
Leeze	Fahrrad	schoren	stehlen
Lobbe	Gesicht	sierften	klauen
Lowine	Flasche Bier	unwies	verrückt

Das Gebiet zwischen Hafen und Hauptbahnhof wird Hansa- oder Hafenviertel genannt.

Rund um die Lebensader, den Hansaring, findet sich eine bunte Mischung aus kultigen Kneipen oder witzigen Läden wie *Tätowiersucht*, dem Studio der Tattookünstlerin

Tanina Palazzolo. Der Bezirk ist für junge Leute und Studierende zum attraktiven Wohngebiet geworden.

Der Hafen am Dortmund–Ems–Kanal

Den Charme des ersten Industriegebietes am Binnenhafen haben einige Pioniere schon in den siebziger Jahren entdeckt, lange bevor am nördlichen Ufer der sogenannte Kreativkai entstand. Der Hafen war damals ein Synonym für urbanes Feeling, mit dem es höchstens noch das Freibad *Coburg* im Hochsommer aufnehmen konnte. Wenn sich das Hafenbecken auch sehr bescheiden ausnimmt angesichts der stolzen Binnenhäfen anderer Städte, ist die Gegend doch von ganz besonderem Flair geprägt. Im Stadthafen findet man eine gelungene Mischung aus Arbeit und Freizeit, Kunst und Kultur – ein inspirierendes Stück Münster. Mit Blick auf Kräne und Lagerplätze der ehemaligen Handelsfirmen wurden Kontorhäuser und ehemalige Kornspeicher liebevoll restauriert, neue Architektur entstand neben alten Backsteinhäusern. Obwohl es noch immer ein leises Murren der früheren alternativen Hafen-Szene angesichts der Designer-Dienstleistungszentren gibt, gehört der Hafen am Dortmund-Ems-Kanal zu den Juwelen im Stadtbild und ist beliebtestes Ausflugsziel.

Neben den Dienstleistungszentren sind Künstlerateliers entstanden; das *Wolfgang Borchert Theater* und die *Kunsthalle Münster* sind an das Hafenbecken gezogen. Tagsüber und abends kann man sich in den Restaurants, Kneipen und Bars vergnügen. Der Ort zieht auch Künstler wie die vom *Theater Titanick* an, die im und auf dem Wasser ihre Show *Treibgut* zeigten. Das münstersche Straßentheater zählt zu den besten der Welt und ist international unterwegs.

Der Hafen war schon in den zwanziger Jahren Vergnügungsstätte. Die *Weiße Flotte* mit *Undine* und *Münsterland* schipperte mit den Ausflüglern über den Kanal nach Senden,

Das Open-Air-Theater *Titanick* zeigt im Hafenbecken *Treibgut*.

UNTERWEGS IN MÜNSTER

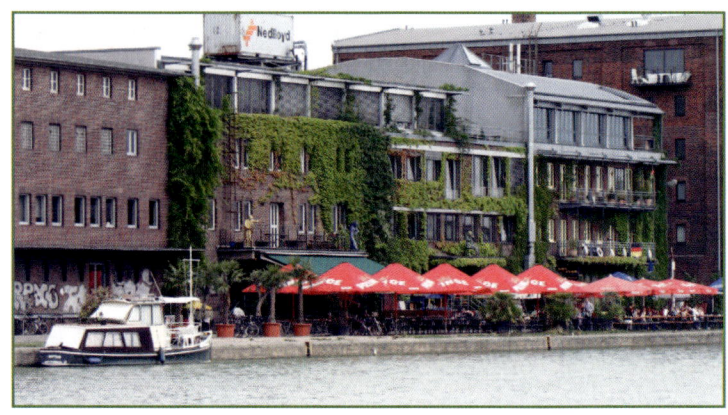

Modernes Design, historische Gebäude und der Charme alter Industrieanlagen im Stadthafen

Greven, Hiltrup oder Amelsbüren. Die Weltwirtschaftskrise machte dem frohen Treiben auf dem Wasser ein Ende.

Neben modernen Gebäuden und restaurierten Speichern sind die Relikte alter Industrieanlagen zu sehen. Der Besucher kann im Verborgenen noch immer Spektakuläres entdecken und sich an den Details scheinbar banaler Bauten erfreuen, vor allem im südlichen industriellen und – noch – ruppigen Teil des Hafengeländes. Solange der Kohlenspeicher hier in Betrieb war, wurden Schiffsladungen im Hafen gelöscht. Mit dem Start des neuen Dampfturbinen-Kraftwerks ist es um die traditionelle Hafennutzung endgültig ruhig geworden. Doch zwischen den In-dustriebetrieben des Mittelhafens werden auch hier die Gebäude von den Kreativen entdeckt. Allen voran zogen Anfang 2005 einige Musikprofis hierher. Der Musikproduzent Jan Löchel berät in der TV-Show *The Voice Of Germany* die Band *Boss Hoss*. Am Mittelhafen hat er ein Tonstudio und schreibt hier Hits für Top-Stars wie Sasha oder Christina Stürmer. Nebenan bezog *Jovel-Music-Hall*-Erfinder Steffi Stephan seine Büros. Der Musiker und Veranstalter gründete mit Udo Lindenberg das *Panikorchester* und tourte jahrelang mit Peter Maffay. Mit der kulturellen Aufwertung des Mittelhafens ging die Idee für ein weiteres Projekt Hand in Hand: Direkt an der Ausgehmeile ist ein Yachthafen entstanden.

Kleine Geschichte des Hafens

An der Entstehung von Münsters Hafen im Jahr 1899 hatte Kaiser Wilhelm II. ebenso großen Anteil wie am Matrosenlook, in den kleine Jungs und Mädchen gezwängt wurden. Die kaiserliche Leidenschaft für alles Maritime – was sich allerdings auch im verheerenden Bau der Kriegsflotte ausdrückte – brachte dem Kanalbau einen kräftigen Schub. Den Empfang des Monarchen im Jahr 1907 ließ sich Münster gar einen Festetat von 100 000 Mark kosten. Das Ergebnis war immerhin auch ein bisschen Frieden zwischen dem erzkatholischen Münsterland und dem stockprotestantischen Preußen.

Die Erweiterung der Stadt um die Hafengebiete brachte Münster einen bedeutenden Schritt näher zu einer lebensfähigen Großstadt. Mit dem Bau des Stadthafens entstanden kommunale Versorgungsbetriebe am Albersloher Weg wie das erste Elektrizitätswerk. Der Strom sollte aber keineswegs Licht in dunkle Straßen und Häuser bringen, sondern den Start der Straßenbahn im Jahr 1901 ermöglichen.

Bis zum Ersten Weltkrieg war Getreide das wichtigste Importgut im Hafen, vor allem Futtergerste aus dem Baltikum für die Schweinemast. Bald bekam der florierende Handel über den Wasserweg einen kräftigen Dämpfer, denn die Eisenbahn konkurrierte ernsthaft um den Gütertransport. Der Zweite Weltkrieg brachte den Hafenbetrieb endgültig

Die Postkarte zeigt den Hafen vor rund 100 Jahren.

zum Stillstand.

In der Nacht vom 14. auf den 15. Mai 1940 fielen die ersten Bomben auf Münster, sie galten dem Hafengebiet. Die Schäden wurden vor allem mit Hilfe von Zwangsarbeitern und Kriegsgefangenen beseitigt. Bei Kriegsende waren über 70 Prozent der anliegenden Wohnungen zerstört, ebenso wie der Hafen selbst mit Gleis- und Umschlaganlagen, Kränen und Lagerhäusern. Seine Blütezeit erreichte der Hafen im Jahr 1962, als ein einmaliger Rekord aufgestellt wurde, mit 4 300 Schiffen und mehr als 1,3 Millionen Tonnen Gütern, vor allem Baustoffen. Der allmähliche Rückgang des Güterumschlags führte dazu, dass Firmen das Hafengebiet verließen und ungenutzte Betriebsgelände sowie brachliegende Grundstücke das Bild prägten.

Der tapfere Feuerwehrmann

Dank der zügigen Wiederaufbauarbeiten nach dem Zweiten Weltkrieg konnte der Hafenbetrieb bereits im März 1946 erneut aufgenommen werden. Bei den Bombenentschärfungen half ein Münsteraner Arbeitsloser mit Namen Georg Ruhmöller, den man im Schnellverfahren zum Feuerwehrmann ausgebildet hatte. In ihrem Buch *Geschichte im Gespräch: Kriegsende 1945 und Nachkriegszeit in Münster* hat Sabine Heise einen Erlebnisbericht dieses Mannes veröffentlicht.

Feuerwehrmann Ruhmöller erzählt, wie er mit seinen Kollegen im Hafenbecken auf eine Fünfzentnerbombe gestoßen ist. Nach dem Krieg hatte man das Wasser abgelassen und reichlich Schiffswracks und Blindgänger gefunden. Besagte Bombe ließ sich aufgrund des verbogenen Zünders nicht entschärfen. Eine Sprengung im Hafen hätte die umliegenden Gebäude in Mitleidenschaft gezogen. Ruhmöller fand seine Lösung des Problems einfach genial: Er schrieb mit Kreide das Wort „Hochexplosiv" auf den Sprengkörper und hielt die Angelegenheit damit für erledigt – ganz im Gegensatz zu seinen Vorgesetzten.

Schließlich erklärte sich ein Lasterfahrer namens Franz bereit, die Bombe zum Sprengfeld nach Amelsbüren zu fahren, falls sich eine Begleitung fände. Als einzig Unverheirateter wurde Ruhmöller schnell zum Freiwilligen erklärt.

Die Bombe wurde in einer waghalsigen Aktion auf die Ladefläche des LKW gehoben, und los ging der hochgefährliche Transport durch einige Wohngegenden am Albersloher Weg, in Hiltrup und Amelsbüren. Der tapfere Feuerwehrmann hatte sich auf die Bombe gesetzt, um Erschütterungen abzufedern. Georg Ruhmöller beruhigte sich mit dem Gedanken: „Haftbar hätte mich nie einer machen können. Wenn die Bombe hochgegangen wäre, hätte man von mir ja nichts mehr gefunden."

Ein Weg am Hafenbecken

Der Spaziergang beginnt auf dem Hafenplatz vor dem Gebäude der Stadtwerke Münster. Auf der anderen Seite der Straße ist der Glaspalast des **Cineplex-Kinos** mit weit sichtbaren Lichtinstallationen. Aus

Das Kino *Cineplex* am Stadthafen

UNTERWEGS IN MÜNSTER

der oberen Etage hat der Besucher einen weiten Blick auf das Hafenbecken und den Dortmund-Ems-Kanal. Der Weg führt an der nördlichen Hafenseite entlang, an der Rückseite der *PSD Bank* vorbei, bis zum Ende des Hafenbeckens. Unterwegs lockt in alter und neuer Architektur das pralle gastronomische Leben mit Kneipen, Cafés und Restaurants und einigen Läden.

Das Gebäude, in dem sich unten das Restaurant Pier House befindet, wurde von dem Architekten Josef Paul Kleihues entworfen und ist der erste Neubau am Kreativkai. Investor Elmar Grimm hat damit die Idee verwirklicht, Künstlerateliers und Büroraum für Dienstleister zu schaffen.

Das *Pier House* wurde vom Pionier der münsterschen Gastronomie-

Siggi Spiegelburg präsentiert am Hafen fantasievolle Kreationen.

szene eröffnet. Ob *Bunter Vogel*, *Odeon*, *Rick's Café* – früher gab es kaum eine Kneipe, die nicht Jürgen Köhn gegründet hätte. Zusammen mit Mark Brouwer sorgte er mit der Disco *GoGo* oder dem *Marktcafé* für weitere Trendlokale.

Das italienische Restaurant Café Med ein paar Häuser weiter ist in den Räumen der einstigen *Druckwerkstatt* entstanden. Im obersten Stock des Speichers II ist die *Kunsthalle Münster* untergebracht. In den anderen Etagen haben seit 2004 Künstlerinnen und Künstler aus verschiedenen Bereichen der bildenden Kunst in 32 Ateliers ideale Arbeitsbedingungen.

Das Erdgeschoss und ein Teil des ersten Stockwerkes werden von kulturwirtschaftlichen Unternehmen genutzt. Neben der druckgrafischen Werkstatt *mike karstens graphics* bietet die Designerin Siggi Spiegelburg ihre individuelle und unverwechselbare Mode an. Ihr Mann ist der Verleger Wolfgang Hölker, der sich am liebsten mit schönen Dingen aus alten Zeiten umgibt und aus dem Speicherhaus nebenan eine poetisch-bunte Welt geschaffen hat. Der ehemalige *WCG*-Getreidespeicher wurde schon 1899 mit der Eröffnung des Hafens in Betrieb genommen. Er ist ein typisches Beispiel für die

Alte Speicher aus der Frühzeit des Hafens, umgebaut für kluge Köpfe und andere Künstler. Das schöne *Coppenrath*-Verlagshaus kann man nur von außen besichtigen – innen wird gearbeitet.

damalige Industriearchitektur und eines der wenigen Bauwerke aus der Frühzeit des Hafens. Interessant wirkt das zurückliegende Dachge-schoss mit seiner Blechverkleidung. Das unbebaute Gelände vor dem ehemaligen Holzlager der Firma *Ostermann* & *Scheiwe* hat sich zu

Felix und der Coppenrath Verlag

Vom Verlagsgebäude *Coppenrath* aus erobern die Kinderlieblinge Hase Felix und Prinzessin Lillifee die ganze Welt. Von Island bis Israel, von Australien bis Amerika gehen die Kinder in 30 Ländern mit dem Bilderbuch-Hasen auf Reisen um den Globus. Die Felix-Bücher mit über sieben Millionen Exemplaren sind ein Beispiel für Wolfgang Hölkers kleine Revolution auf dem Büchermarkt. Der gelernte Grafiker hatte von Beginn seiner Verlegerkarriere Ende der siebziger Jahre an besondere Ideen für die liebevolle Aufmachung seiner Bücher wie den Klassiker, das Kochbuch mit Fettflecken. In den Felix-Büchern stecken kleine Briefchen, geschrieben in krakeliger Hasenschrift. Seit 2008 residiert der Verlag auch in der denkmalgeschützten, schmuckvoll renovierten alten Feuerwache in der nahe gelegenen Bernhard-Ernst-Straße.

Coppenrath Verlag: www.coppenrath.de

UNTERWEGS IN MÜNSTER

Weißer Sand und heiße Nächte am sommerlichen *Coconut Beach*

einem der Hip-Orte in Münster entwickelt. Im Sommer lassen die Party-Experten von der Dockland-Agentur hier die Strandlandschaft **Coconut Beach** mit tonnenweise Sand, Palmen, Liegestühlen und Strandbar entstehen. Anfang 2006 zauberten sie das Ausgehvergnügen **Heaven** in die kleine Halle direkt dahinter.

Die große Lagerhalle ist coole Location für verschiedene Events – vom Theater über Konzerte bis zu verrückten Modenschauen.

Da die *Osmo-Hallen* als einsturzgefährdet eingestuft wurden, kann man bis auf Weiteres leider nicht am Wasser entlang zum Restaurant **Wolters** und Steak-House **Meat Me** promenieren, sondern muss den Umweg über Hansaring und Schillerstraße machen.

Speicher II:
www.speicher2.de

Der Hawerkamp

Vom Hafen aus gesehen hinter dem *Cineplex* befindet sich die *Halle Münsterland*. Die Rolling Stones gaben hier ihr erstes Deutschland-Konzert. Hinter der Halle beginnt die Straße Am Hawerkamp. In das erste Gebäude, einem ehemaligen Autohaus, zog 2008 die *Jovel Music Hall* ein. Am Ende der Straße ist auf dem ehemaligen Werksgelände der Betonfirma *Pebüso* (Peter Büscher & Sohn) mit alten Gebäuden und Schienensträngen in den neunziger Jahren Münsters alternative Kulturzone entstanden. Der Hawerkamp ist eine Art Halbinsel, etwas abgelegen und doch mitten in Münster. In diesem Soziotop entwickelte sich eine Alternativkultur, die aus Münster nicht wegzudenken ist und weit mehr zu bieten hat als ein reichhaltiges Party-Angebot. Zu finden ist ein origineller Mix aus Kunst, Kultur, Party- und Musik-Locations und altem Industrie-Ambiente. Für Punk- und Metalfans gibt es alljährlich das *Vainstream*-Festival. Für einige Leute wurde der Kamp längst zum Lebensgefühl. Jährlich zieht der authentische Charakter des Areals 150 000 Besucher an, die oft von weit her anreisen.

Künstlergemeinschaft Hawerkamp 31: www.am-hawerkamp.de

Alternatives Party-Areal Hawerkamp

UNTERWEGS IN MÜNSTER

AUSFLÜGE UND FREIZEITVERGNÜGEN

Falls Sie nach dem Asphalttreten Lust auf pure Natur haben, müssen Sie in Münster nicht lange suchen. Nur ein paar Fußminuten vom innerstädtischen Schaufensterbummel entfernt, laden Ausflugsziele zum Durchatmen ein. Auch für die weitere Umgebung haben wir einige Tipps zusammengestellt.

Grüne Oasen

Die Promenade

Der viereinhalb Kilometer lange Spazier- und Radweg um die Altstadt entstand im 18. Jahrhundert. Nach dem Siebenjährigen Krieg (1756–1763) war Franz von Fürstenberg, Minister und Generalvikar, der Meinung, dass Münster keine Verteidigungsanlage mehr brauche und ließ die Stadtmauer schleifen, um an ihrer Stelle die Promenade entstehen zu lassen. Für die künstlerische Gestaltung der Grünanlage war Johann Conrad Schlaun zuständig.

An beiden Seiten der Allee, die ursprünglich nur von Linden gesäumt war, laden kleine Parks und lauschige Orte oder Spielplätze zum Entspannen ein. An einigen Stellen entdeckt man die Spuren des einstigen Walls. Zum Beispiel ist an der Kleimannstraße eine alte Wasserwehr erhalten, die man „Wasserbär" nennt.

Auch der Zwinger gehörte zur Stadtbefestigung und zählt mit einem Durchmesser von 24 Metern und

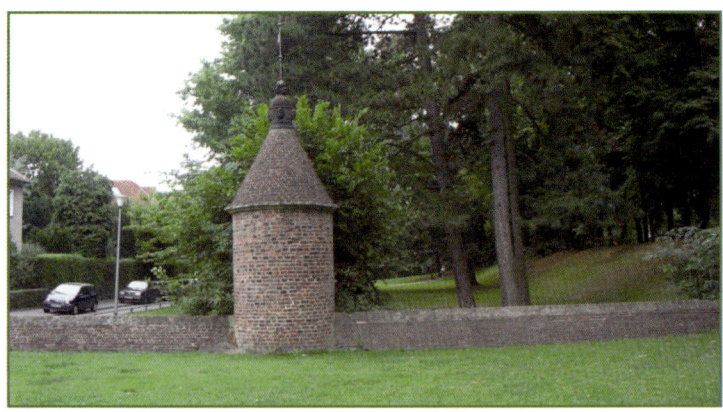

Wasserbär und Reste der Stadtmauer, die Freiherr von Fürstenberg zur Promenade umbauen ließ. Baukünstler Schlaun fertigte die Pläne.

Der alte Zwinger von 1532 hat eine wechselvolle Geschichte: Festungsturm, Zucht-
haus, Künstlerdomizil, Hinrichtungsstätte der Gestapo. Die Skulptur *Das gegenläufige
Konzert* (1987) der Künstlerin Rebecca Horn erinnert an die schrecklichen Ereignisse.

einer Wandstärke von 4,60 Metern
zu Deutschlands bedeutendsten
Wehrtürmen. 1732 bezog Schlaun
ihn in die Anlage des angrenzenden
Zuchthauses als Gefängnis für besonders schwere Straftäter ein. Um
1850 wurde nur einen Steinwurf
entfernt an der Gartenstraße ein
neues Gefängnis gebaut, das noch in
Betrieb ist und unter Denkmalschutz
steht. Ein Neubau an anderer Stelle
ist geplant.
Die Stadt kaufte den Zwinger im Jahr
1911. Zunächst nutzten es Maler als
Wohnung und Atelier. Während des
Nationalsozialismus war das historische Gebäude „Kulturheim der
münsterschen Hitlerjugend", später

Inhaftierungsanstalt der Gestapo,
die hier Menschen hingerichtet hat.
Mit der Installation *Das gegenläufige
Konzert* von Rebecca Horn wurde der
Zwinger zu einem Mahnmal, das an
die Verbrechen während des Nazi-
Regimes erinnert. Das Kunstwerk
stellt eine Symbiose von Natur und
dem dort geschehenen Unrecht dar.
Mit flackernden ewigen Lichtern,
metallenen, rhythmisch klickenden
Hämmern und einem stetigen Was-
sertropfen, der zwölf Meter tief
in eine Zisterne fällt, schafft Horn
eine beklemmende Atmosphäre.
Zur *Skulptur.Projekte* 1997 wurde
das Werk von 1987 leicht verändert
wieder installiert.

Aaseitenweg

Das Flüsschen Aa entspringt in den Baumbergen bei Havixbeck, fließt von Südwesten nach Münster und verlässt die Stadt im Norden. Der Name kommt von „Ahwa", dem sächsischen Wort für Wasser. Die innerstädtischen Uferwege laden zum Spazieren ein, allerdings muss man unterwegs immer wieder Straßen überqueren.

Man kann am Zwinger starten, schöner wird es ab dem Kiepenkerlviertel. Begleitet wird der Weg von Tafeln des stadtökologischen Lehrpfads *Naturerlebnisse*.

Die Aa führt vorbei an Universitätsbibliothek und *Petrikirche*. Die Türen des Westportals der dreischiffigen Emporenbasilika gotischen Stils

Dolomit zugeschnitten von Ulrich Rückriem (1977) an der *Petrikirche*, wichtiges Kunstwerk der ersten Skulpturenausstellung

schuf 1969 der Roxeler Bildhauer Rudolf Breilmann. Sie zeigen den Lebensweg des heiligen Paulus in figürlicher Darstellung. Die neun keilförmigen Steinrohlinge neben dem Gotteshaus sind ein Werk des Künstlers Ulrich Rückriem, eine der ersten im Jahr 1977 aufgestellten

Die *Petrikirche* wurde von den Jesuiten gegründet. Sie ließen sich 1588 im Zuge der Gegenreformation unter heftigem Protest des Stadtrats in Münster nieder.

Frischen Wind um die Nase genießen Spaziergänger und Sportler am Aasee.

Skulpturen, mit dem Titel *Dolomit zugeschnitten*. Das Kunstwerk nimmt Bezug auf das einstige Jesuitenkolleg an dieser Stelle.

Ein Stück weiter die Aa hinauf, an der Johannisstraße 12-20, liegt die alte Sternwarte. In dem Unigebäude ist das *Ehrenpreis Institut für Swift Studien*, eine Sammlung von Weltrang, untergebracht. Der Satiriker Jonathan Swift, einer der prägenden Intellektuellen der englischen Aufklärung, hat also eine Heimat in Westfalen gefunden. Lange wurde der Schöpfer von *Gullivers Reisen* als Kinderbuchautor missverstanden, weil sein Werk gekürzt, verharmlost und der beißenden Kritik an den gesellschaftlichen Zuständen des 18. Jahrhunderts beraubt wurde.

Aasee

Noch zu Beginn des letzten Jahrhunderts erstreckten sich an der Stelle des Aasees ausgedehnte feuchte und sumpfige Wiesen, durch die sich die Aa schlängelte. Wenn das Flüsschen von Herbst bis Frühjahr über die Ufer trat, wurden die Wiesen vor dem Aegidiitor überschwemmt. Bei Frost entstand eine spiegelnde Eisfläche. Zu den begeisterten Schlittschuhläufern zählte der Zoogründer Landois, der mit hohem Zylinder und langer Tabakspfeife auf dem Eis eine gute Figur abgab.

Landois hatte die Idee, für große Wassermengen einen Stausee anzulegen, um bei dem ständig wiederkehrenden Hochwasser Überschwemmungen zu verhindern.

Seine Pläne wurden erst 1936, 21

Jahre nach seinem Tod, realisiert. So war es ihm nicht mehr vergönnt, auf Eisenkufen über den Aasee zu gleiten. Mit dem Umzug des Zoos wurde der See bis 1976 südlich der großen Torminbrücke auf das Doppelte erweitert. Der vierzig Hektar große Aasee ist Münsters große Frischluftschneise und ein Freizeit- und Sportparadies mit zwei kleinen Häfen, Segel- und Tretbooten.

Was das Aaseeufer den Kunstfreunden zu bieten hat, ist im Kapitel Kunst und Kultur ab Seite 159 nachzulesen. An der Nordseite locken zudem das *Freilichtmuseum Mühlenhof*, das *Naturkundemuseum* mit Planetarium und der *Allwetterzoo* mit Pferdemuseum. Zu diesen Attraktionen fährt auch das Aaseeschiff *Solaaris*, das täglich mehrere Male zu einer kleinen Kreuzfahrt auf dem Aasee einlädt.

Wer lieber sein eigener Kapitän sein möchte, chartert ein Tretboot, zum Beispiel das in Form eines großen Schwans. Im Frühjahr 2006 machte ein weiblicher Trauerschwan seinem Namen alle Ehre. Er verliebte sich in das Tretboot und wich ihm fast drei Jahre lang nicht mehr von der Seite.

Aaseepark:
www.aaseepark.de

MEINMÜNSTER

„Wohl jeder Münsteraner tritt irgendwann in Kontakt zur Segelschule *Overschmidt*, sei es als Eleve des Segelsports oder aber als Tretbootkapitän, zumindest aber als Beifahrer eines schwitzenden und unermüdlich strampelnden Papas, der seinen Sprösslingen das Gefühl vermitteln will, eine alte Teerjacke zum Vater zu haben.
Wer dann später als Dreikäsehoch oder doch erst als Erwachsener seinen Segelschein bei *Overschmidt* macht, wird in Peter Overschmidt, einem mit allen Wassern gewaschenen Seebären mit rauhbeinigem Charme, und seiner sympathischen Crew begeisterte Segler kennenlernen, die es schaffen, jeden für den Rest seines Lebens mit dem Segelvirus zu infizieren."

Götz Alsmann *(Entertainer)*

Seemannsgarn spinnen und Knoten üben:
Die Leichtmatrosen der Götz Alsmann
Band bei Overschmidt

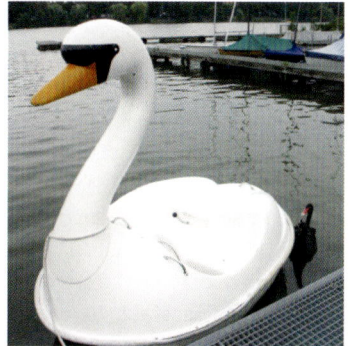

Der kleine Schwan, von den Münsteranern ‚Schwarze Petra' genannt, hatte
sich unsterblich in das weiße Boot
verliebt und zeigte den Großen den
Superlativ von Monogamie.

Wienburgpark

Der naturbelassene Park mit Wiesen,
Wegen und einem großen Kinder-
spielplatz liegt im nördlichen Aatal.
In einem renaturierten Feuchtbiotop
haben Wasservögel neuen Lebens-
raum gefunden. Zum Einkehren lädt
das Hotel-Restaurant *Wienburg* mit
gepflegter Gastronomie und idyl-
lischem Biergarten ein.

Ausflüge zum Stadtrand

Rieselfelder

(ca. 9 km vom Zentrum)
Nördlich des Stadtteils Coerde liegt
das *Europareservat Rieselfelder
Münster*, eines der wichtigsten Vo-
gelschutzgebiete der Europäischen
Union. Höchst seltene Vogelarten
wie Uferschnepfen, Grünschenkel
und Turmfalken sind in diesem ein-
maligen Flachwasser-Biotop zu beobachten. Bis zum Bau einer Groß-
kläranlage im Jahre 1975 hatten die
Rieselfelder den Zweck, den ihr Name
verspricht: Hier wurden seit 1901 die
Abwässer der Stadt geklärt.
Der 1968 von Umweltschützern und
Ornithologen gegründeten *Biolo-
gischen Station Rieselfelder Münster*
ist es zu verdanken, dass das viereinhalb Quadratkilometer große Gebiet
ein wichtiger Rast- und Mauserplatz
für zahlreiche Wat- und Wasservögel ist.

Vogelschutzgebiet Rieselfelder:
www.rieselfelder-muenster.de

Die Rieselfelder, einst Kloake, heute
Naturschutzgebiet mit seltenen
Vogelarten

Pleistermühle

(ca. 6 km vom Zentrum)
Inmitten der Bauernschaft Werse, am gleichnamigen Flüsschen, idyllisch zwischen hohen Bäumen am östlichen Stadtrand von Münster, liegt der *Landgasthof Pleister Mühle*. Von hier aus kann man die Werselandschaft erkunden. Zu Fuß, zu Pferde, per Fahrrad oder Kanu.

Handorf

(ca. 7 km vom Zentrum)
Das „Dorf der großen Kaffeekannen" ist das Ausflugs- und Ferienziel an der Werse. Reizvoll ist eine Tour über die kleinen Wege, die typischen münsterländischen Pättkes, von der Warendorfer Straße links in die Dyckburgstraße und vorbei am Boniburger Wald, in dem Schlaun das *Haus Dyckburg* errichtet hat. Die Loreto-Kapelle wählen Verliebte gerne, um sich das Ja-Wort geben. Über die Sudmühlenstraße geht es nach Handorf. An der Sudmühlenstraße liegt auch das Westfälische Pferdezentrum. Das Mekka der Pferdefreunde ist Auktions- und Turnierplatz.

Handorf: www.handorf-aktuell.de

Angelmodde

(ca. 8 km vom Zentrum)
Die Flüsse Angel und Werse fließen durch Angelmodde mit seinem malerischen Zentrum und romanischer Saalkirche. An *St. Agatha*, einer typischen Dorfkirche des Münsterlandes, kann die Grabstätte der Fürstin von Gallitzin besucht werden. Das *Gallitzin-Haus* widmet ihr eine Dauerausstellung.

Historischer Postkarten-Gruß aus dem Dorf der großen Kaffeekannen (1898)

Knapper Name, knappes Outfit: Am liebsten FKK am KÜ

Wolbeck

(ca. 10 km vom Zentrum)

Die Bischöfe von Münster residierten ab dem 13. Jahrhundert auf ihrer Burg in Wolbeck. Im *Westpreußischen Landesmuseum* im ehemaligen *Drostenhof* werden Exponate aus der 750-jährigen Geschichte Westpreußens und des Freistaates Danzig gezeigt. Südöstlich von Wolbeck ist der 240 Hektar große, sehr schöne Tiergarten gelegen, in dem die Begegnung mit Kröten und Feuersalamandern nicht selten ist. Der Hochwald ist das ehemalige Jagdrevier der Bischöfe.

Wolbeck: www.wolbeck-muenster.de

KÜ (Kanalüberführung)

(ca. 10 km vom Zentrum)

Im Sommer freuen sich nicht nur die FKK-Fans, wenn die Schiffe über eine Brücke fahren: Bei Gelmer wird der alte Dortmund-Ems-Kanal mittels einer denkmalgeschützten, mehrbogigen Brücke aus Sandstein über die Ems geführt. Die alte Fahrt des Kanals zwischen Gimbte und Gelmer ist auf gut zwei Kilometern ideal für Wasserfreunde, Sonnenanbeter und für Familien mit kleinen Kindern. Obwohl der Sprung ins erfrischende Kanalwasser hochoffiziell untersagt ist, tummeln sich hier die Badefreunde.

Ziele außerhalb der Stadt

Telgte und das Krippenmuseum

(ca. 10 km vom Zentrum)

Das 1200 Jahre alte Städtchen ist ein bedeutender Wallfahrtsort. Bekannt ist das Krippenmuseums in dem markanten Gebäude des Architekten Josef Paul Kleihues. Es gibt auch ein Kornbrennerei-Museum. Der New Yorker Künstler Josef Zutelgte stellte 2006 das Kunstverständnis seiner Geburtsstadt wortwörtlich auf den Kopf, indem er das Telgter Wahrzeichen, eine alte Eiche, in seiner sechs mal fünf Meter großen Skulptur einfach umdrehte.

Telgte: www.telgte.de

Burg Hülshoff

(ca. 12 km vom Zentrum)

Die Dichterin Annette von Droste-Hülshoff wurde 1797 auf diesem Wasserschloss, das zu Havixbeck gehört, geboren. Die Burg besteht aus Vor- und Hauptburg, einem Backsteinbau mit Dreistaffelgiebeln der Renaissance. Man kann rund um den Hausteich spazieren oder das *Droste-Museum* besuchen.

Burg Hülshoff:
www.burg-huelshoff.de

Baumberge

(ca. 20 km vom Zentrum)

Auf *Burg Hülshoff* wurde die Dichterin Annette von Droste-Hülshoff geboren.

Wo das Münsterland am höchsten und schönsten ist, ruht tief im Boden der berühmte Kalksandstein, der „Marmor des Münsterlandes", aus dem zum Beispiel der *St.-Paulus-Dom* in Münster gebaut wurde. Weitere prominente Beispiele für die Verwendung dieses Baustoffes sind der *Ludgerus-Dom* in Billerbeck und die Ausstattung der Abtei Gerleve zwischen Coesfeld und Billerbeck. Figuren aus diesem Material befinden sich auch im Raum der alten Hanse, zum Beispiel in Lübeck und Riga. Das Baumberger *Sandstein-Museum* in Havixbeck erzählt die Geschichte dieses Steins.

Der Geograph, Zoologe und Schüler von Landois, Dr. Fritz Westhoff, wegen seiner 1,92 Meter Longinus genannt, wurde 1896 zum ersten Vorsitzenden des Baumberge-Vereins gewählt. Der *Longinus-Turm* auf dem Westerberg, dem höchsten Punkt der Baumberge, wurde nach ihm benannt. Das *Café Longinus* im Erdgeschoss ist nicht nur unter Motorradfahrern ein beliebter Treffpunkt.

Die traumhafte Gegend rund um die Orte Havixbeck, Billerbeck, Nottuln, Rosendahl und Coesfeld bietet Naturerlebnisse in der Hügellandschaft, idyllisch gelegene Wasserburgen und gemütliche Einkehrmöglichkeiten in den kleinen Orten.

Baumberge:
www.baumberge.net
Baumberge-Tourismus:
www.baumberge.com

Sandstein-Museum:
www.sandsteinmuseum.de
Café Longinus:
www.longinusturm.de

Lüdinghausen
(ca. 30 km vom Zentrum)
Am Rande der mittelalterlichen Stadt im südlichen Münsterland liegen drei Wasserburgen, unter anderem die *Burg Vischering*, eine der eindrucksvollsten und ursprünglichsten Wasserburgen. Im Rittersaal finden Konzerte und Ausstellungen statt.

Lüdinghausen:
www.luedinghausen.de
Burg Vischering:
www.burg-vischering.de

Wahrhaft ritterlich. *Burg Vischering* ist eine der schönsten Wasserburgen im Münsterland.

UNTERWEGS IN MÜNSTER

Gottfried Laurenz Pictorius, Spross der berühmten westfälischen Baumeisterfamilie, schuf unter anderem das *Wasserschloss Nordkirchen* (1703-1712).

Das Wasserschloss von Nordkirchen

(ca. 35 km vom Zentrum)
Zu Beginn des 18. Jahrhunderts schufen die Baumeister Pictorius und Schlaun das „Westfälische Versailles" mit angelegtem Park und breitem Wassergraben nach französischem Vorbild für den Fürstbischof Friedrich Christian von Plettenberg. Im Schlosspark liegt die Oranienburg, das Gesellenstück des Barockbaumeisters Schlaun.

Restaurant und Schloss Nordkirchen: www.lauter-nordkirchen.de
Wasserschlösser im Münsterland: www.100schloesserroute.de

Wildpferde in Merfeld

(ca. 35 km vom Zentrum)
Im Merfelder Bruch in der Nähe von Dülmen ist das einzige Wildpferdegestüt Europas mit dreihundert Pferden. Die Herzöge von Croy richteten zum Schutz der Tiere vor 150 Jahren ein Reservat für sie ein. Von März bis November ist die Wildpferdebahn für Besucher freigegeben und bei gutem Wetter von 10 bis 18 Uhr geöffnet.

Wildpferde im Merfelder Bruch: www.wildpferde.de

Traditioneller Wildpferdefang am letzten Mai-Samstag

Das Hockende Weib

(ca. 35 km vom Zentrum)

Die Dörenther Klippen im Tecklenburger Land sind ein gutes Klettergebiet. Die Felsenlandschaft liegt am Hermannsweg, der entlang des Teutoburger Waldes verläuft. Ein Felsen gleicht einer Frau mit Kindern auf den Schultern – das Hockende Weib. Der Sage nach musste die Mutter vor der Flut auf den Berg flüchten und erstarrte hier zu Stein.

Tecklenburg

(ca. 40 km vom Zentrum)

Das nördlichste Bergstädtchen Deutschlands liegt in beachtlichen 230 Meter Höhe. Die Fachwerkstadt ist Mittelpunkt des Tecklenburger Landes mit der bekannten Freilichtbühne in der Burgruine des Grafen von Tecklenburg. Die Bastion mit unterirdischen Gewölben und das Torhaus, in dem früher Leinen geprüft und mit Gütesiegel versehen wurde, kann man besichtigen.

Tecklenburg:
www.stadt-tecklenburg.de

Sportfreunde

Ballsport

Ja, Münster hat eine Bundesliga-Mannschaft. Die Volleyballerinnen des *USC* gehören mit zahlreichen Meister-, Pokaltitel und Europapokalsiegen zu den erfolgreichsten deutschen Volleyballvereinen. Das *Volleydrom* im Stadtteil Berg Fidel wird mit 4500 Zuschauern bei den Spielen der Damen zum Hexenkessel.

Damit laufen sie den Jungs vom *SC Preußen 06* eindeutig den Rang ab. Der Fußballverein war zwar 1951 deutscher Vizemeister und 1963 Gründungsmitglied der Bundesliga, doch es folgten 25 Jahre Regionalliga. Die vielen Fans bleiben ihren Helden tapfer treu und freuten sich 2011 über den Aufstieg in die 3. Bundesliga.

Auch die Basketballer des größten Clubs, *UBC Münster*, konnten sich nicht in die erste Bundesliga vorarbeiten, obwohl Basketball zu den beliebtesten Sportarten zählt. Sehr erfolgreich behaupten sich aber die Rollstuhlbasketballer.

Seit 1983 gibt es mit den *Münster Mammuts* auch American Football in dieser Stadt.

Wie man mit Küchengeräten Hochleistungssport betreibt, zeigen die Cracks auf den Speckbrettplätzen. Dieser einzigartige Sport stammt aus den zwanziger Jahren. Das Speckbrett wird ähnlich wie ein Tennisschläger eingesetzt. 30 Speckbrettplätze, aber auch Parks und Schulhöfe werden zum Spielen genutzt.

USC:

www.usc-muenster.de

SC Preußen Münster:

www.scpreussen-muenster.de

UBC:

www.ubc.ms

Abt. Rollstuhlbasketball des UBC:

www.ubc-rollis.de

Münster Mammuts:

www.mammuts.com

Pferdenarren

Münster hat eine lange Tradition im Pferdesport und zählt zu den erfolg- reichsten Zuchtgebieten der Welt. Im Stadtgebiet stehen rund 2 000 Pferde, es gibt über 10 Reitervereine und viele Reithallen.

Mit mehr als 100 000 Tieren ist das Münsterland eine der pferdereichsten Regionen Europas. Rund 80 000 Men- schen betreiben hier den Reit- und Fahrsport. Über tausend Pferdehöfe gibt es in Münster und Umland – idyl- lische Fachwerkhöfe, rustikale Ställe oder hochmoderne Pferdesportan- lagen. Wer es ländlich mag, findet in Heuherbergen mitsamt Vierbeiner eine

Ballonfahren

Wer bei schönem Wetter in Münster zum Himmel schaut, kann schon mal fliegende Eistüten und Teekannen oder Bierflaschen entdecken. Seit 1951 entwickelte sich das Münsterland zu einer Hochburg der Heißluftballon- freunde. Jedes Jahr am letzten Augustwochenende treffen sich Ballonfahrer aus aller Welt auf den Aaseewiesen zu der größten Ballonsportveranstaltung Deutschlands, der *Montgolfiade*.

Bleibe; Ponyhöfe schaffen den Kleinen unvergessliche Ferienerlebnisse. Zahlreiche Olympiasieger, Welt- und Europameister aus allen Pferdesportdisziplinen sind im Münsterland zuhause. Zu den besten deutschen Mannschaftsreiterinnen gehören in Münster Helen Langehanenberg (Olympische Silbermedaille und Weltcup-Siegerin) und natürlich die mehrfache Olympiateilnehmerin Ingrid Klimke, die 2012 in London mit der Mannschaft die Goldmedaille gewann. Deren Vater, der 1999 verstorbene Dressurreiter Reiner Klimke, gehörte mit sechs Gold- und zwei Bronzemedaillen zu den erfolgreichsten Olympiateilnehmern. Ein Reitsport-Event der Spitzenklasse und eines der wichtigen gesellschaftlichen Ereignisse ist das große Dressur- und Springturnier *Turnier der Sieger* vor dem Schloss, das Kräftemessen nationaler Turniersieger am Saisonende. Von den überdachten Tribünen aus haben die Zuschauerinnen und Zuschauer den direkten Blick auf das sportliche Geschehen mit Olympiasiegern und Weltmeistern. Mit der *Riders Tour* ist das Turnier in Westfalen, das einmal im Jahr stattfindet, Bestandteil der international ausgeschriebenen höchstdotierten Serie im Reitsport.

Ingrid Klimke:
www.klimke.org

Trimm Dich!

Die Grünoasen sind auch bei Laufsportlern beliebt. Die Jogging-Strecke um die Promenade ist viereinhalb Kilometer lang. Man kann weiter zum Aasee laufen und das Fitness-Programm verlängern. Oder man startet direkt am Aasee, den man mit gut fünf Kilometern einmal umrundet.

Die ganz Sportlichen können alljährlich am zweiten Sonntag im September zum Münster-Marathon antreten. Die Strecke ist bei den Läufern beliebt, weil sie sowohl durch schöne

Straßen der Innenstadt als auch durch reizvolle Landschaft führt.

Erfolgreich bei Europameisterschaften und Olympischen Spielen ist Münsters 100-Meter-Sprinterin Tatjana Pinto.

Auf der Promenade finden auch Inline-Skater ideale Bedingungen.

Oder am Aasee: Dort, wo der Uferpfad einen Sandboden hat, weichen sie auf die weiter oben liegenden Asphaltwege aus.

Was für die Läufer der Marathon ist, ist für die Inlinefreunde die Skatenight, bei der mehrere tausend Menschen rund 20 Kilometer durch Münster rollen. Von Mai bis September startet die Tour an jedem ersten und dritten Freitag des Monats um 20 Uhr auf dem Schlossplatz.

Der Münsteraner Lieblingssport ist und bleibt jedoch das Radeln. Die Stadt hat mehr Fahrräder als Einwohner. Selbst die Niederlande – der Inbegriff von Fahrradkultur – holen sich in der Domstadt Tipps für die

Die Marathonläuferinnen und -läufer lieben die Strecke rings um Münster und durch die historische Stadt.

Verkehrsplanung. Eigene Lichtsignale, Schleusen zwischen dem motorisierten Verkehr, freie Fahrt durch Einbahnstraßen und Sackgassen, eigene Spuren und Fahrstreifen zeigen es an: In Münster haben Radfahrer Vorfahrt. Jeder Bürger Münsters sitzt statistisch betrachtet täglich 15,6 Minuten auf der Leeze. 80 000 Berufspendler sind bereits auf das sportliche Zweirad umgestiegen. Fast 35 Prozent fahren mit dem Rad zur Arbeit, knapp 50 Prozent in die Schule oder zur Uni. Auch Joseph Ratzinger, der spätere Papst Benedikt XVI., wurde während seiner Münsterjahre (1963–66) zum Radler. Seine Studenten hatten ihm ein Fahrrad geschenkt, das er eifrig nutzte.

Zum *Münsterland-Giro* am 3. Oktober treffen sich die Profis und Hobbyfahrer zu einem der wichtigsten Radrennen vor rund 100 000 Zuschauern. Radrennprofis wie Linus Gerdemann und Fabian Wegmann aus Münster gehen bei internationalen Rennen an den Start.

Wo es reichlich Leezen gibt, werden sie natürlich auch gerne geklaut. Darum hat die Münsteraner Polizei die Sonderkommission *Speiche* eingerichtet. In der größten Radstation Deutschlands direkt vor dem Hauptbahnhof verschwinden die Räder unterirdisch – da werden Diebe erst gar nicht in Versuchung geführt. 3 300 Fahrräder können in zwei Etagen geparkt

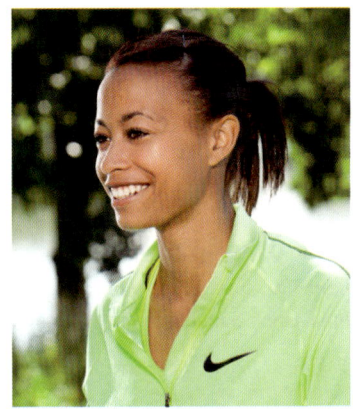

Pfeilschnelle Sprinterin: Staffel-Europameisterin und Olympia-Teilnehmerin Tatjana Pinto

werden. Eine Waschanlage bringt die Leezen sogar wieder auf Hochglanz. Und wer kein Rad hat, kann hier eins mieten, um über 250 Kilometer Radwegenetz im Stadtgebiet zu erobern. Entsprechendes Kartenmaterial gibt es im örtlichen Buchhandel.

Münster-Marathon:
www.volksbank-muenster-marathon.de
Skatenight Münster:
www.skatenight-muenster.de
Segelclub Münster e.V.:
www.segel-club-muenster.de
Segelclub Hansa Münster e.V.:
www.segelclub-hansa.de
Münsterland-Giro:
www.sparkassen-muensterland-giro.de
Fabian Wegmann:
www.fabianwegmann.de

FREIZEITADRESSEN

Sportliches

Skater's Palace

Das lässigste Jugendzentrum der Stadt. Im Skatertreff mit Halfpipe gibt es auch HipHop-, Hardcore- und Punkrock-Veranstaltungen.

Dahlweg 126 | ☽ (0251) 5 20 00 56
Variable Öffnungszeiten auf der
Homepage nachzulesen.
www.skaters-palace.de

Eisbahn am Germania Campus

Open-Air-Eislaufen im Dezember und Januar.

An der Germania Brauerei 5
☽ (0172) 6 93 87 00
Mo-Do 12-20 Uhr; Fr, Sa 12-22 Uhr;
So, Ft 10-20 Uhr
3€, Leih-Schlittschuhe gegen Gebühr

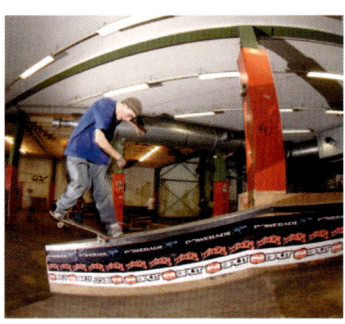

Julian Mahlberg beim Nosegrind im
Skater's Palace

Golfclub Münster-Tinnen e.V.

Der 1992 gegründete Club verfügt über einen Par-72-Meisterschafts-platz mit 18 Spielbahnen. Auch Gäste mit *DGV-Ausweis* sind willkommen.

Am Kattwinkel 244
☽ (02536) 3 30 10 11
www.gc-tinnen.de

Sport-Center Borkstraße

Tennis, Squash und Kegeln.

MEINMÜNSTER

„Mein Lieblingsort ist natürlich der *Skater's Palace*, betrieben vom Verein zur Förderung der Jugendkultur. Skaten ist ideal auf dem dornigen, zornigen Weg zum Erwachsensein im Dschungel der Pubertät. Wir brauchen die unkonventionellen Jugendlichen, die harten Jungs und Mädchen, Skateboarder, Graffitikünstler, Breakdancer, BMXer, Rocker oder Hip Hopper. Da ist der *Skater's Palace* ein unkonventionelles Zuhause, an dem einfach mein Herz hängt."

Titus Dittmann *(Skate-Pionier)*

Schick und schön ist es auf dem Green des Golfplatzes Wilkinghege.

Borkstraße 17b | ① (0251) 9 79 13 33
Mo-Fr 8-23 Uhr | Sa, So 10-23 Uhr
www.sport-center-borkstrasse.de

Cosmo Bowling
Trauttmansdorffstraße 101
① (0251) 23 90 89 90 | Mo-Do ab 15 Uhr
Sa ab 14 Uhr | So, Ft ab 10 Uhr
www.cosmo-bowling-muenster.de

Soccer-Halle Rummenigge
Betreiber Michael Rummenigge ist der kleine Bruder von Karl-Heinz.

Trautmannsdorffstraße 111
① (0251) 3 22 67 90
Mo-Fr 10-24 Uhr | Sa, So 10-22 Uhr
Im Sommer nach Buchungslage geöffnet.
www.soccer-halle.de

Kletterhalle High Hill
Mit Hochseilgarten. Familienbetrieb.

Salzmannstraße 140 | ① (0251) 2 39 66 77
Mo-Fr 14-23 Uhr | Sa, So, Ft 10 – 23 Uhr
www.high-hill.de

Schwimmbäder

Der Eintrittspreis in den städtischen Bädern beträgt 3 €, ermäßigt 1,50 €.

Städtisches Hallenbad Mitte
Badestraße 8 | ① (0251) 4 84 13 53

Städtisches Freibad Stapelskotten
Laerer Werseufer 2 | ① (0251) 31 18 20

Freibad DJK Coburg
Grevener Straße 125/127
① (0251) 9 22 03 30

Die Öffnungszeiten aller elf Bäder auf der Webseite des Sportamtes:
www.muenster.de/stadt/sportamt

Ponyhöfe im Umland

Ponyhof Schleithoff
Familiär geführter Hof für Kinder von 7 - 14 Jahren in den Baumbergen,

Glückliche Kinder und glückliche Tiere auf dem Ponyhof Schleithoff in Havixbeck

ca. 20 km von MS-Zentrum. Auch Ferienwohnungen.

Herkentrup 4 | 48329 Havixbeck
① (02507) 12 27 | www.ponyhof.de

Ponyhof Georgenbruch

Unterricht und Reitferien für Kinder, ca. 20 km von MS- Zentrum.

Müssingen 25 | 48351 Everswinkel
① (02582) 12 16
www.ponyhof-georgenbruch.de

Internetcafés

c@fé X

Wolbecker Straße 35 | ①(0251) 4 81 99 22
Mo-Sa 10-22 Uhr | So, Ft 14-22 Uhr
www.cafex.de

Jugend-Online

Kids surfen kostenlos im Jib (Jugendin-formations- und beratungszentrum).

Hafenstraße 34① (0251) 4 92 58 58
Mo-Fr 12-15 Uhr
www.stadt-muenster.de/jib

Stadtbücherei Münster

Hier stehen Internetplätze kosten-günstig zur Verfügung.

Alter Steinweg 11 | ① (0251) 4 92 42 42
Mo-Fr 12-19 Uhr | Sa 10-15 Uhr
www.muenster.de/stadt/buecherei

Verkehrsmittel – ganz zum Vergnügen

Aaseeschiff Solaaris

Von April bis Oktober legt das Solarschiff zwischen 10 und 17 Uhr zu jeder vollen Stunde von der *Goldenen Brücke* am Anfang des Aasees ab. Die Fahrt geht vorbei am Mühlenhof zum Zoo und von dort stündlich zwischen 10.30 und 17.30 Uhr zurück. Die Tickets gelten auch für

Busse, z.B. die Linie 14 zum Anleger.

☎ *(0251) 8 49 30 00*
www.aaseeschifffahrt.de

Kanuverleih Pleistermühle
Pleistermühlenweg 196
☎ *(02571) 9 82 73*
www.kanuverleih-pleistermuehle.de

Overschmidt
Tretbootverleih und Segelschule am Aasee.

Annette Allee 3
☎ *(0251) 8 49 30 00*
Saison April bis Oktober
10-19 Uhr (wetterabhängig)
www.overschmidt.de

Canu Camp
Kanuausrüster mit Verleihstationen in Münster-Angelmodde (Homann-straße 64) und Münster-Handorf (am *Café Nobis*, Warendorfer Straße 512).

☎ *(02535) 9 50 52*
www.canucamp.de

Ballonfahrten
☎ *(0171) 4 10 66 47*
www.ballonteammuenster.de

Fun Flight
Lassen Sie sich in einem Ultraleicht-flugzeug über das Münsterland flie-gen, z.B. um die Wasserschlösser von oben zu sehen.

☎ *(02535) 9 59 89 70*
www.Schnupperflug24.de

Kutschfahrten
☎ *(02504) 6 97 96 73* | ☎ *(0172) 2 70 24 16*
www.muenster-kutsche.de

Der Münsterbus
Münsters Doppeldecker verspricht bei gutem Wetter Cabrio-Feeling. So erkundet man die Stadt bequem aus einem Stockwerk höher. Tickets und Fahrpläne gibt es z. B. in der Münster Information (Adresse auf S. 260).

www.muensterbus.ms

Prinzipal-Express
Elektro-Kutsche – ohne Pferd, trotz-dem nostalgisch schön.

☎ *(02506) 14 49*
www.elektrokutsche-muenster.de

Fahrradverleih-Adressen stehen auf Seite 264.

Mit der *Solaaris* zum *Allwetterzoo* – da wird schon die Anreise zum Vergnügen.

Der Tolle Bomberg reitet durch das *Café
Midy*. Den Tafelsprung malte Fritz Grotemeyer; das Bild hängt im *Café Grotemeyer*.

GESCHICHTE
UND TRADITIONEN

Das hat Tradition! | Frauen machen Geschichte |
Originale | Das NS-Regime | Die Stadtgeschichte im Überblick

DAS HAT TRADITION!

Bräuche

Junggesellen-Abschied und andere Feste

Kommt Ihnen beim Ausgehen eine Truppe außer Rand und Band entgegen, mittendrin eine Gestalt, verkleidet als Kloschüssel, Frosch, Baby oder Krankenschwester? Jemand will Ihnen aus einem kleinen Bauchladen zum Beispiel ein Kondom verkaufen? Und Sie bekommen einen Lutscher, eine Blume oder einen Kuss? Dann lernen Sie gerade die westfälische Variante des Junggesellen-Abschieds kennen. Die Paare feiern – streng nach Geschlechtern getrennt – ihren letzten Abend vor dem Start in das Eheglück.

Einen ähnlich karnevalistischen Eindruck machen die Cliquen, die sich vor dem *Friedenssaal* treffen, meistens ausgestattet mit einem Bollerwagen voller Bierkisten, um ein Geburtstagskind die Rathaustreppe fegen zu lassen: Dazu sind nämlich die Männer verdonnert, die bis zum 30. Lebensjahr noch nicht verheiratet sind – und nur der Kuss einer Jungfrau kann sie erlösen. Das soll aber nicht der einzige Grund für die steigende Zahl der Singles in der Domstadt sein.

Wenn Sie hierzulande jemand in der Weihnachtszeit zum *Stephanus steinigen* einlädt, brauchen Sie nicht zu fürchten, dass es sich um eine Barbarei handelt, bei der Menschen zu Schaden kommen. Im 19. Jahrhundert war für junge Leute im Münsterland am zweiten Weihnachtsfeiertag der Besuch eines Wirtshauses obligatorisch. Da der 26. Dezember ja auch der Tag des Märtyrers Stephanus ist, bekam dieser Ritus den

Ach, wie ist es wunderbar,
Stefan wird heut 30 Jahr!
Doch noch ohne Ehesegen
muß er die Rathaustreppe fegen.
Heute um drei schwingt er den Besen,
nur eine Jungfrau kann ihn erlösen.
Wir wünschen Dir noch viele Jahre
Glück, Gesundheit und schöne Tage!

Deine Clicke (Hacki, Steffi, Tube, Günni u. Tina)

Solche Anzeigen sind in Münsters Tageszeitungen keine Seltenheit.

Namen *Stephanus steinigen*. Es ist heute noch üblich, sich am zweiten Weihnachtstag zum hemmungslosen Alkoholverzehr zu treffen.

Der Gute Montag

Drei münstersche Bäckergesellen, die sich im Jahr 1683 in Wien aufhielten, sollen die Donaumetropole vor der Eroberung durch die Türken bewahrt haben. Während ihrer Nachtarbeit bemerkten sie, dass unterirdisch etwas im Gange sein musste. Das meldeten sie schnurstracks dem Wiener Stadtkommandanten, der so den Tunnelbau der Türken vereiteln konnte. Zur Belohnung schenkte Wien den Bäckern den *Guten Montag*, einen freien Tag, den sie als Fest ihrer Zunft in der Heimat gewohnt waren. Alle drei Jahre feiern Münsters Bäcker diesen Tag, ziehen durch die Stadt und machen den Honoratioren per Fahnenschlag ihre Aufwartung. Vor dem Rathaus wird die neue Bäckerkönigin geehrt.

Lambertussingen

Am 17. September, dem Tag des heiligen Lambertus, ziehen die Kinder mit selbst gebastelten Laternen durch die Straßen, rufen den Reim „Kinder, kommt runter, Lambertus ist munter" und pilgern gemeinsam zur Lambertuspyramide. Um einen der Mitwirkenden, der als Bauer mit Kiepe verkleidet ist, wird ringelreih getanzt.

Lambertussingen in Münster, 1958

Gegen Ende des 18. Jahrhunderts haben die Erwachsenen zu Lambertus bis spät in die Nacht gefeiert. Mitte des 19. Jahrhunderts war das Fest zum derben Trinkgelage von Mägden und Arbeitergesellen verkommen. Daher lautete 1850 in Münster auch ein offizielles Gebot: „Das Aufstellen der Pyramiden in engen und häufig befahrenen Straßen ist verboten; ebenso lautes Schreien und Rufen und das Absingen unanständiger Lieder". Da die Lambertussinger nicht von alkoholbedingten Exzessen und Grölereien abließen, wurde das Fest 1873 ganz verboten. Der Brauch verschwand aus dem öffentlichen Leben, wurde jedoch in Vereinen und Nachbarschaften fortgeführt und lebt als Kinderfest weiter.

Feste Termine

JANUAR

|| Reit- und Springturnier in der *Halle Münsterland*.
|| Das *Internationale Jazzfestival* in den „ungeraden" Jahren (2015, 2017,...) im *Theater Münster*. In den „geraden" Jahren gibt es *Jazz Inbetween*.
www.jazzfestival-muenster.de

FEBRUAR

|| Altweiberfastnacht am Donnerstag vor Rosenmontag in (fast) allen Kneipen.
|| Karnevalsumzug am Rosenmontag ab 12.11 Uhr in der Innenstadt.

MÄRZ

|| Kirmeszeit: Vom Donnerstag vor dem vierten Sonntag nach Aschermittwoch bis zum folgenden Montag Frühjahrssend auf dem Schlossplatz. Feuerwerk am Freitag. www.send.muenster.de

Märkte

Mittwochs und samstags von 7 bis 14.30 Uhr verwandelt sich der große Domplatz in einen einzigartigen Markt mit südländischer Geschäftigkeit und über 150 Händlern. Schon tausend Jahre alt ist die Tradition des Bauernmarktes.

Die Kunden freuen sich auch über den ökologischen Markt am Freitagnachmittag (12 bis 18 Uhr) auf dem Domplatz. Ob Beamte der Bezirksregierung oder junge Familien: Die Bio-Bratkartoffeln mit Kringelwurst oder Holunderbrause zur Quiche an langen Holztischen schmecken allen.

Am ersten Advent entstehen im Rathaus-Innenhof, am Aegidiimarkt und auf den Plätzen rund um *Lambertikirche* und Kiepenkerldenkmal festliche Weihnachtsmärkte. Dann strömen auch Menschen mit Nikolaus-Mützen und Elch-Geweihen in Münsters „gute Stube", trinken Glühwein oder kaufen handgemachte Geschenke. Häufig blinkt der Kopfputz noch batterieverstärkt. Das alles tut aber der besonderen adventlichen Atmosphäre auf einem der schönsten Weihnachtsmärkte Deutschlands kaum einen Abbruch.

Der berühmte münstersche Flohmarkt findet an vier Samstagen zwischen Mai bis September statt. Mehr als einen Kilometer lang windet er sich dann vom Schlossplatz die Promenade entlang in Richtung Aasee. Er zählt bundesweit zu den größten seiner Art unter freiem Himmel und zieht seit Jahrzehnten Tausende von Besuchern aus dem In- und Ausland an. Für Hobby-Verkäufer fällt keine Standgebühr an.

Markt am Dom: www.wochenmarkt-muenster.de
Ökologischer Bauernmarkt: www.oekomarkt-ms.de
Münsters Flohmarkt: www.flohmarkt-muenster.de
Weihnachtsmarkt am Rathaus: www.weihnachtsmarkt-muenster.com

APRIL

|| Internationales Lyrikertreffen in den „ungeraden" Jahren im April oder Mai.
www.literaturverein-muenster.de

MAI

|| Tag der internationalen Hanse mit Hansetafel auf dem Prinzipalmarkt an einem Samstag im Mai.

|| Internationales Sommerfest vor dem Schloss an einem Samstag im Mai oder Juni.

|| Der Gute Montag im Mai oder Juni jedes dritten Jahres (2016, 2019, 2022…).

JUNI

|| Motorradtage mit großem Korso durch die Innenstadt am Fronleichnam-Wochenende von Donnerstag bis Sonntag. Wenn Hunderte von Fahrern gleichzeitig ihre Maschinen starten, schlagen Bikerherzen höher.
www.motorradtage-muenster.de

Hunderte von Bikern heizen jedes Jahr bei den Motorradtagen durch die City.

|| Hafenfest mit vielen Musikbühnen – in der Regel am Wochenende nach Fronleichnam von Freitag bis Sonntag.
www.ms-hafenfest.de

|| Kirmeszeit: Vom Donnerstag vor dem letzten Sonntag im Monat Juni bis zum folgenden Montag Sommersend auf dem Schlossplatz. Feuerwerk am Freitag.
www.send.muenster.de

|| Bücher- und Bouquinisten-Markt auf dem Rosenplatz mehrmals im Sommer.

JULI

|| *Münster verwöhnt* vor dem Schloss. Restaurants des Münsterlandes präsentieren die Finessen der hohen Kochkunst.
www.muenster-verwoehnt.de

|| *Turnier der Sieger* – Deutsche Meisterschaften im Spring- und Dressurreiten im Juli oder August.

AUGUST

|| Hammer-Straßen-Fest am ersten August-Wochenende (Samstag/Sonntag).

|| Montgolfiade auf den Aaseewiesen am letzten August-Wochenende (Freitag bis Sonntag).

|| Kreuzviertelfest am ersten Wochenende nach den Schulsommerferien in Nordrhein-Westfalen (Samstag/Sonntag).

|| *Die Nacht am Aasee*. Buntes Programm in Zoo und Mühlenhof.

|| Open-Air-Kino vor dem Schloss.

MEIN MÜNSTER

„Ich mag die *Hansetafel* auf dem Prinzipalmarkt, wo die dort ansässigen Kaufleute die Münsteraner an einem langen Tisch auf einem roten Teppich mitten im Herzen der Stadt bewirten; auch *Münster verwöhnt* vor dem Schloss ist ein kulinarisches Highlight, wo man sich nicht entscheiden kann, was man zuerst probieren soll. Auch kulturelle Veranstaltungen, wie z.B. *Schauraum* mit der Nacht der Museen sind wunderschön und geprägt von einer außerordentlichen, guten Stimmung. Und alle 10 Jahre freue ich mich auf die Skulpturenausstellung, ein echtes Münsteraner Bonbon, wo mittlerweile die ganze Welt auf uns schaut."

Barbara Müller
(Inhaberin der Altbierküche Pinkus Müller)

SEPTEMBER

|| *Schauraum – Fest der Museen und Galerien* am ersten September-Wochenende.
|| Stadtschützenfest am ersten Septemberwochenende von Donnerstag bis Sonntag.
|| Münster-Marathon am zweiten Sonntag im September.
|| Lambertusfest am 17. September.
|| *Handorfer Herbst.* Stadtteilfest am letzten Sonntag im September mit Flohmarkt und verkaufsoffenen Geschäften.

OKTOBER

|| UCI Radrennen Münsterland Giro am 3. Oktober.
|| Kirmeszeit: Vom Donnerstag vor dem vierten Sonntag im Monat Oktober bis zum folgenden Montag Herbstsend auf dem Schlossplatz. Feuerwerk am Freitag. www.send.muenster.de

NOVEMBER

|| Europas größte Kegelparty an zwei Wochenenden im November in der Halle Münsterland. Ein Taxi ist ebenso schwer zu bekommen wie in der Silvesternacht. www.kegelparty-muenster.de
|| Alle zwei Jahre (2015, 2017...) *Filmfestival Münster.*

DEZEMBER

|| Im Advent Weihnachtsmärkte in der Innenstadt.

FRAUEN MACHEN GESCHICHTE

Weibliche Spuren in der Historie der Stadt

Welch ein weiter Weg! Bis zu jenem Tag, als eine Frau an der Stadtspitze die Staatschefs Europas zum 350. Jahrestag des Westfälischen Friedens begrüßen durfte. Die SPD-Politikerin und Oberbürgermeisterin Marion Tüns hatte im Jahr 1998 diese ehrenvolle Aufgabe. Und das mit gewagtem Hut, der Pferderennen-erprobte Königinnen vor Neid erblassen ließ.

Marion Tüns beeindruckt mit extravaganter Kopfbedeckung.

Immerhin hat es Jahrhunderte gedauert, bis Münsters Frauen die Chance auf ein eigenständiges Leben hatten. Im Mittelalter boten beinahe nur die Häuser der Beginen und die Klöster eine Alternative zu Ehe und Familie. Auch die späteren Damenstifte, die nach der Reformation aus den Klöstern hervorgingen, dienten nicht allein der religiösen Erbauung. Sie bedeuteten ebenso ein Leben jenseits der traditionellen weiblichen Rolle – ohne Keuschheits- oder Armutsgelübde und mit Privateigentum. Selbst während der auch sozialreformerisch bewegten Täuferherrschaft waren die Aktivitäten von Frauen im religiösen Leben nur ein kurzes Zwischenspiel. Der selbsternannte Täuferkönig Jan van Leyden zeigte, wie kopflos allzu selbstbewusste Frauen enden konnten, indem er seine Ehefrau eigenhändig enthauptete.

In Sachen Hexenverfolgung muss man den Münsteranern zugestehen, dass sie sich von der wilden Hatz nicht infizieren ließen, die in anderen Regionen zur Ermordung tausender Frauen führte. Die Herren in der Ratskammer des *Friedenssaals* mochten wohl selbst kaum an Hexensabbat und vermeintlichen Sex mit Luzifer glauben. Der Reichtum der Stadt hat sicher zunächst ein Übriges verhindert. Als es zwischen 1627 und 1635 zur wirtschaftlichen Flaute kam, nahm auch in Münster die Zahl der grausamen Verfolgungen von Frauen und der Prozesse gegen angebliche Hexen zu.

Zwischen 1552 und 1644 wurden ungefähr vierzig Gerichtsverfahren gegen Zaubereiverdächtige, Wunderheiler und Geisterbeschwörer geführt, dreißig davon waren weiblich. Bezeichnend ist der Lynchmord an Anna Holthaus. Auslöser für ihr Martyrium waren die Schilderungen eines achtjährigen Jungen, der als Pflegekind bei ihr gelebt hatte und behauptete, sie hätte ihn mit zum Hexentanz genommen. Der Rat war natürlich in schwerer Beweisnot, dennoch wurde Anna Holthaus unter den Augen des Scharfrichters gefoltert und schließlich der Stadt verwiesen. Vor den Toren fiel sie völlig entkräftet einer Bande von Straßenjungen in die Hände, die die alte Frau steinigten und sie im Stadtgraben ertrinken ließen. Der Fall aus dem Jahr 1644 gehört zu einem der letzten Prozesse wegen schwarzer Magie oder Hexerei. Elsa Buddenboems war eine der fünf Frauen, die wegen des Teufelspakts zum Tode verurteilt wurde, ebenso Greta Bünichmann. Auch 300 Jahre später war es in Münster erst nach massiven Protesten möglich, eine Straße nach ihr zu benennen.

Mühsam war der Weg der Frauen in einen eigenen Beruf. Da gehörte schon eine gehörige Portion Mut zu einer Entscheidung wie der von Felicitas Abt, die als Wanderbühnendarstellerin arbeitete und von der feinen Gesellschaft naserümpfend betrachtet wurde. Trotzdem gelang es der jungen Bildungsbürgerin, sich auf der münsterschen Schaubühne des von Lipper erbauten Komödienhauses am Roggenmarkt in die Herzen der Zuschauer, auch des Bürgertums, zu spielen. Sie arbeitete in Amsterdam in der Theatergruppe ihres Ehemannes, dem von 1777 bis 1779 die Spielleitung in Münster übertragen wurde. Während der Abtschen Spielleitung standen 86 Opern und 90 Theaterstücke auf dem Programm. 1780/81 folgte Felicitas Abt ihrem Ehemann und verließ das lieb gewordene Münster, obwohl sie ihre Kinder eigentlich auf die von Fürstenberg geplanten Schulen schicken wollte.

Wie sehr die Gesellschaft Alleinerziehende verachtete, musste die Münsteranerin Mathilde Franziska Anneke (1817–1884) erleben. Trotzdem gelang es ihr, die Scheidung und das Sorgerecht für ihr Kind durchzusetzen, politisch aktiv zu werden und schließlich in New York als führendes Mitglied der amerikanischen Frauenbewegung zu überzeugen. Die spätere Sufragette begann mit religiöser Schriftstellerei und bewunderte Annette von Droste-Hülshoff, die allerdings den Kontakt mit der Geschiedenen tunlichst mied.

Mit Starrsinn und Eigeninitiative gelang es auch der Münsteranerin Elisabet Ney (1833–1907), eine akademische Ausbildung zu erlangen und sich in der bildenden Kunst einen Namen zu machen – damit gehörte sie zu den wenigen Künstlerinnen, die das im 19. Jahrhundert aus Eigeninitiative geschafft haben. Als erste Frau studierte sie Bildhauerei an der Kunstakademie in München. 1855 ging sie nach Berlin zu dem berühmten Bildhauer Christian Daniel Rauch, durch den sie aristokratische und intellektuelle Zirkel

Elisabet Ney

kennenlernte und Aufträge bekam. 1860 kam sie nach Münster zurück und richtete am Bohlweg ein Atelier ein. Elisabet Ney schuf Portrait-

büsten zahlreicher europäischer Persönlichkeiten wie Alexander von Humboldt, Cosima Bülow (spätere Wagner), Arthur Schopenhauer, Bismarck oder König Ludwig II. Auch international fanden ihre Werke auf der Pariser Weltausstellung 1867 Beachtung. 1870 wanderte Ney nach Amerika aus. In Austin, Texas, erinnert ein Museum mit Briefen, Dokumenten und Werken an die Künstlerin.

Wofür die Frauen lange gekämpft hatten, wurde schließlich politische Realität: Am 12. November 1918 wurde durch den Beschluss des *Rates der Volksbeauftragten* im Deutschen Reich das lange umstrittene Frauenstimmrecht eingeführt. Auch ins münstersche Stadtverordnetenkollegium zogen am 15. April 1919 Frauen ein. Mit den neuen „Stadtväterinnen", wie sie in der Presse genannt wurden, betraten zum ersten Mal in der Geschichte Münsters Frauen die offizielle politische Bühne.

Sie erlebten gleich mit, wie eng die Grenzen des Strebens nach Gleichstellung gezogen waren. Mit der „Demobilmachung" nach dem Ersten Weltkrieg sollten die Frauen, die während des Krieges bezahlte Arbeit verrichteten, den heimkehrenden Soldaten Platz machen. Von 250 städtischen weiblichen Angestellten waren 180 mit dem Kriegsende schon entlassen worden.

Eine der ersten Ratsfrauen, die Oberstudiendirektorin Catharina Müller, setzte sich für das Recht der Frau auf bezahlte Arbeit ein, wenn auch im Rahmen ihrer streng katholischen Auffassung. Sie engagierte sich für das Schulwesen und die Gleichstellung der Lehrerinnen in Leitungspositionen. Die von der SPD beantragte Übernahme der katholischen und evangelischen höheren Mädchenschule in städtische Trägerschaft, womöglich noch mit Aufhebung des Zölibats für Lehrerinnen, ging der Ratsfrau dann doch zu weit.

Nach dem Ende des Zweiten Weltkrieges mussten Frauen wieder einmal den Männern ihren Arbeitsplatz überlassen. In der Sprechweise des Arbeitsamtes hieß dies damals „Entlassung aus sozialen Gesichtspunkten". Umso mehr war die unentgeltliche Frauenarbeit gefragt: beim Schutträumen und Steineklopfen, in den Ziegeleien und in der Zementindustrie. Anders als in Berlin oder Dresden wurde die Arbeit der Trümmerfrau aber nicht als Beruf anerkannt, was immerhin zu einer größeren Zuteilung von Lebensmittelmarken geführt hätte.

Amalie von Gallitzin (1748–1806) und der Kreis von Münster

Die Ideen der Aufklärung, die Franz von Fürstenberg (1729–1810) in Münster auch politisch umsetzen konnte, lockten Fürstin Amalie von Gallitzin nach Westfalen. Schon bald ließ das Duo Fürstenberg und Gallitzin gemeinsam geistige Funken sprühen. Der Esprit der beiden, gepaart mit der Warmherzigkeit der Fürstin, lockte weitere kluge Köpfe

Amalie von Gallitzin

nach Münster. Als Hofdame in Preußen hatte Amalie den russischen Gesandten in Paris, Fürst Dimitrij Aleksejewitsch Golizyn, geheiratet und mit ihm in Den Haag gelebt. Während sie ihren geistigen Horizont erweiterte und die Ideen Voltaires kennenlernte, ging sie auch modisch keine Kompromisse mehr ein, trennte sich von Schnürbrust und Reifrock und begann im neuen Outfit ein Studium. Auch vor dem Hintergrund ihrer unglücklichen Ehe konnte der Niederländer Franz Hemsterhuis sie dafür begeistern, zum Bildungsreformer Franz von Fürstenberg zu reisen. Dieser war der Kopf des regen geistigen Lebens in Münster, zusammen mit dem Dichter und Rechtsgelehrten und späteren Förderer Annette von Droste-Hülshoffs, Anton Mathias Sprickmann, sowie dem Theologen und Pädagogen Bernhard Heinrich Overberg. Nachdem sich Amalie von Gallitzin jahrelang neben ihrem Ehemann auf diplomatischen Empfängen gelangweilt hatte, wurde sie hier zum Mittelpunkt des religiös-intellektuellen *Kreises von Münster* unter Einfluss der protestantischen Philosophen Hemsterhuis und Johann Georg Hamann aus Königsberg. Dieser wurde wegen seines Einflusses auch der „Magus im Norden" genannt. Der Philosoph war in Hochstimmung, als sein Mäzen Bucholtz ihn nach Münster geholt hatte: „Nicht Weimar, sondern Münster ... ist der Herd, bei dem ich mich zu ermannen und verjüngen hoffe". Doch schon nach einem Jahr in Münster starb Hamann. Im Garten der Gallitzin wurde er bestattet – das Begräbnis

eines Protestanten auf einem katholischen Friedhof war zu der Zeit unmöglich. Sein Grab befindet sich seit Mitte des 19. Jahrhunderts in

Die Gedenktafel am *Annette-von-Droste-Hülshoff-Gymnasium* in der Grünen Gasse erinnert an den Besuch Goethes bei der Fürstin von Gallitzin, deren Haus bis 1943 schräg gegenüber stand.

der Nähe des Schlossgartens auf dem alten Friedhof an der Wilhelmstraße. Auch mit den Geistesgrößen in Weimar wie Johann Wolfgang von Goethe und Johann Gottfried Herder sowie mit den Dichtern Friedrich Gottlieb Klopstock und Matthias Claudius tauschten sich die Fürstin und ihre Freunde rege aus. Als Goethe die ehemalige Hofdame in der Grünen Gasse besuchte, war er zunächst wenig begeistert, dass „ein Weib die Weiblichkeit ausziehen wolle", jedoch beeindruckte ihn ihre „kostbare Seele". In Münster wehte aber weniger der Geist der Weimarer Klassik, den zum Beispiel Ideale von Weltbürgertum oder äs-

Der Kreis von Münster (in der Mitte von Fürstenberg und von Gallitzin)

thetischer Erziehung prägten. Wichtiger waren vielmehr die Sorge um die Schwachen, die als Aufgabe der Kirche und nicht des Staates betrachtet wurde, und das Streben nach Humanität in Verbindung mit christlicher Lebensgestaltung.

Im Geist der Aufklärung wurde ein pädagogisches Umdenken im Sinne des humanistischen Bildungsprinzips propagiert, das Staatsminister und Generalvikar Franz von Fürstenberg mit Universitätsgründung und Schulreformen realisierte.

Später nannten die Kritiker und Befürworter des modernen Staates diesen Zirkel spöttisch die „familia sacra" („heilige Familie"), weil sich die Beteiligten zunehmend an einer religiösen Innerlichkeit und für die Frühromantik typischen rückwärts-

gewandten Lebensanschauung orientierten. Das Grab der Fürstin kann man in Angelmodde an der Dorfkirche *St. Agatha* besuchen. Der ehemalige Niederhoffs Kotten wurde restauriert und als *Gallitzin-Haus* Ort einer Dauerausstellung.

Annette von Droste-Hülshoff (1797–1848)

Annette von Droste-Hülshoff ist eine der größten deutschen Dichterinnen. Während man ihr Denkmal in Münster recht versteckt unter den Bäumen an der Promenade am Kreuztor suchen muss, zierte ihr Portrait den 20-Mark-Schein. Ihr Ruhm resultiert aus einer Literatur, die weit über ihre Zeit hinaus weist. „Ich mag und will

GESCHICHTE UND TRADITIO

jetzt nicht berühmt werden, aber nach hundert Jahren möcht ich gelesen werden", hat sie gesagt. Nicht nur Generationen von Lehrern und Schülern tun ihr den Gefallen.

Die Dichterin stammte aus altwestfälischem katholischem Adel. Geboren wurde „Nette", wie ihre Freunde sie nannten, am 12. Januar 1797 auf Burg Hülshoff. Von Kindheit an litt sie unter ihrer schwachen Gesundheit. Sie dürfte wohl eine der ersten Patientinnen gewesen sein, die sich homöopathisch behandeln ließen. Den Naturwissenschaftler Clemens von Bönninghausen, der seit 1828 in Münster praktizierte und einer der ersten Schüler des Homöopathie-Begründers Samuel Hahnemann war, ließ sie sogar nach Meersburg an den Bodensee kommen, wo sie die letzten zwanzig Jahre ihres Lebens verbrachte. Annette von Droste-Hülshoff wurde in eine Epoche großer politischer und gesellschaftlicher Umbrüche geboren. Das schien das Alltagsleben der Dichterin in ihrem „seltsamen, schlummernden Land" nicht zu beeinflussen. Dennoch war sie eine genaue Beobachterin der Epoche zwischen Biedermeier und Revolution. Die Verunsicherung jener Zeit spiegelt sich in ihren Texten wider; hinter einer vordergründig harmonischen Oberfläche verbergen sich ein kritischer Geist, die gesellschaftlichen Konflikte und die Bedrohung der Idylle. Trotz des gesellschaftlichen Lebens auf der Burg mit Interesse an Kunst und Kultur führte Annette von Droste-Hülshoff ein zurückgezogenes und oft einsames Dasein, gefangen im Zwang der Konventionen. Für ihre

---

HERZLICH

All meine Rede und jegliches Wort
Und jeder Druck meiner Hände
Und meiner Augen kosender Blick,
Und alles was ich geschrieben:
Das ist kein Hauch und ist keine Luft,
Und ist kein Zucken der Finger,
Das ist meines Herzens flammendes Blut,
Das dringt hervor durch tausend Thore.

Annette von Droste-Hülshoff
(1883)

literarische Laufbahn erwies es sich als Glück, dass sie zwischen 1812 und 1819 in dem fast fünfzig Jahre älteren Dichter und Juristen Anton Mathias Sprickmann einen Förderer fand. Er stammte aus dem Kreis um die Fürstin Gallitzin, war bekannt mit Goethe, gründete die Freimaurerloge in Münster und ermunterte Annette zum Schreiben.

Das *Rüschhaus*

In ihrer Jugendzeit sorgten immerhin Besuche bei der mütterlichen Verwandtschaft, der Familie von Haxthausen, für Abwechslung. Auf *Schloss Bökerhof* bei Paderborn traf sich der *Bökendorfer Märchenkreis* um Wilhelm Grimm und die Brüder August und Werner von Haxthausen. Auch die Droste beteiligte sich in dieser Zeit an der Sammlung von Sagen, Märchen und literarischem Volksgut. Durch ihren Großvater von Haxthausen erfuhr sie erstmals von dem Mord an einem Juden. Die Begegnung mit Grimm inspirierte sie 1837 schließlich zu ihrem berühmten Prosawerk *Die Judenbuche*. Bei den Paderborner Verwandten auf dem Bökerhof erlebte die 23-jährige Annette jedoch ihre Jugendkatastrophe. Angestachelt durch Annettes Verwandte hatten zwei Verehrer – der Jurastudent Heinrich Straube, mit dem sie unglücklich liiert war, und dessen Freund August von Arnswald – eine gemeine Intrige gegen

sie ausgeheckt. Sie wollten Annettes Treue zu Heinrich auf die Probe stellen, indem August ihr den Hof machte. Leider hatte der dumme August auch noch Glück und konnte bei der „vorwitzigen Münsterländerin" landen. Quintessenz: Beide Herren kündigten der angeblich Angebeteten ihre Freundschaft. Diese Demütigung blieb ein traumatisches Erlebnis für die junge Annette, die siebzehn Jahre lang mit ihren Verwandten kein Wort wechselte.

Nach dem Tod des Vaters zog die Mutter 1826 mit ihren Töchtern Annette und Jenny von der *Burg Hülshoff* auf den Witwensitz Rüschhaus, im heutigen Münster-Nienberge, den die Dichterin liebevoll ihr „Schneckenhaus" nannte.

Ihren ersten Gedichtband veröffentlichte sie 1838 im Aschendorff Verlag – auf Wunsch der Familie anonym. Mit nur 74 verkauften Exemplaren handelte sich Annette von Droste-Hülshoff mehr Spott als Respekt ein. Im literarischen Zirkel rund um Elise Rüdiger in deren Haus in der Straße Rothenburg lernte sie 1839 den siebzehn Jahre jüngeren Levin Schücking kennen. Ihre Gefühle schwankten zwischen Liebe und mütterlicher Verbundenheit. Jahrelang war er enger Freund und männliche Muse zugleich.

Im Laufe der Zeit hielt sich Annette von Droste-Hülshoff immer häufiger bei ihrem Schwager in Meersburg auf. Der Ort am Bodensee wurde schließlich ihr neuer Dreh- und Angelpunkt, an dem sie sich befreit fühlte, sich gesundheitlich erholte und sehr schöpferisch war. Sie hatte Schücking dort eine Stelle als Bibliothekar verschafft. Während des gemeinsamen Winters 1841/1842 entstand beinahe täglich ein neues Gedicht. Auch die westfälischen Themen gingen ihr fern der Heimat leichter von der Hand. Am 2. April 1842 verließ Schücking jedoch den Bodensee und trat eine neue Stelle an – ein schwerer Verlust für die Dichterin. Am 24. Mai 1848 starb Annette von Droste-Hülshoff auf *Schloss Meersburg*, vermutlich an einer Lungenentzündung.

Annette von Droste-Gesellschaft: www.droste-gesellschaft.de

ORIGINALE

Sie gehören zur kulturellen Geschichte einer Stadt, genau wie ihre Künstler, Dichter und Denker. Diese schrägen und zugleich genialen Typen, um die sich so herrliche Geschichten ranken. Die dann – so sehr sie auch erdichtet und in der Fantasie der Menschen gewachsen sein mögen – doch stets einen wahren Kern haben und ihre Protagonisten treffend charakterisieren. So hat jede Stadt ihre Originale. Vielleicht hat Münster sogar ein paar mehr davon. Einige von ihnen sollen hier vorgestellt werden.

Professor Landois (1835–1905) und der Zoologische Garten

Der Münsteraner Hermann Landois hatte zunächst eine Priesterkarriere eingeschlagen. Seine derben Späße, sein Vergnügen an geselligen Tanzveranstaltungen, seine modernen Ansichten als Wissenschaftler und seine Befürwortung des Darwinismus führten jedoch zur Suspendierung vom Priesteramt. Also studierte er Naturwissenschaften mit Schwerpunkt Zoologie und wurde Lehrer am *Paulinum*, eben dem Gymnasium, das er als Pennäler aufgrund

GESCHICHTE UND TRADITIONEN

Landois,
Münsters erster
Marketing-Guru

Landois
mit Denkmal

ständiger Differenzen mit dem Lehrkörper hatte verlassen müssen. Allerdings war er bei seinen Schülern, wie dem späteren Heimatdichter Hermann Löns, äußerst beliebt, schon allein deshalb, weil er regelmäßig zoologische Präparate mit in den Unterricht brachte.

Schließlich wurde Landois Zoologieprofessor an Münsters Universität. Sein Ruf als schalkhafter Possenreißer darf nicht über seine hohen fachlichen Kompetenzen hinwegtäuschen. Auch wenn sich reichlich Anekdoten um ihn ranken, die ihm den Beinamen „der unwiese Profässer" einbrachten. Seine Markenzeichen waren der hohe Zylinder, ein schwarzer Gehrock und die lange Tabakspfeife. Er gründete Münsters Zoo und das *Naturkundemuseum*.

Die Finanzierung seines Tierparks

organisierte er durch originelle Einlagen wie blutige Wettkämpfe zwischen Ratten und kleinen Hündchen. Ende des 19. Jahrhunderts tauchten in Münster Reproduktionen der drei Käfige auf, in denen die Leichen der Wiedertäufer am Lambertikirchturm aufgehängt worden waren. Diese erstand der Professor günstig und zeigte sie im Zoologischen Garten. Er ließ die Täuferführer als Puppen anfertigen und steckte sie in seine Eisenkörbe. Dem zahlenden Publikum gegenüber behauptete er, diese Käfige seien ebenso echt wie das Bügeleisen des Jan van Leyden, das er ausstellte. An der *Lambertikirche* hingen lediglich billige Kopien. Die Frage um die Authentizität der Käfige entfachte in der Bevölkerung einen Streit, der mit dem Glaubens-

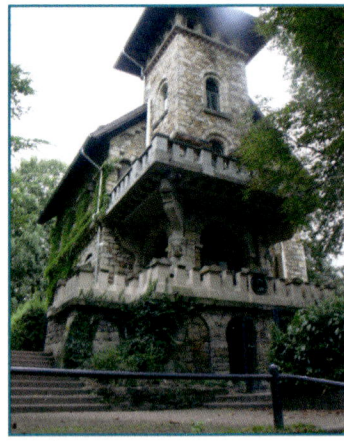

Die *Tuckesburg*, trutziges Heim für Landois und Äffchen Lehmann krieg um den echten und den wahren Heino genau hundert Jahre später zu vergleichen ist. Die Landois-Nachbildungen kann man im *Stadtmuseum* bewundern. Und immer noch trifft man Münsteraner, die beschwören, diese seien die echten.

Legendär sind die *Abendgesellschaften des Zoologischen Gartens*, die Landois ins Leben rief. Bei diesen Veranstaltungen ließ er plattdeutsche Schwänke aus eigener Feder aufführen, in denen alle Rollen von Männern gespielt wurden. Die Schauspieler durften auf der Bühne echten Korn und Wacholder trinken. Dem Publikum servierte man Bärenschinken und Bärentatzen. Zugegeben: Die Bärentatzen entpuppten sich als Hausmacher-Frikadellen. Die Tradition dieser urkomischen Aufführungen wird bis heute gepflegt.

Professor Landois wurde an der Rothenburg geboren, baute sich aber 1883 die verwunschene *Tuckesburg* als Wohnstätte, eine mittelalterlich anmutende Burg am Nordeingang des damaligen Zoos im Bereich der heutigen Hüfferstraße. Hier lebte er mit seiner Nichte und Haushälterin Helene Pollack – und einem Affen namens Lehmann, den Landois regelmäßig mit Bier versorgte, bis das Tier an einer Alkoholvergiftung starb. Das Denkmal, das er schon zu Lebzeiten von sich anfertigen ließ, birgt einen Vogelnist-

kasten im bronzenen Zylinder, damit es, wie er sagte, „auch zu etwas nütze sei". Die Statue steht mittlerweile im *Allwetterzoo*. In der Festrede zur Enthüllung wurde Landois ganz besonders gelobt. Die hielt er nämlich selbst. Neben vielen Fachveröffentlichungen stammen auch einige plattdeutsche Anekdoten aus seiner Feder wie die in den fünf Büchern über seinen Onkel, den geizigen Kupferschmied Franz Essink.

Der Tolle Bomberg (1839 –1897) und seine Streiche

Ein weiteres Original des 19. Jahrhunderts war Gisbert Freiherr von Romberg, besser bekannt als „der Tolle Bomberg". Der Hausherr von *Schloss Buldern* bei Münster erlangte durch seine dreisten Späße eine ansehnliche Berühmtheit. Sein Leben wurde zwei Mal verfilmt, zuletzt 1957 mit Hans Albers in der Titelrolle. Da Bomberg sich seine Eskapaden ein beträchtliches Vermögen kosten ließ, musste er mehrere Entmündigungsversuche seiner Verwandtschaft abwehren, die um ihr Erbe fürchtete. In einem der Anträge heißt es:

„Es ist notorisch, dass unser Vetter von Romberg sehr dem Trunk ergeben ist und auf die unsinnigste

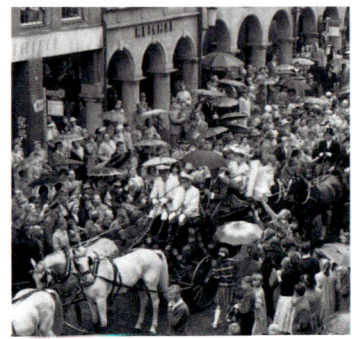

Zur Uraufführung *Der Tolle Bomberg* empfangen Tausende den Hauptdarsteller Hans Albers (in der Kutsche unter dem Regenschirm) am 21. August 1957 auf dem Prinzipalmarkt.

Weise sein Vermögen vergeudet."
Die Richter entschieden allerdings, dass der durchgeknallte Baron vermögend genug sei, ein kostspieliges Leben zu führen und schmetterten alle Entmündigungsgesuche ab.
Wie es heißt, flatterten Bomberg regelmäßig Zahlungsforderungen von Wirtschaften und Kaffeehäusern ins Haus. Pardon, ins Schloss. Die Gastwirte wollten Entschädigung für Mobiliar, Geschirr und Musikinstrumente, die der Baron in Anfällen von Zerstörungswut zerkleinert haben soll. Bomberg zahlte alles. Ein Teil der Rechnungen befindet sich im Stadtarchiv. Auch will man Bomberg gesehen haben, wie er sich im Kutschwagen rasieren ließ oder mitten durch das berühmte Café des Kunstbäckers Louis Midy ritt, das sich an der Bo-

genstraße 16 befand. Seine Lieblingsprostituierte Thekla soll er ganz diskret mit einem Sechsspänner von der Wevelinghofer Gasse abgeholt haben. In der Gegend um die Sonnenstraße befand sich nämlich noch bis zum Zweiten Weltkrieg Münsters Rotlichtviertel, wo die Damen St.-Pauli-mäßig ihre Bewerbungsschreiben ins Fenster hängten.

Franz Essink (1801–1871) und sein Erbe

Die Pflege des Grabes von Franz Essink übernimmt der Straßenkehrer.

Wer von Bomberg und Landois spricht, muss auch den Kupferschmied Franz Essink erwähnen, der an der Rothenburg 42 wohnte. Immerhin hat Landois fünf Bücher über seinen Onkel Franz verfasst. Der Mann war ebenso gutsituiert wie geizig – zwei Eigenschaften, die ja gerne gemeinsam auftreten. Allerdings hat Essink der Stadt Münster sein beträchtliches Vermögen vererbt. Aus Dankbarkeit übernahm die Stadt seine Grabpflege. Als 1914 der alte Ludgeri-Aegidii-Friedhof eingeebnet wurde, um dem Bau der *Antoniuskirche* Platz zu machen, beließ man das Grab von Franz Essink an seinem Platz. Seine Gebeine ruhten von da an unter dem Gehsteig an der Moltkestraße. Im Jahre 1958 erinnerte man sich, dass man den edlen Spender seit Jahren

Diener des Bomberg karren „Mönch Franz" zum Franziskanerkloster. Zeichnung von Paul Krieger, um 1890

mit Füßen tritt und schuf das kleine Steinmosaik, das auf dem Bürgersteig zu sehen ist. Die Grabpflege besorgt seitdem der Straßenkehrer. Von Landois, Bomberg und Essink erzählt man sich, dass sie gute Freunde und vor allem Saufkumpane waren. Mit den Trinkabenteuern, die man ihnen nachsagt, könnte man ein ganzes Buch füllen. Wer bei einer solchen Zechtour

als Erster den Überblick verlor, soll schnell Zielscheibe übler Scherze der anderen geworden sein. Das Opfer splitternackt auszuziehen, war schon mal Ehrensache. Es heißt, dem Essink hätten seine Freunde eines Nachts zusätzlich eine Tonsur geschoren, ihn in eine Mönchskutte gesteckt und vor der Pforte des Franziskanerklosters am Hörsterplatz, vorsichtig ausgedrückt, hinterlegt.

Die Franziskaner trugen den vermeintlichen Mitbruder ins Haus und ließen ihn in einer Einzelzelle seinen Rausch ausschlafen. Der Prior des Klosters machte Essink am nächsten Morgen üble Vorhaltungen ob seines Lebenswandels, der eines Mönches unwürdig sei.

Essink, noch ganz neblig im Kopf, wusste offenbar selbst nicht mehr genau, wer er war. Zumindest soll er dem Klostervorsteher geantwortet haben: „Schicken se mal einen in die Rothenburg und fragen nach Franz Essink. Wenn der nicht zu Hause ist, dann bin ich das."

Felix Maria (1833–1900) und der Bierkrieg

Sauftouren, wie die der Herren Landois, Bomberg und Essink, waren ein Dorn im Auge eines anderen Münsteraner Unikums. Die Rede ist von dem

Bei Pinkus Müller

Felix Maria

lange nach seinem Tod hat ihn seine Heimatstadt nicht vergessen. In den 1970er Jahren war er das Maskottchen von Münsters Polizei und Ordnungsamt, die ihm unter dem Motto „Felix rät" in Anzeigen und Plakaten praktische Hinweise für die Bürger in den Mund legten. Felix Maria war eine Amtsperson von übertriebener Korrektheit und peinlicher Dienstbeflissenheit. Als er dann allerdings selbst einmal betrunken war, soll er in die Fänge von Landois, Bomberg und Essink geraten sein. Die bewiesen mal wieder einen gesunden Humor. Sie beraubten den Schutzmann all seiner Kleidung und packten ihn auf eine Schubkarre. So fuhren sie ihn nach Hause und kippten ihn kurzerhand vor der eigenen Tür ab. Als die Gemahlin Maria-Magdalene ihn dort ebenso nackt wie wehrlos vorfand,

Polizisten Hermann-Josef Harpenau, genannt Felix Maria. Mit dem Spitznamen und seiner feschen Uniform würde er in heutiger Zeit zu den Stars beim *Christopher Street Day* in Köln gehören. Felix Maria war allerdings verheiratet und Vater dreier Kinder. Er lebte mit seiner Familie im Torhäuschen an der Neubrückenstraße. Auch

Ausgelassenheit im *Alten Gasthaus Leve* (1880) — der Bierkrieg wirft seine Schatten voraus.

TIPP

Bei dem Verein **StattReisen Münster** kann man in einem Erlebnis-Stadtspiel die Zeitreise in das Jahr 1895 zum Bierkrieg unternehmen.

hat sie ihn mit einem Nudelholz kräftig durchgeprügelt. Anderntags aber, als Felix Maria wieder bei Sinnen war, verhaftete er seine Gattin. Laut überliefertem Protokoll sperrte er seine Angetraute drei Tage ein – wegen Widerstands gegen die Staatsgewalt. Übrigens war es nicht das einzige Mal, dass er die eigene Frau anzeigte. Korrekt wie er war, bestrafte er sie auch, wenn sie durch Teppichklopfen die Mittagsruhe störte oder sonntags Wäsche aufhängte.

Fehlentscheidungen von öffentlicher Stelle gab es im Münster des 19. Jahrhunderts aber noch weitere. Eine führte zum sogenannten Bierkrieg. Vorangegangen war eine landesweite Umfrage zum Thema Alkohol. Also eine Art *PISA*-Studie der Trinkfestigkeit. Dass Münster in der Statistik ziemlich weit vorne lag, soll einigen Kostverächtern sauer aufgestoßen sein.

Um den Ruf loszuwerden, dass Münsters Bürger versoffen seien, beschloss die preußische Verwaltung, die Polizeistunde auf 23 Uhr vorzuverlegen. Über eine Woche lang demonstrierte

die durstige Bevölkerung gegen diese unglaubliche Verfügung. Kurzerhand wurden die Saufereien auf die Straße verlegt. Menschenmengen grölten Trinklieder über den Prinzipalmarkt. Die aufmarschierende Polizei wurde mit „Bier her! Bier her!"-Rufen begrüßt. Durch die Luft flogen Steine, Feuerwerkskörper und Sechs-Liter-Bierkrüge aus Steingut, die sogenannten Bullenköppe, die man zuvor ordnungsgemäß ausgetrunken hatte. Die Polizisten zogen ihre Degen, verhafteten die vermeintlichen Anführer und sperrten sie in das *Höffken*, ein kleines Polizeigewahrsam hinter dem Rathaus. Unter den einschreitenden Ordnungshütern soll sich natürlich auch Felix Maria befunden haben. Irgendein Witzbold jagte ein Schwein durch die Innenstadt, welches er mit Seife eingerieben hatte, um die Ergreifung des Tieres zu verhindern. Sieben Tage war reichlich Aufruhr in der Stadt, bis die Staatsmacht ein Einsehen hatte und die alte Ordnung wiederherstellte. Danach durfte in den Kneipen wieder bis zum frühen Morgen gezecht werden. So auch in der Gastwirtschaft *Pinkus Müller*, in der „Putz" Felix Maria Harpenau als Holzstatue des Bildhauers Anton Bless die Gäste bewacht.

Pinkus Müller (1899–1979) und das münstersche Bier

Das Altbier wurde in Münster schon vor über dreihundert Jahren gebraut – wobei es nicht allen auswärtigen Gästen so gut schmeckte wie den Einheimischen. Das hat sich

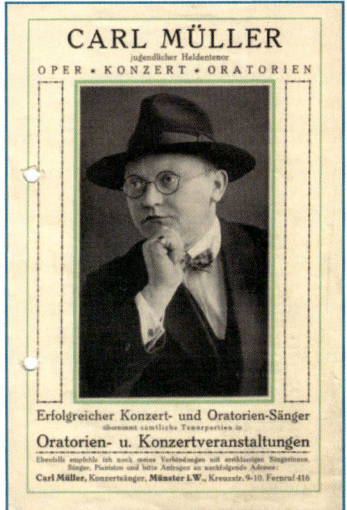

War auch als jugendlicher Heldentenor sehr gefragt: Pinkus Müller (1927)

geändert, denn Altbier gehört zu den beliebtesten Getränken und ist besonders bekömmlich. Das frisch Gebraute aus Münster schmeckt,

anders als das rheinische, eher herb-säuerlich, ein bisschen nach Wein. Und es sieht rötlich aus. Der Name Altbier bedeutet, dass es auf alte Art hergestellt wurde, nämlich obergärig. Im 19. Jahrhundert gab es zeitweise 150 Brauereien in dieser Stadt. Übrig geblieben ist die Brauerei *Pinkus Müller* in der Kreuzstraße. Das Pinkus-Bier wird aus Biozutaten hergestellt und weltweit exportiert. Unter Bierkennern gilt es als Delikatesse. Der Name ist auf den einstigen Inhaber zurückzuführen, der Anfang des letzten Jahrhunderts die Brauerei um die Gaststätte erweitert hatte.

Eigentlich hieß der Mann Carl Müller. Er hat als Schüler an einem Wettbewerb teilgenommen, bei dem es darum ging, über eine kleine Mauer an der Promenade hinweg eine Laterne auszupinkeln. Carl Müller war der einzige, dem dieses Kunststück gelang, woraufhin ihm seine Mitschüler den Ehrennamen Pinkulus verliehen, der später zu Pinkus verkürzt wurde.

Maria Rohrbach und die Leiche im Aasee

Weniger ein Original als eher die Protagonistin einer Gruselanekdote ist Maria Rohrbach. Die Geschichte beginnt an Münsters beschaulicher

Die Polizei sucht im Aasee.

Grünoase, dem Aasee. An seinem Ufer haben spielende Kinder im Frühjahr 1957 angeschwemmte Leichenteile entdeckt. Der Tote konnte als der Anstreicher Hermann Rohrbach aus der Kerßenbrockstraße 44 identifiziert werden, doch seinen Kopf suchte die Polizei vergeblich.

Sofort geriet die Ehefrau ins Visier der Ermittlungen. Es kam zum spektakulärsten Mordprozess der Stadtgeschichte, an dessen Ende Maria Rohrbach aufgrund von Indizien lebenslang eingeknastet werden sollte. Ausschlaggebend für das harte Urteil war ein Gutachten des Sachverständigen Professor Specht aus München. Der Mann war sich sicher, dass Maria Rohrbach ihrem Gatten monatelang das Gift Thallium verabreicht hatte, bevor sie ihm im Schlaf den Schädel einschlug. Den Kopf habe sie dann im heimischen Kohleofen durch den Schornstein gejagt.

Gutachter Spechts Vergangenheit als berüchtigter Propaganda-Experte der SS interessierte das Gericht wenig. Gegen die Angeklagte sprach ihr Lotterleben als sogenanntes Besatzerliebchen. So soll sie sich mit einem britischen Soldaten im Ehebett geschlechtlich betätigt haben, während ihr Mann auf der anderen Seite der Matratze schlief. Dass der Gatte homosexuell war und sein Liebhaber zwei Wochen vor dem Mord ebenfalls ohne Kopf und dazu auch noch tot im Dortmund-Ems-Kanal aufgefunden worden war, spielte im Prozess keine große Rolle.

Ein Jahr nach dem Urteil fand man in einem Bombentrichter den Kopf von Hermann Rohrbach. Hatte Professor Specht nicht festgestellt, dass dessen Frau den Schädel im Ofen verbrannt hatte? Die saß bereits vier Jahre hinter schwedischen Gardinen, als es ihrem Anwalt gelang, eine Wiederaufnahme des Verfahrens zu erwirken. 1961 wurde Maria Rohrbach freigesprochen. Man munkelt, der wahre Mörder soll ein hoch angesehener Münsteraner gewesen sein.

Der Gerichtsirrtum erschütterte die deutsche Justiz und führte zu Änderungen im Strafrecht und zur Neuregelung der Haftentschädigung. Der *Bayrische Rundfunk* drehte über die Geschichte 1963 einen Fernsehfilm,

2004 folgte die TV-Dokumentation *Die Leiche ohne Kopf* von NDR und Radio Bremen.

DAS NS-REGIME

Münster unter Nazi-Herrschaft

Die Nationalsozialisten machten Münster mit der Regierungsübernahme im Jahr 1933 zum Sitz des Gaus Westfalen-Nord und damit zu einem Zentrum der Kriegsvorbereitungen und der Verfolgung von Menschen aus rassistischen, sozialen, religiösen oder politischen Gründen. Während der Wahlen zum Reichstag am 5. März 1933 wählten 36,1 Prozent der Münsteraner die NSDAP. Bereits wenige Tage später bei der Kommunalwahl kletterte die Zahl auf 40,2 Prozent für die Nazis. Gleich darauf, am 3. April, bot der Magistrat der Stadt Münster Adolf Hitler, der schon ein Jahr vorher in der Halle Münsterland eine Wahlkampfrede gehalten hatte, die Ehrenbürgerschaft an. Alltag und Stadtbild waren geprägt von der nationalsozialistischen Ideologie. Als Ersatz für die katholischen Verbände boten die Nazis bis ins Detail geplante Massen-veranstaltungen mit Fackelzügen, Fahnenweihen und Aufmärschen. Am Aasee entstand der repräsentative Neubau der NS-Verwaltung, der jetzt das Studentenwerk beherbergt. Die braunen Machthaber rüsteten in der Domstadt massiv auf. Eine Reihe neuer Kasernen und Stabsgebäude entstand: Das Stabsgebäude des früheren VI. Armeekorps am Schlossplatz – jetzt Sitz des Deutsch-Niederländischen Korps –, Kasernen in den Stadtteilen Uppenberg, Coerde, Gremmendorf, Gievenbeck und auf der Geist. Entgegen dem Versailler Vertrag hatte Hitler eine deutsche Luftwaffe aufgebaut – auch unter dem Deckmantel der Sportfliegerei. Auch in Münster sollten Jugendliche für den Segelflugsport begeistert und damit auf spätere Einsätze im Militärflug vorbereitet werden.

Das Luftgaukommando errichtete einen großen Neubau an der Manfred-von-Richthofen-Straße, denn Münster war zuständig für die Verteidigung des Luftraumes bis in das Ruhrgebiet. Das Standortlazarett entstand an der Von-Esmarch-Straße, wo sich heute die Universitäts-Hautklinik befindet. Das Heeresverpflegungsamt baute riesige Speicher und eine Großbäckerei an der Stelle der Speicherstadt Coerde, die inzwischen umgebaut wurde und durch Dienstleister wie Agenturen und Verlage neu genutzt wird. Die Geschichte der Speicherstadt ist ein Zeugnis für die zielgerichtete Kriegsvorbereitung der Nazis. Zentrale Elemente in dieser kleinen Militärstadt waren die neun fünfstöckigen Kornspeicher. Die Großbäckerei konnte ein Pensum von bis zu 70 000 Broten pro Tag erfüllen und damit die in Norddeutschland stationierten Garnisonen verpflegen.

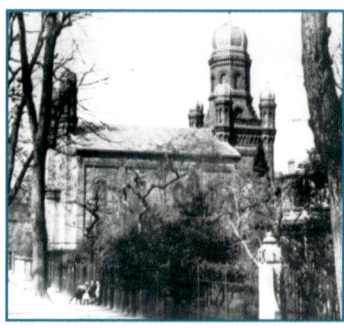

Alte Synagoge

Während des Krieges war Münster das Ziel von 102 Luftangriffen. Besonders heftig traf es die Stadt 1943. Nach britischen Bombenangriffen auf den Verkehrsknotenpunkt Münster und Industrieanlagen wie den Hafen folgte die britisch-amerikanische Luftoffensive. Der Krieg sollte durch eine Zermürbung der Zivilbevölkerung und Zerstörung der wirtschaftlichen Strukturen schneller beendet werden.

Am 10. Oktober 1943 wurden bei einem großen amerikanischen Tagesangriff das Stadtzentrum, das Schloss und der Dom beinahe ganz zerstört, rund 700 Menschen starben. Nach Ausschaltung der deutschen Luftverteidigung wurde das Stadtgebiet in den letzten Kriegsmonaten dem Erdboden gleichgemacht.

Verfolgung und Ermordung

Münster war das Zentrum der nationalsozialistischen Verfolgungsmaßnahmen in Westfalen, deren Ziel die Vernichtung der jüdischen

Neue Synagoge

Bevölkerung war. Aber auch Sinti und Roma wurden verfolgt, ebenso Homosexuelle und Prostituierte, politisch Oppositionelle wie KPD- oder SPD-Mitglieder sowie Priester und andere Kirchenleute, außerdem die Zeugen Jehovas. Die Geschichte der Judenverfolgung in Münster ist erforscht, vor allem auch durch

Das jüdische Geschäft *Helene Davids & Co.* war in Münster das führende Geschäft für Mieder und Korsette bis zum Zwangsverkauf 1938.

die Studien von Gisela Möllenhoff und Rita Schlautmann-Overmeyer. Wenig Material gibt es bislang über die Verfolgung anderer Gruppen in der Bevölkerung.

Die Jüdische Gemeinde feierte noch 1930 das 50-jährige Bestehen ihrer 1880 erbauten Synagoge an der Klosterstraße. Mit Kriegsende war die Gemeinde in Münster ausgelöscht. Die endgültige Auslöschung begann mit der ersten der vier Deportationen von ungefähr 125 Juden aus Münster am 13. Dezember 1941 nach Riga in Lettland. Weitere Deportationen vor allem in die Todeslager in besetzten osteuropäischen Gebieten folgten 1942 nach Polen und There-

sienstadt, in den "Wartesaal für die Gaskammern des Ostens".

Von den 697 jüdischen Bürgern, die 1933 in Münster lebten, starben 84 vor 1939 zu Hause, 264 wanderten aus und 247 wurden ermordet. 28 überlebten die Deportation. Das Schicksal von 74 jüdischen Bürgern Münsters blieb ungeklärt.

Bis zur Machtübernahme der Nazis gab es zwar gesellschaftliche Barrieren ebenso wie unter Protestanten und Katholiken, doch waren die jüdischen Bürger Mitglieder in Gesangs-, Schützen-, Sport- und Frauenvereinen oder in Bildungsinstitutionen, Berufsverbänden oder bei der Freiwilligen Feuerwehr. Jüdische Kaufleute und Händler waren im Pferde- und Vieh- sowie im Getreide- und Futtermittelhandel anzutreffen. Der Großteil der jüdischen Geschäfte gehörte zur Textilbranche.

Schon 1933 begannen die antisemitischen Aktionen, jüdische und marxistische Literatur wurde in einem „Läuterungsfeuer" auf dem Hindenburgplatz (dem heutigen Schlossplatz) verbrannt. Den jüdischen Universitätsdozenten wurde durch das „Gesetz zur Wiederherstellung des Berufsbeamtentums" die berufliche Existenz genommen. Der Zwang zur Emigration bewahrte sie vor dem gewaltsamen Tod. Die Mehrzahl der

Juden glaubte zunächst, sich mit dem neuen Regime arrangieren zu können. Das änderte sich angesichts der Zerstörung der Privathäuser und -wohnungen sowie der noch verbliebenen zehn Geschäftshäuser während der Reichs-Pogrom-Nacht. In den frühen Morgenstunden des 10. November 1938 setzten die Nationalsozialisten die Synagoge in Brand, von der nur Schutt und Asche übrig blieb – die Trümmer mussten die Mitglieder der Jüdischen Gemeinde selbst beseitigen. Sogar der Kanister Benzin, mit dem der Brand gelegt wurde, wurde der Gemeinde in Rechnung gestellt. Der größte Teil des kulturellen Lebens der Juden in Münster wurde unwiederbringlich ausgelöscht. Die Gemeinde zwang man, das Grundstück zu verkaufen, um das sich verschiedene Interessenten in Münster bis 1945 skrupellos stritten. Bis zur Reichspogromnacht waren 170 jüdische Menschen emigriert.

Da die in der Nacht des 9. November 1938 festgenommenen Juden wieder freigelassen wurden, konnten weitere 110 flüchten. Von den über 130 Menschen, die zwischen 1939 und 1941 noch aus Münster flohen, gelangten manche lediglich in die Nachbarländer und entkamen dem Holocaust damit nur vorübergehend. Sie waren erneut der NS-Verfolgung ausgesetzt; wenige überlebten in Verstecken. Die Alltagssituation für die Juden spitzte sich immer stärker zu. Durch die Einweisung in „Judenhäuser" verschlechterte sich die Wohnungssituation dramatisch. Im Laufe der Deportationen konzentrierte sich das Leben der Juden in Münster um die Marks-Haindorf-Stiftung, die zur letzten Zuflucht wurde. Der Rabbiner der Gemeinde,

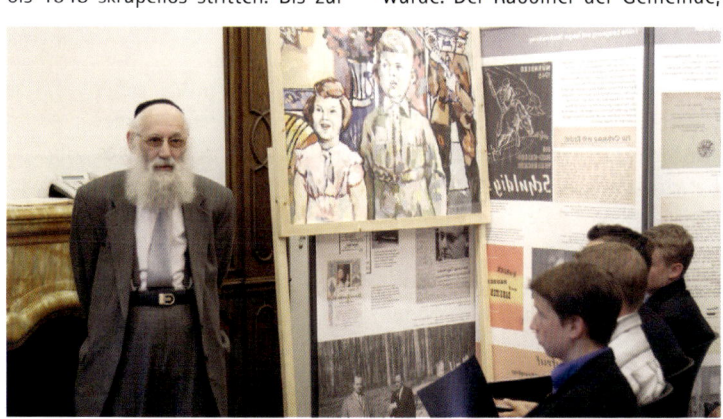

Zeitzeugen berichten Schülern in der *Villa ten Hompel*.

Dr. Steinthal, floh Anfang des Jahres 1939 mit seiner Familie nach Argentinien. Sein Nachfolger, Dr. Julius Voos, wurde 1943 mit seiner Familie in Auschwitz ermordet. Seit Sommer 1941 protestierte Bischof Clemens August Graf von Galen mit drei Predigten gegen das Euthanasie-Programm der Nazis und die Vertreibung von Ordensleuten. Menschen mit tatsächlichen oder vermeintlichen Erbkrankheiten wurden – ohne öffentlichen Protest – sterilisiert.

Als psychisch krank oder behindert eingestufte Menschen wurden auf der Grundlage des „rassenhygienischen Programms" umgebracht. 60 000 behinderte Menschen im ganzen Land wurden durch die Nazis ermordet. Ungefähr 5 000 Patienten aus westfälischen Provinzial- und Pflegeanstalten starben bis 1945 gewaltsam. Für ein Jahr konnte der Bischof die Morde im Münsterland verhindern.

Nach der Zerschlagung des NS-Regimes kehrten nur wenige Juden ins Münsterland zurück. Zu ihnen zählten Siegfried Goldenberg und seine Ehefrau sowie der Warendorfer Viehhändler Hugo Spiegel, der Vater des späteren Präsidenten des Zentralrats der Juden in Deutschland, Paul Spiegel. Am 7. September 1945 feierten sie einen ersten Gottesdienst in Warendorf. Auch die Gemeinde in Münster wuchs und erhielt am 12. März 1961 mit der Weihe der neuen Synagoge an der Stelle der alten wieder ihr gottesdienstliches Zentrum.

Die Villa ten Hompel, damals Unterkunft der für die Deportation zuständigen Polizeidienststelle, ist zu einer Gedenkstätte umgebaut worden. Hier klärt die multimediale Dauerausstellung *Im Auftrag. Polizei, Verwaltung und Verantwortung* über die Geschichte der Ordnungspolizei auf. An der früheren Gaststätte Gertrudenhof (Ecke Warendorfer Straße/Kaiser-Wilhelm-Ring) erinnert eine Tafel an die Gräueltaten der Nazis; ebenso an der Synagoge in der Klosterstraße 8. Der Künstler Gunter Demnig ehrt mit seinem Projekt *Stolpersteine* auch in Münster die Opfer der NS-Zeit, indem er im Boden vor ihrem letzten selbstgewählten Wohnhaus einen Messingstein mit dem Namen einlässt.

Jüdische Gemeinde Münster:
www.jgms.de
Stolpersteine in Münster:
www.muenster.org/spurenfinden

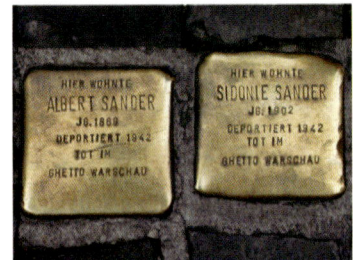

Stolpersteine von Gunter Demnig

DIE STADTGESCHICHTE IM ÜBERBLICK

6. Jh. v. Chr.	Bis zu dieser Zeit reichen die Spuren der frühen Besiedlung zurück.
200 n. Chr.	Die Franken errichteten eine Siedlung im Bereich der Aa.
793	Der heilige Liudger wird als Missionar im Auftrag Karls des Großen an die Aa in das westliche Sachsenland geschickt und gründet das Kloster Monasterium, dem Münster seinen Namen verdankt.
805	Münster wird Bistum, Liudger sein erster Bischof.
1170	Münster erhält die Stadtrechte.
1264	Der jetzige Dom wird eingeweiht.
1268	Ungefähr in diesem Jahr wird Münster Hansestadt. Ca. 400 Jahre verbleibt die Stadt im Hansebund.
1534	Unter der Führung des Jan van Leyden übernehmen die Täufer die Macht in Münster.
1535	Fürstbischof Franz von Waldeck erobert die Stadt zurück.
1648	In Münster und Osnabrück wird der Westfälische Friedensvertrag unterzeichnet. Damit endet der Dreißigjährige Krieg. Den Westfälischen Frieden feierten Staatsoberhäupter aus ganz Europa am 24. Oktober 1998 im historischen *Friedenssaal*.
1661	Christoph Bernhard von Galen, der sogenannte Kanonenbischof, erobert Münster.
1757	Johann Conrad Schlaun beendet den Bau des Erbdrostenhofs.
1759	Im Siebenjährigen Krieg (1756–1763) wird Münster mehrfach belagert und erobert.
1764	Auf Anordnung des Staatsministers Franz von Fürstenberg wird die Stadtmauer abgerissen und der Bereich zur Promenade umgebaut.
1777	Die Errichtung des Schlosses wird vollendet. Johann Conrad Schlaun, der die Pläne fertigte, ist bereits vier Jahre tot.

1780	Die Landesuniversität in Münster nimmt ihren Lehrbetrieb auf.
1792	Johann Wolfgang von Goethe kommt auf Einladung der Fürstin Amalie von Gallitzin nach Münster.
1797	Die Dichterin Annette von Droste-Hülshoff wird auf *Burg Hülshoff* geboren.
1802	Preußen lässt unter dem Kommando des Generalleutnants Blücher die Stadt besetzen.
1802	Das Fürstbistum Münster wird aufgelöst.
1816	Münster wird Hauptstadt der neuen Provinz Westfalen.
1875	Prof. Landois gründet den Zoologischen Garten.

1899	Der *Dortmund-Ems-Kanal* wird von Kaiser Wilhelm II. eingeweiht. Münster erhält einen Hafen.
1902	Kaiser Wilhelm II. stiftet als König von Preußen die Universität Münster, die von nun an *Westfälische Wilhelms-Universität* heißt.
1930	Der Zentrumspolitiker und gebürtige Münsteraner Heinrich Brüning wird deutscher Reichskanzler.
1938	In der Reichspogromnacht brennen Nationalsozialisten die Synagoge an der Klosterstraße nieder, misshandeln Juden und zerstören jüdische Wohnungen sowie Geschäfte.
1941	Bischof Clemens August von Galen hält seine berühmten Predigten gegen Euthanasie, die ihm den Beinamen „der Löwe von Münster" einbringen. Die Judendeportationen in das Ghetto von Riga beginnen.
1945	

Nach Bombenangriffen der Alliierten am 2. April ist Münsters Stadtkern zu 91 Prozent zerstört. Das Bild zeigt die Originalgiebel am Prinzipalmarkt vor dessen Zerstörung im Oktober 1943.

Jahr	Ereignis
1949	Es wird entschieden, die zerstörte Altstadt im historischen Stil wiederaufzubauen.
1956	Der Bau des Stadttheaters wird fertiggestellt.
1975	Im Rahmen der kommunalen Gebietsreform wird die Fläche Münsters vervierfacht. Die Einwohnerzahl wächst von 200 000 auf 265 000.
1977	Münsters erste Skulpturenaustellung findet statt.
1987	Papst Johannes Paul II. besucht Münster.
1987	*Skulptur.Projekte* – die zweite Ausstellung.
1990	Der sowjetische Außenminister Eduard Schewardnadse und der deutsche Außenminister Hans-Dietrich Genscher treffen sich im münsterschen Rathaus, um die deutsche Wiedervereinigung vorzubereiten.
1992	Michail Gorbatschow kommt zu seinem ersten Besuch nach Münster.
1993	Münster feiert sein 1200-jähriges Stadtjubiläum.
1994	Mit Marion Tüns wird erstmals eine Frau Oberbürgermeisterin von Münster.
1997	Unter dem Titel *Skulptur.Projekte* findet die dritte Schau von Kunstwerken statt.
1998	Münster und Osnabrück feiern „350 Jahre Westfälischer Friede".
2004	Münster erhält den LivCom Award, mit dem Jahr für Jahr die lebenswerteste Stadt der Welt prämiert wird.
2005	Das Bistum Münster feiert 1200-jähriges Bestehen.
2007	Am 16. Juni wird die vierte Ausstellung *Skulptur Projekte Münster 07* eröffnet. Die nächste Skulpturenschau kommt 2017.
2012	Nach einem Bürgerentscheid wird der Hindenburgplatz zum Schlossplatz.

FERDINANDO PRIMO ARCHIEPISCOPO
ET ELECTORI COLONIENSI EPISCOPO
MONASTERIENSI ETC BAVARIÆ ...
ORDINIBVS PATRIÆ
NEC NON
SPQ MONASTERIENSI
PRINCIPI SVO CLEMENTISSIMO DOMINISQVE
GRATIOSISSIMIS EVERHARDVS ALERDINCK
PICTOR. D.D.D
A M.DC.XXXVI

Diesen Plan hat Everhardt Alerdinck 1636 auf der Grundlage exakter Vermessungen hergestellt. Überdimensioniert ist allerdings die Darstellung der Befestigungsanlagen – und so abschreckend, dass Münster während des Dreißigjährigen Krieges nie ernsthaft belagert wurde.

EXPLICATIO NVMERORVM.

Ad Zoilum.

Der Wewerka-Pavillon mit der Installation *Lampion* (1998/99) von Uta Weber

KUNST
UND KULTUR

Europas Skulpturen-Hauptstadt | Alte Meister und moderne
Kunst: Museen und Galerien | Filmstadt | Theater, Shows
und Entertainment | Musikszene Münster

EUROPAS SKULPTUREN-HAUPTSTADT

Künstlerelite entdeckt Münster

Seit der ersten Skulpturenausstellung im Jahr 1977 hat sich Münster zur europäischen Hauptstadt der Skulpturen entwickelt. Zahlreiche Werke herausragender Künstler aus aller Welt blieben auch nach der hundert Tage dauernden Schau in der Stadt und begegnen dem Besucher auf Schritt und Tritt. Alle zehn Jahre laden die Kuratoren die Crème de la Crème der internationalen Kunstszene ein, Skulpturen und Projekte für Münster zu schaffen. Die Stadt verwandelt sich dann in ein Eldorado der Begegnung mit Kunst und Menschen. Rund um die Werke in der Innenstadt und am Aasee hört man, wie japanisch, spanisch und englisch geplaudert wird. Gäste aus aller Herren Länder streifen durch die Stadt oder starten ihre offensichtlich ersten Versuche mit dem Fahrrad.

Fachwelt und Presse feiern die Schau als Pionierprojekt, das Gattungsgrenzen mit Fantasie und Witz sprengt. Während der Ausstellung wird nicht nur heftig diskutiert, sondern mit den Künstlern, den Besuchern und Einwohnern der Stadt auch gefeiert. 1987 wurde unter der digitalen *Laufschriftinstallation* der New Yorker Künstlerin Jenny Holzer im Musik-Club *Odeon* ebenso ausgelassen getanzt wie 1997 auf dem roten Gummirasen in Tobias Rehbergers Freiluftbar auf dem Dach des Hörsaals *H1*. Das Licht des Projektes *Günter's (wiederbeleuchtet)* brachte

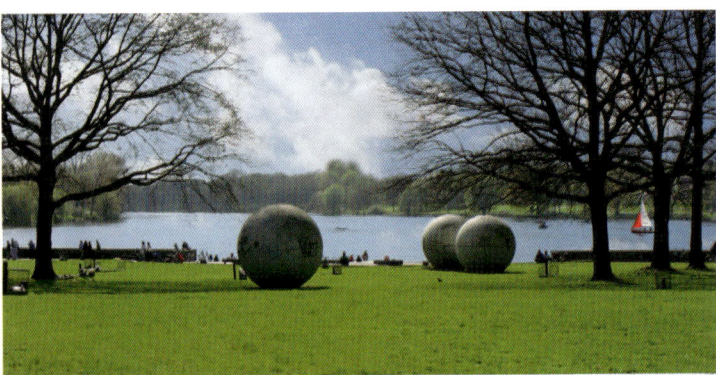

Manch einer hätte die Kugeln gerne in den Aasee gerollt, heute sind sie ein Wahrzeichen der Stadt: *Giant Pool Balls* von Claes Oldenburg (1977).

das ganze Gebäude als Nachttisch-lampe zum Leuchten.

Parallel zu jeder zweiten *documenta*, die alle fünf Jahre in Kassel stattfin-det, wird die *Skulptur Projekte* unter der Leitung des *LWL-Museums für Kunst und Kultur* gezeigt. Gemeinsam sorgten seit 1977 die Visionäre Klaus Bußmann (später Direktor des heuti-gen *LWL-Museums*) und Kasper Kö-nig (bis 2012 Direktor des *Museums Ludwig*, Köln) mit der Ausstellung für Furore, indem sie die Kraft der Kunst außerhalb des Museums im urbanen Raum auf die Probe stellten. Für 2007 wurde das Kuratorium neben König mit Brigitte Franzen und mit Carina Plath (damals Direktorin des *Westfä-lischen Kunstvereins*) als assoziierter Kuratorin besetzt.

Die Künstlerinnen und Künstler be-ginnen häufig schon zwei Jahre vor der Ausstellung mit der Recherche für ihre Objekte. Erst während vieler Besuche in Münster entstehen die Konzepte. Das Gespräch mit den Menschen hat dabei eine ebenso inspirierende Wirkung auf die Kunst wie der Ort und das Wissen um seine Geschichte sowie die urbane, archi-tektonische oder soziale Struktur. Den Aufstellungsort kann der Künst-ler frei wählen.

Da erstaunt es immer wieder, aus welchem Blickwinkel die kreativen Köpfe auf Münster schauen und den Bewohnern und Gästen über-raschende Perspektiven eröffnen. Die Stadt ist nicht nur Pionierin für Kunst im öffentlichen Raum, son-dern glänzt auch in der Liga interna-tionaler Großausstellungen.

Die Presse gratuliert: „In Münster findet Kunst ganz einfach statt - umsonst, unübersehbar und drau-ßen. [...] Die Französin Dominique Gonzalez-Foerster, 42, rekapituliert noch einmal die Geschichte der *Skulptur Projekte*, indem sie 39 Ar-beiten aus allen vier Ausgaben im Maßstab 1:4 nachbaut und auf ei-ner grünen Wiese präsentiert. Die weltweit wichtigste Skulpturenaus-stellung im Minigolf-Format! So viel ironische Distanz und hintergründi-gen Witz sucht man in Venedig und Kassel derzeit vergebens." (*Spiegel online*, 16.6.07)

Westfälische Kunstbanausen

Im Laufe der Jahre ist es der Aus-stellung *Skulptur Projekte* gelungen, einen Dialog zwischen den Künst-lern untereinander, mit den Müns-teranern und darüber hinaus mit der internationalen Kunstszene in Gang zu setzen. Ehrlicherweise muss der Münsteraner aber zugeben: Bis die Schau zum Fest für die Stadt avancierte, vergingen ein paar Jahre intensiver Überzeugungsarbeit nach allen Regeln der Kunst.

Das Kunstereignis und den weltoffenen Stil hat die Stadt nämlich dem Umstand zu verdanken, dass sie noch in den siebziger Jahren voller Kunstbanausen steckte, die sich angesichts des geplanten Kaufs einer modernen Plastik in jahrelange emotionsgeladene Proteste verbissen. Bis dahin lebten die Bürger einträchtig mit ihren Denkmälern, Heiligenstatuen oder Ochs und Pferd am Ludgeriplatz. Keine moderne Skulptur weit und breit.

Das muss sich ändern, beschloss eine eigens einberufene Kunstkommission einmütig und empfahl der Stadt Mitte der siebziger Jahre den Kauf der Skulptur *Drei rotierende Quadrate Variation II* (1973) des Künstlers George Rickey. Die Plastik dieses weltweit für seine kinetischen Kunstwerke berühmten Amerikaners zum Preis von 130 000 DM sollte auf der

Münster sprang im Quadrat, bis drei rotieren durften.

Rasenfläche an der Engelenschanze aufgestellt werden – was erst nach langen Querelen gelungen ist. Denn man hatte die Rechnung ohne den Westfalen gemacht. Die Bewohner Münsters machten ihrem konservativen Image alle Ehre und füllten die Zeitungen mit Leserbriefen, in denen selbst Gott angefleht wurde, die städtischen Kunstkäufer von ihrer Geschmacksverirrung zu heilen. Sogar als die damalige *Landesbank*, die heutige *WestLB*, die Quadrate bezahlte und der Stadt schenkte, ließ die Entrüstung nicht nach.

Also beschlossen einige Experten um Klaus Bußmann und Kasper König, den Münsteranern eine Lektion in Sachen Kunst im öffentlichen Raum zu erteilen und sie an diesen Anblick zu gewöhnen. Für 1977 wurde eine Ausstellung im Außenraum geplant. Zehn international anerkannte Künstler, darunter Carl Andre, Joseph Beuys, Richard Long, Ulrich Rückriem, Richard Serra und Claes Oldenburg, waren eingeladen, Objekte zu schaffen – neun wurden schließlich realisiert.

Wieder hagelte es wütende Proteste, und Debatten um Kunst entbrannten. Selbst Wissenschaftler von Weltrang wie der Philosoph Prof. Dr. Josef Pieper begaben sich in die Niederungen des verbalen Schlagabtauschs. Teilweise konnten die

Künstler nur unter Polizeischutz arbeiten. In der Nacht vom 1. auf den 2. Juli 1977 musste die Polizei ausrücken, als zweihundert Leute, meist Studierende, die *Giant Pool Balls*, drei große Betonkugeln von Claes Oldenburg in den Aasee rollen wollten. Es gelang ihnen sogar, eine der jeweils elf Tonnen schweren Kugeln aus der Verankerung zu reißen.

Schon die erste Ausstellung 1977 lockte immerhin einige tausend Besucher in die Stadt und war damit der Start in eine glänzende Zukunft für die zeitgenössische Kunst in Münster.

Kunst und Öffentlichkeit

1997 waren die beiden Begriffe Skulptur und Projekte im Titel der Schau noch durch einen Punkt getrennt. Für 2007 wurde das Pünktchen gestrichen; der Titel ist Programm. Rund fünfunddreißig Künstlerinnen und Künstler wurden eingeladen auszuloten, was zeitgenössische Skulptur heute sein kann, wie sie sich im öffentlichen Raum positionieren und ihn verändern kann. Unter ihnen Rosemarie Trockel, Dominique Gonzàlez-Foerster, Mike Kelley, Deimantas Narkevičius und Susan Phillipsz. Einige Kunstwerke vergangener Schauen sind entlang des Rundgangs durch die Altstadt zu entdecken. Sie wurden nach Ende der Ausstellungszeit von der Stadt, dem Landschaftsverband, dem *LWL-Museum* oder von Sponsoren gekauft. Zahlreiche Skulpturen gehören zu Münster wie der Dom. Der Titel „Projekte" beinhaltet zugleich, dass manche Kunstwerke nur temporär geschaffen werden. Andere werden gar nicht realisiert, weil die Stadt oder ein anderer Grundstückseigentümer ein Veto einlegt. So entwarf der amerikanische Künstler Bruce Naumann schon für die *Skulptur Projekte 1977* das Kunstwerk *Square Depression*. Erst 30 Jahre später konnte es 2007 realisiert werden - am ursprünglich geplanten Ort im Bereich der naturwissenschaftlichen Universität (Wilhelm-Klemm-Straße). An Aktualität hat sie nichts verloren. Die Kanten dieses Quadrats aus weißem Beton mit 25 Metern Seitenlänge senken sich zu einem tiefen Mittelpunkt, von dem aus der Betrachter gerade noch über den Rand sehen kann. Er wird im Innern der Skulptur zur Schau gestellt. Die umgekehrte Pyramide ist eine viereckige Senke, doch zugleich spielt Neumann mit dem Wort "Depression". Fühlt sich der Besucher nicht auch hilflos, ausgeliefert, wenn er in der Mitte dieser Skulptur steht?

Ebenfalls ein alter Bekannter der Schau ist Michael Asher, den man für 2007 schon zum vierten Mal eingeladen hat. 1977 löste der Künstler noch unverständiges Kopfschütteln bei den Besuchern aus, als er seinen vier Meter langen Caravan an verschiedenen Orten Münsters aufstellte. Zum Erstaunen der Kunstinteressierten wiederholte er die Aktion auch in den folgenden Jahrzehnten. Für ihn ist das Projekt ein stetiges Feilen an der Arbeit, ein Prozess der Klärung. Immer wieder zog er den Wohnwagen, der sich dreißig Jahre lang nicht verändert hat, an feste Stationen und führt damit vor Augen, wie sich die Stadt in dieser Zeit gewandelt hat. Die gebürtige Iranerin Shirazeh Houshiary erinnerte 1987 mit einer Turmwand aus Lehm und Stroh an die mittelalterliche Bauweise der Armen, die auf den Fundamenten der ehemaligen Stadtmauer ihre Hütten errichteten. Dazu machte sie einen alten Korbflechter im Münsterland ausfindig, der das Flechtwerk für die Lehmbauweise noch beherrschte.

Square Depression von Bruce Naumann; 1977 entworfen, 2007 realisiert.

Keine Angst vor Knöllchen! Nam June Paiks Werk *32 Cars for the 20th Century: Play Mozart's Requiem quietly*

Der gebürtige Holländer Hermann de Vries hat sein Kunstwerk *Sanctuarium* der Natur gewidmet, die ihm nun den Gefallen tut, in alle Richtungen zu sprießen. Auf der Wiese im nördlichen Schlossgarten in der Nähe der Einsteinstraße hat der Künstler 1997 aus 20 000 Backsteinen einen Rundtempel nach einer traditionellen Mauertechnik des 18. Jahrhunderts gebaut.

Für die Schau 2007 kam dem Düsseldorfer Hans-Peter Feldmann eine Idee, für die ihm die Münsteraner noch lange dankbar sein werden. Die öffentlichen Toilettenräume unter dem Domplatz waren schon seit Jahren eher unappetitlich. Feldmann sanierte sie liebevoll, und erspart seither Menschen mit einem dringenden Bedürfnis einen ästhetischen Schock.

Eine andere Installation löste in der Stadt der Fahrradfahrer bei den Besuchern der verschiedensten Nationalitäten ein breites Grinsen aus: Martin Kippenberger errichtete 1997 auf der Promenade in Höhe der Kreuzschanze einen U-Bahn-Entlüftungsschacht mit dem Namen *Metro-Net. Subway around the world* direkt gegenüber der Büste von Annette von Droste-Hülshoff. Damit erweiterte er sein fiktives weltweites Metronetz. Regelmäßig rauschte hier eine Untergrundbahn – akustisch – vorbei. Die Fahrradstadt Münster lag auch dem israelischen Künstler Guy Ben-Ner am Herzen. 2007 ließ er die Besucher im Finanzamt an der Friedrich-Ebert-Straße auf Fahrrädern Platz nehmen, die mit Bildschirmen und Videoplayern

Café *Gasolin* mit *Auto Office Haus*

ausgestattet waren. Über die Pedale konnten die Kunstbeflissenen diese Bild-Maschinen, also die Geschwindigkeit des Films, selbst steuern. Und vorwärts oder rückwärts anschauen. Vor dem Schloss konnte man 1997 aus Elektroschrott wie alten Radios oder Fernsehern leise Mozarts Requiem hören. Die Relikte vom Beginn des Medienzeitalters arrangierte der Anfang 2006 verstorbene Videokunst-Star Nam June Paik in 32 silbern lackierten Autos. Für die bekannte Skulptur *32 Cars for the 20th Century: Play Mozart's Requiem quietly* hatte er amerikanische Fahrzeuge jeweils nach ihren Baujahren 1920, 1930, 1940 und 1950 auf dem Schlossplatz zu geometrischen Figuren angeordnet.

Etwas unfreiwillig ist Münster zur Wahlheimat einer anderen Skulptur geworden. Die Installation *Auto Office Haus* hat der Kanadier Kim Adams 1997 auf das Flachdach einer ehemaligen Tankstelle an der Aegidiistraße (nicht weit vom Aasee) gestellt. Die Räumlichkeiten unter der Skulptur beherbergen inzwischen das Szenecafé *Gasolin*. Das sechs Kubikmeter große Kunstwerk besteht aus einer halb verglasten Stahltonne, von deren Dach an Schwenkarmen Lenkräder, Reifen oder Rasenmäher hängen. Der Künstler hatte das Werk im dreißig Kilometer entfernten Emsdetten zusammengebaut und mit einem Lkw in die Aegidiistraße transportiert. Er war davon ausgegangen, dass das *LWL-Museum* ihm die Skulptur nach der Schau nach Hause liefert. Das sah der Museumschef aber anders. Der Streit um die Kosten blieb ergebnislos und das Kunstwerk an seinem Platz. Dort steht es, bis es dem Künstler gelingt, die Skulptur an jemanden zu verkaufen, der sie auf eigene Kosten abtransportiert. Also für immer.

Die Metamorphose eines zweidimensionalen Fotos in eine dreidimensionale Arbeit präsentierte der Franzose Daniel Buren 1997. Er hatte eine 70-er-Jahre-Postkarte entdeckt, die den Prinzipalmarkt zeigt, karnevalistisch geschmückt mit Wimpeln in den Farben des Stadtwappens. Dieses Motiv regte den Künstler zu einer weiß-rot-weißen Festdekoration der Altstadt an. In denselben Farben leuchtet seit 1987 sein lackiertes Aluminiumtor an der Domgasse.

Zur deutschen Künstleravantgarde gehört die Berlinerin Isa Genzken, 2007 schon eine alte Bekannte der Ausstellung. Im Jahr 1997 ließ sie an den Aaseewiesen einen *Vollmond* aus Milchglas zwischen den Baumwipfeln aufgehen. Damit knüpfte sie an ihre Arbeit von 1987 an, als sie zwei Edelstahlrahmen auf Betonsäulen befestigte, in die die Erscheinungen des Himmels bildhaft integriert wurden. Den kritischen Dialog der Künstler mit der jeweiligen historischen Situation des Aufstellungsortes zeigen andere Arbeiten von 1987; angefangen von Ludger Gerdes´ *Schiff für Münster* am Horstmarer Landweg über Lothar Baumgartens *Drei Irrlichter* – eine ebenso diskrete wie eindringliche permanente Erinnerung an das Schicksal der Wiedertäufer in den Käfigen an der *Lambertikirche* – bis zu Rebecca Horns Beschwörung der Geschichte am Zwinger *Das gegenläufige Konzert*.

Kann es künstlerische Antworten auf die Schrecken des Holocaust geben? Diese Diskussion entbrennt immer wieder, nicht nur angesichts des Holocaust-Mahnmals in Berlin. Auch Münster stand vor dieser Frage. Am Widerstand der Universität scheiterte der Plan, eine Skulptur des Künstlers Sol Le Witt zu behalten. Der errichtete einen großen schwarzen Betonblock vor dem Schloss, der den Blick auf das Eingangsportal versperrte. Eine weiße Pyramide im Botanischen Garten befand sich in einer Linie zu diesem Klotz. Block und Pyramide symbolisierten Tod und Leben. Die Skulptur *White Pyramid/Black Form, Dedicated to the Missing Jews* sollte nicht nur an die ermordeten Juden, sondern auch an die fehlenden Nachfahren erinnern; die ungeborenen Kinder, die zum Beispiel an diesem Ort hätten studieren oder lehren können. Das Kunstwerk steht nun vor dem schneeweißen Rathaus in Hamburg-Altona zur Erinnerung an die dortige ehemalige jüdische Gemeinde.

Das Museumsufer am Aasee

Im Laufe der Jahre ist am Aasee ein kleines Museumsufer entstanden. Den Anfang machten die Giant Pool Balls von 1977, die längst ein Wahrzeichen Münsters sind. Claes Oldenburg wollte kolossale Billardkugeln über die ganze Stadt verteilen; sein Entwurf als Mischung aus Zeichnung, Aquarell und Fotomontage verdeutlicht sein Projekt. Es wurden aber nur drei Riesenbälle aus Beton mit einem Durchmesser von dreieinhalb Metern realisiert, vor dem

Terrassenufer wie Billardkugeln ar-
rangiert. Von hier aus geht man über
die Autobrücke (*Goldene Brücke*) und
dann über die Treppen zwischen den
See-Lokalen zum Uferweg. Man muss
schon einen knappen Kilometer laufen
und kann dabei die Natur genießen,
ehe man auf das nächste Kunstwerk
stößt. Es ist der Pier des gebürtigen
Kubaners Jorge Pardo, der in Los An-
geles lebt. Er baute 1997 einen vierzig Meter langen *Pier* aus einem Holz
seiner kalifornischen Heimat, dem
Redwood, mit asymmetrischer Aus-
sichtsplattform und offenem, sechs-

Pier von Jorge Pardo

Giant Pool Balls	⠟	Wewerka-Pavillon	◠	Mühlenhof	𝗑
Pier von Pardo	⌷⊤⊤⊤	Judd: Ohne Titel	⬯	Allwetter Zoo	🐘
Poetischer Sendeturm	📶	Naturkundemuseum	🦏	Wasserturm	▲

eckigem Pavillon in den See hinein. Mit seiner Kunst gelingt ihm die Verbindung von ästhetischer Wahrnehmung und alltäglichem Gebrauch. Nur einige Meter davon entfernt ragt der „poetische Sendeturm" von Ilya Kabakov in den Himmel. Mit der Skulptur **Blickst Du hinauf und liest die Worte** (1997) geht der so poetisch auf Sendung, dass sich eisern das Gerücht hält, die Geschichte aus dünnen Drahtbuchstaben sei von Goethe. Die schönen Worte stammen jedoch aus der Feder des Künstlers selbst. Am besten legt man sich ins grüne Gras und schaut in den Himmel. Auf den Querstreben in dreizehn Metern Höhe erkennt man Buchstaben aus dünnem Draht, die sich zu Wörtern formen. Ein himmlischer Genuss.

Im Hintergrund sieht man den **Wewerka-Pavillon** - das "Schaufenster" der Kunstakademie. Das markante Objekt des Architekten und Künstlers Stefan Wewerka ist eine Skulptur der *documenta 8* von 1987. Studierende und Künstler zeigen darin Arbeiten, die auf diesen Raum entwickelt wurden.

Wer dem Uferweg bis zur Brücke folgt, kann dort sonntags zwischen 10 und 18 Uhr stündlich eine Arie hören. Unter dieser Brücke installierte Susan Philipsz 2007 die Audioarbeit **The Lost Reflection** (Das verlorene Spiegelbild). Die Künstlerin singt die Barcarole aus Jacques Offenbachs Oper *Hoffmanns*

„Mein Lieber!
Du liegst im Gras, den Kopf im Nacken, um dich herum keine Menschenseele, du hörst nur den Wind und schaust hinauf in den offenen Himmel – in das Blau dort oben, wo die Wolken ziehen – das ist vielleicht das Schönste, was du im Leben getan und gesehen hast."

Ilya Kabakov, 1997

Erzählungen: „Schöne Nacht, du Liebesnacht, o stille das Verlangen!" nach E.T.A. Hoffmanns Geschichte von dem verführerischen Reiz der Kurtisane Giulietta, der die Männer erliegen und der sie ihr Spiegelbild schenken.

Einige Meter weiter auf der linken Seite ist ein riesiges Eiben-Buschwerk zu sehen. Rosemarie Trockel, international eine der wichtigsten Künstlerinnen ihrer Generation, nannte ihre Installation für die Skulptur Projeke 2007 Less Sauvage than Others – weniger wild als andere. Der exakte Schnitt dieser grünen sieben Meter langen und vier Meter hohen Monolithe lässt sie wie Skulpturen aus Holz und Stein erscheinen - wildes Wachstum unmöglich.

Gleich in der Nähe sieht man auf den sanft abfallenden Rasenflächen das Werk des Minimalisten Donald Judd von 1977 Ohne Titel - eines der wenigen Objekte, die Judd für den Außenraum realisierte. Er nimmt Bezug auf die abschüssige Wiese und den geraden Wasserspiegel des Aasees.

Auf der Fläche zwischen dem Museumsdorf Mühlenhof, das mit seiner Windmühle hinter den Bäumen vom Aasee schon zu sehen ist, und dem Planetarium hat Guillaume Bijl zur Skulptur-Schau eine Archäologische Stätte als Eine Sorry Installation (2007) gebaut. Aus einer Grube wächst ein Turm mit Wetterhahn in Anspielung auf den Kulturtourismus.

Nun können Sie den Aasee weiter auf insgesamt fünf Kilometer umrunden. Auf der anderen Uferseite erinnern nostalgische Schilder an ein Kunstkapitel aus einer anderen Zeit, an das Malerehepaar Paula Modersohn-Becker und Otto Modersohn. In dessen Frühwerk sind einige Motive vom Aaseetal inspiriert.

Skulptur Projekte Münster:
www.skulptur-projekte.de

Eine der seltenen Skulpturen des Künstlers Donald Judd im Außenraum

**Otto Modersohn (1865–1943) und
Paula Modersohn-Becker (1876–1907)**

Der bekannte deutsche Landschaftsmaler des 19. und 20. Jahrhunderts, Otto Modersohn, ist in der Friedensstraße in Münster aufgewachsen. Er gehörte zu den Gründern der Worpsweder Künstlerkolonie, wo er seit 1889 lebte. Der Begegnung mit seiner zweiten Frau Paula Becker im Jahr 1901 folgten zahlreiche Reisen in Deutschland und Frankreich. Zwischen 1901 und 1907 besuchten sie auch Münster regelmäßig. Hunderte von Skizzen entstanden dabei, rund 90 Gemälde und Studien. Malstandort des Künstlers für das Gemälde *Sommerfreuden* (mit Blick auf das *Haus Kump*) war südlich des Aasees. Es ist das Stimmungsbild einer Morgenlandschaft, eine Sinfonie von Licht und Farben. Die Gestaltung dieses großformatigen Gemäldes markiert einen Wendepunkt seines künstlerischen Schaffens, weg von der komponierten Ideallandschaft, hin zu einer unmittelbaren Naturanschauung.
Die Tafeln entlang des Modersohnwegs durch das malerische Aatal informieren über das Leben der beiden Künstler und die Gemälde, die in und um Münster entstanden sind.

Sommerfreuden (mit Blick auf Haus Kump) (1889) – zu sehen im *Stadtmuseum*

Otto-Modersohn-Museum, Fischerhude:
www.modersohn-museum.de

ALTE MEISTER UND MODERNE KUNST: MUSEEN UND GALERIEN

Museen

LWL-Museum für Kunst und Kultur

Im Neubau des Museums – eröffnet nach mehrjähriger Bauzeit im Herbst 2014 – erleben die Besucher nicht nur eine interessante Verbindung des historischen Altbaus zum beeindruckenden Neubau der Berliner Staab Architekten. Von Süden nach Norden führt der Rundgang durch eine „Architektur der Höfe" von der Rothenburg in den offenen Patio und das Foyer mit vierzehn Metern Raumhöhe bis zum Vorhof am Domplatz. Die mittelalterliche Sammlung des Museums ist eng verknüpft mit der Stadt Münster.

KUNST UND KULTUR

Die historischen Bestände umfassen bedeutende Kunstwerke seit dem frühen Mittelalter, die in der Region und in den Nachbarschaften entstanden sind, mit Schwerpunkten wie der romanischen und gotischen Monumentalskulptur und der frühwestfälischen Tafelmalerei. Höhepunkte, denen das Museum internationale Anerkennung verdankt, sind das *Soester Antependium*, die Überwasserskulpturen aus Münster, die Bilder von Konrad von Soest und Johann Koerbecke, die

Gemälde von Derick Baegert im *LWL-Museum*: *Maria mit Kind, Aposteln und Stifterfamilie.* Öl auf Holz.
Um 1495-1500

Tafeln von Derick Baegert sowie das Werk des letzten großen Meisters der westfälischen Skulptur, Heinrich Brabender. Ergänzt wird dieser Be-

stand mittelalterlicher Kunst durch die nichtwestfälische Sammlung mittelalterlicher Glasscheiben des Freiherrn vom Stein, unter anderem die weltberühmten romanischen Glasfenster des Meisters Gerlachus. Die Renaissance ist hervorragend vertreten durch die münstersche Malerfamilie tom Ring, aber auch durch ein Meisterwerk deutscher Intarsienkunst, den sogenannten Wrangel-Schrank. In der modernen Abteilung sind Impressionismus, Expressionismus, Bauhaus und Konstruktivismus ebenso wie Pop Art vertreten. Träger des Museums ist der *Landschafsverband Westfalen-Lippe*, der seine Wurzeln in der Selbstverwaltung der preußischen Provinzen hat. Das *LWL-Museum für Kunst und Kultur* ist Veranstalter der *Skulptur Projekte*.

Domplatz 10
☽ (0251) 59 07 01
Di, Mi, Fr-So 10-18 Uhr
Do 10-21 Uhr
2 / 3,50 €, Kleinkinder frei,
Gruppenrabatt
www.lwl-museum-kunst-kultur.de

Alle zehn Jahre während der *Skulptur Projekte*:

Besucherbüro im LWL-Museum
☽ (0251) 5 90 72 01
www.skulptur-projekte.de

Timm Ulrichs: Ich kann keine Kunst mehr sehen

Der Künstler, Professor, Dichter, Fotograf, Performer, Bildhauer, Grafiker und Galerist Timm Ulrichs ist eine der herausragenden Figuren der deutschen Kunstszene. Seine außergewöhnliche Position in der zeitgenössischen Kunst wirkt über Deutschland hinaus. Jahrzehntelang – bis 2005 – versammelte der Künstler Scharen von Studierenden an der Kunstakademie um sich. Dazu wäre es fast nicht gekommen, denn als der gebürtige

Berliner 1972 zum Professor in Münster berufen wurde, attestierte ihm der Amtsarzt noch „einen verwahrlosten Zustand ohne Socken." Die hätte er auch danach nicht gebraucht, denn dieser Mann bekam auch in Konfrontation mit dem etablierten Kunstbetrieb keine kalten Füße. Seine menschliche Wärme liebten die Studenten genauso wie die wahnwitzigen Aktionen des Totalkünstlers. Zur Teilnahme an der Ausstellung *Skulptur Projekte* wurde Ulrichs, der in Hannover und Münster lebt, allerdings nie eingeladen.

Feinsinn und Streitlust, Ironie und Humor paaren sich in diesem Ausnahmekünstler. Mit experimenteller Freude und Neugier schaut er auf die Welt, auf den Menschen in Verbindung mit der Natur und hinterfragt wirklich alles. Ulrichs findet das Ungenügen und die Brüche, kündigt den üblichen Gebrauch auf und fordert: „Trauen Sie Ihren Augen nicht, Sie sehen sie nicht einmal." Die Ironie und der spezielle Humor erinnern an Dadaisten wie Kurt Schwitters oder an Till Eulenspiegel. Seine Maxime „Kunst ist Leben, Leben ist Kunst" stellt er ständig selbst unter Beweis: 1961 erklärte sich der Gründer der Werbezentrale für Totalkunst zum ersten lebenden Kunstwerk und stellte sich in einem Glaskasten aus. Zu den Olympischen Spielen 1972 lief er in einem mannshohen Hamsterrad täglich einen Marathon in der Münchener Innenstadt und verteilte anschließend Manifeste – zur Wut mancher Passanten.

Der Findling heißt eine Performance aus dem Jahr 1978, bei der ein steinerner Solitär für seinen schmächtigen Körper ausgehöhlt wurde, dessen Querschnitt an Da Vincis Kind im Mutterbauch erinnerte. Zehn Stunden verbrachte Timm Ulrichs in dem harten, kalten Granitstein, der vor Urzeiten nach Deutschland geschwemmt wurde. Seinen Körper hat das „Ego-Genie" nach allen Regeln der naturwissenschaftlichen Kunst untersucht. Auf sein rechtes Augenlid ließ er sich die Worte „The End" tätowieren.

KUNST UND KULTUR

In München erinnert der Künstler an das Schicksal des Dorfes Fröttmaning, an dessen Stelle mittlerweile die Allianz-Arena steht. Seit den fünfziger Jahren mussten die Häuser einer Mülldeponie weichen, allein die Dorfkirche konnte gerettet werden. Die hat Ulrichs geklont – so entstand 2006 die Architekturskulptur *Versunkenes Dorf*. Die maschinengeschriebenen Gedichte des Klassikers der konkreten Poesie fanden Eingang in die Schulbücher; Werke wie sein Glückswürfel mit sechs Augen auf jeder Seite werden mannigfach kopiert. Ob mit Visueller Poesie, Land-Art, Objets trouvés, Body-Art oder Performances: Die Werke von Timm Ulrichs erreichen die Hirnwindungen – sie bleiben nicht nur auf der Netzhaut.

Westfälischer Kunstverein

Der Westfälische Kunstverein wurde 1831 gegründet und 2008 mit dem Preis für deutsche Kunstvereine ausgezeichnet. Das ist durchaus symbolhaft für die Geschichte des Kunstvereins, der sich zunächst durch den Erhalt und das Sammeln altwestfälischer Malerei Verdienste erwarb, die im *LWL-Museum* gezeigt

Der *Westfälische Kunstverein*
im Neubau von 2013.

wurden. Nach 1945 wurde er zum zentralen Ort für zeitgenössische Kunst in Münster. In den achtziger und neunziger Jahren entwickelten Kunstschaffende Installationen für den architektonisch interessanten Raum im damaligen *Landesmuseum*. Einzel- und Gruppenausstellungen mit Pawel Althamer, Wilhelm Sasnal, Gustav Metzger und Martin Boyce gingen dem Verhältnis von ästhetischen und sozialen Aspekten in der Kunst nach. Die Ausstellungen in den heutigen Räumen zeigen aktuelle Kunst auf hohem Niveau.

Rothenburg 30 | ① (0251) 4 61 57
Di-So 11-19 Uhr
Der Eintritt ist frei.
www.westfaelischer-kunstverein.de

Stadtmuseum Münster

Im Erdgeschoss des Neubaus hinter der historischen Kaufhausfassade von 1910/1911 findet man nicht nur das Museumsfoyer, sondern auch

KUNST UND KULTUR

Geschäfte. Vom Museum aus kann man in die Läden des *Salzhofes* und die Eisdiele gehen. Der älteste Konsumtempel Münsters war ein typisches Beispiel früher Kaufhausarchitektur, der bis in die achtziger Jahre erhalten blieb. 1986 wurde er abgerissen, nur die Fassade blieb stehen, hinter der das *Stadtmuseum* ein neues attraktives Domizil bekam. Die Sammlung zeigt auf ebenso informative wie unterhaltende Weise die Geschichte der Stadt. Historische Inszenierungen lassen Vergangenes wieder lebendig werden. Eindrucksvolle Beispiele sind der rekonstruier-

Kinder testen die historischen Schießbudenfiguren auf ihre Standfestigkeit.

te Wohnraum aus dem Sommerhaus des Jugendstilkünstlers Bernhard Pankok oder das *Café Müller* im Stil der fünfziger Jahre, das hier wiederaufgebaut wurde – genau wie der Laden *Henke*, ein originales Kolonialwarengeschäft von 1911. Bis 1989 war das Wurstschneiden bei den „Eier-Miezen" in der Raesfeldstraße

im Kreuzviertel mit der überdimensionalen Aufschnitt-Maschine ein Erlebnis. Was echte Schießbudenfiguren sind, erfahren die Besucher gleich gegenüber von Henkes Laden an der wohl ältesten erhaltenen Schießhalle dieser Art in Deutschland. In Sonderausstellungen werden dem Publikum spezielle Themen und Aspekte der münsterschen Kultur- und Kunstgeschichte vorgestellt, zum Beispiel das erste Deutschlandkonzert der Rolling Stones in Münster. Die Zeit des Nationalsozialismus und des Zweiten Weltkrieges wird in einer eindringlichen Dokumentation aufgearbeitet. Eine Vielzahl von Modellen zeigt anschaulich Münsters Entwicklung von der ersten Besiedlung zur Großstadt. Münster-Interessierte werden im Museumsshop fündig.

Salzstraße 28 | ☎ (0251) 4 92 45 03
Di–Fr 10–18 Uhr
Sa, So, Ft 11–18 Uhr | Dienstag nach einem Feiertag geschlossen.
Der Eintritt ist frei.
www.muenster.de/stadt/museum

Kunstmuseum Pablo Picasso Münster

Zum Museumsbestand in den ehemaligen Adelshöfen gehören über 800 Lithographien Picassos und damit sein nahezu vollständiges lithographisches Werk. Ergänzt wird diese einzigartige Sammlung durch

KUNST UND KULTUR

MEINMÜNSTER

„Wer etwas über die radikalchristliche Sekte der Wiedertäufer erfahren will, die den katholischen Bischof von Münster im 16. Jahrhundert so ärgerte, dass er ihre Anführer auf dem Prinzipalmarkt zu Tode foltern und in die Käfige werfen ließ, die noch heute am Turm der *Lambertikirche* hängen – dem sei der Gang zum wenige hundert Meter entfernten *Stadtmuseum* an der Salzstraße empfohlen. Dort, im Kabinett *Das Königreich der Täufer*, gibt es nicht nur originalgetreue Nachbildungen der Käfige, sondern eine anschauliche Einführung in die wohl merkwürdigste Episode der münsterschen Geschichte."

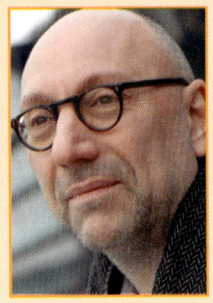

Jürgen Kehrer *(Schriftsteller)*

hundert Radierungen der *Suite Vollard*, einer Folge von Radierungen des Künstlers aus den Jahren zwischen 1930 und 1936, sowie eine große Auswahl an Werken von Picassos Zeitgenossen wie Henri Matisse, Joan Miró, Marc Chagall und Fernand Léger. Mit 200 graphischen Arbeiten ist Georges Braque vertreten.

Das Museum präsentiert nicht, wie häufig üblich, eine feste Dauerausstellung, sondern beleuchtet mit mehrmals im Jahr wechselnden Ausstellungen die verschiedenen Facetten im Œuvre Picassos. Neben thematischen Sonderschauen veranstaltet das Haus auch monographische Ausstellungen über Künstler, die eine Verbindung zu Picasso aufweisen. Somit werden dem Besucher nicht nur ein Einblick in das Schaffen des weltberühmten Spaniers gegeben, sondern auch Informationen über seine Wegbereiter, Freunde und Zeitgenossen.

Picassoplatz 1 | ☎ *(0251) 41 44 70*
Mo-Do,Sa, So, Ft 10-18 Uhr | *Fr 10-20 Uhr*
8 / 10 € | *Gruppenrabatt*
www.kunstmuseum-picasso-muenster.de

Friedenssaal

Im *Friedenssaal* des historischen Rathauses wurde am 15. Mai 1648 ein wichtiger Teilvertrag des West-

Kunstmuseum Pablo Picasso

fälischen Friedens beschworen. Man kann die Portraits der Gesandten, die an den Verhandlungen beteiligt waren, an den Wänden bewundern. Zu den Ausstellungsstücken gehören auch ein Pantoffel, der vermutlich aus dem 17. Jahrhundert stammt und eine abgeschlagene Hand unbekannter Herkunft sowie der *Goldene Hahn*, ein Ehrenpokal, der wahrscheinlich um 1600 in Nürnberg angefertigt wurde. Wenn die Stadt im *Friedenssaal* offizielle Gäste empfängt, die sich in das Goldene Buch eintragen, wird gerne ein Schluck Wein aus dem Goldenen Hahn angeboten. Kippt der Ehrengast den Pokal zu sehr, schlagen ihm die Flügel um die Ohren – zum großen Spaß aller Anwesenden.

Angeblich ist der güldene Gockel die Spende eines münsterschen Ratsherrn. Anlass dafür sei eine Geschichte aus der Belagerung Münsters durch den „Kanonenbischof" Christoph Bernhard von Galen gewesen.

Ein auffliegender Hahn soll ihm klar gemacht haben, dass eine Hungersnot in der Stadt noch nicht in Sicht sei. Der Pokal wurde aber schon lange zuvor hergestellt, ehe der Kanonenbischof Münster 1657 zum ersten Mal unter Beschuss nahm.

Prinzipalmarkt 10 (im Rathaus)
☽ (0251) 4 92 27 24
Di-Fr 10-17 Uhr | Sa, So 10-16 Uhr
1,50 / 2 € | Gruppenrabatt ab 10 P.

Ehrentrunk für den ehemaligen Bundespräsidenten Johannes Rau 2004 im *Friedenssaal*

Domkammer

Das Herzstück ist der Reliquienschatz des Domes mit dem goldenen Pauluskopf von ca. 1050, dem ältesten, ganz aus Gold gearbeiteten Kopfrequiliar der abendländischen Kunst. Über 700 Kostbarkeiten sakraler Kunst von der Karolingerzeit (um 800) bis ins 20. Jahrhundert zeigen auf drei Etagen die Geschichte von Liturgie und Kunst des Doms. Mit der Goldschmiede- und Textilkunst aus Romanik, Gotik und Barock hat die Schatzkammer internationalen Rang.

Dazu ein prunkvolles Kapitelkreuz aus dem 13., ein Tragaltar aus dem 12. und ein nachgebildetes Weiheschiffs aus dem 17. Jahrhundert, meisterhafte romanische Goldschmiedekunst, gotische Skulpturen,

KUNST UND KULTUR

Tragaltar in der Domkammer

Messgewänder und liturgische Geräte und Altartafeln.

Horsteberg
☎ (0251) 49 53 33
Di-So 11-16 Uhr | 2 / 3 €
www.domkammer-muenster.de

Archäologisches Museum
Die Sammlung dient in erster Linie der Lehre und Forschung im Archäologischen Seminar der Universität.

Domplatz 20-22 (im Fürstenberghaus)
☎ (0251) 8 32 54 12
Di-So 14-16 Uhr
Der Eintritt ist frei.
www.uni-muenster.de/
ArchaeologischesMuseum

Geomuseum
Im barocken Gebäude der *Landsberg'schen Kurie* schuf man zur Neueröffnung im Sommer 2015 ein ungewöhnliches Museumsprojekt, das 13,8 Milliarden Jahre erdgeschichtliche Entwicklung Westfalens erlebbar macht – vom Urknall bis heute. Durch ein großes Fenster lockt das „Mammut von Ahlen" - ein 40 000 Jahre altes Skelett. Alle Stücke (wie der Dinosaurier-Unterkiefer) sind Originale und teilweise einzigartig. Fundstücke aus der Eiszeit, Korallen aus dem Erdaltertum, die herausragende Fischsammlung aus der Kreidezeit sind über Europa hinaus berühmt. So alt die Sammlung, so innovativ das Museumsprojekt –zwischen den Skeletten ausgestorbener Tiere, finden auch ungewöhnliche Veranstaltungen statt.

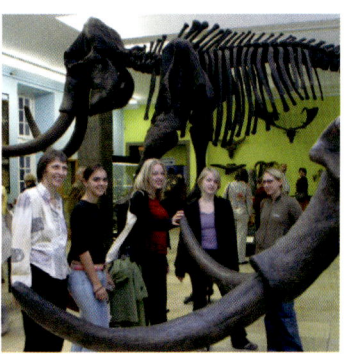

Geomuseum

Pferdegasse 3 | ☎ (0251) 8 33 39 64
www.uni-muenster.de/Geomuseum
Di-Fr 9-17 Uhr | Sa 10-17 Uhr
So, Ft 14-17 Uhr
Der Eintritt ist frei.

Museum für Lackkunst
In der Bürgervilla von 1914 an der Promenade werden jahrtausendealte Exponate und ganz moderne Lackkunst aus China, Korea, Japan,

Tablett mit Goldmalerei eines blühenden Pflaumenzweiges mit Vogelpärchen im *Museum für Lackkunst.*

Europa, Russland und aus islamischen Ländern gezeigt.

Das Museum präsentiert nicht nur die Geschichte eines Werkstoffes, sondern auch Lackierungen als Spitzentechnologie in der Kunst, in der Manufaktur und später in der Industrie.

Windthorststraße 26 | ☏ (0251) 41 85 10
Di 12–20 Uhr | Mi–So, Ft 12–18 Uhr
2 / 3 € | Dienstags ist der Eintritt frei.
www.museum-fuer-lackkunst.de

Bibelmuseum

Das *Bibelmuseum* zeigt anhand von beeindruckenden Originalwerken die Geschichte der Bibel seit den handschriftlichen Anfängen. Auch anhand dieser Exponate suchen Wissenschaftler detektivisch nach dem genauen Wortlaut des griechischen Neuen Testaments. Zu sehen sind früheste griechische Handschriften auf Papyrus, Pergament und Papier, Handschriften und Drucke der lateinischen Bibel, der originalgetreue Nachbau der Gutenbergpresse, Bibelillustrationen von Malern wie Hans Holbein d.J. oder Marc Chagall und eine Bibel mit der handschriftlichen Widmung des Reformators Luther. Außerdem gibt es hier die zweitkleinste Bibel der Welt zu sehen – ideal für reiselustige Christen.

Pferdegasse 1 | ☏ (0251) 8 32 25 80
Di, Mi, Fr 11–17 Uhr | Do 11–19 Uhr
Sa 11–13 Uhr
Der Eintritt ist frei.
www.uni-muenster.de/Bibelmuseum

Geschichtsort Villa ten Hompel

Die Villa ten Hompel dokumentiert in zwei multimedialen Dauerausstellungen zur Polizeigeschichte und „Wiedergutmachung" ihre wechselhafte Vergangenheit. Als Forschungs- und Bildungsstätte bietet der Geschichtsort Recherchemöglichkeiten in Bibliothek und Archiv sowie zahlreiche Workshops, Vortragsreihen und Veranstaltungen. Von 1940 bis 1945 war die Villa der Verwaltungssitz des regionalen Befehlshabers der Ordnungspolizei. Im NS-Regime trug diese Behörde mit ihren Erlassen und Handlungen erheblich zu NS-Verfolgungsaktionen bei, insbesondere auch zum Massenmord an Juden, Sinti und Roma. Zum Aufgabenfeld von Ordnungs-

Die *Villa ten Hompel* ehrt Paul Wulf.

polizisten gehörte die Teilnahme an Erschießungsaktionen ebenso wie die Bewachung von jüdischen Ghettos, die Begleitung von Deportationszügen und die Verhaftung von NS-Gegnern. Die Ausstellung geht mit ihrer Behandlung der Geschichte der Polizei über die Zeit von 1933 bis 1945 hinaus: Sie zeigt prägende Faktoren der Polizeiarbeit auf, thematisiert den Umgang mit der NS-Geschichte und stellt dabei auch die generelle Frage nach der Verantwortung von „Schreibtischtätern".

Nach dem Ende des Zweiten Weltkriegs prägte wiederum Verwaltungsarbeit den Ort *Villa ten Hompel*. Von 1954 bis 1968 beherbergte das Haus das *Dezernat für Wiedergutmachung* der Bezirksregierung Münster, das über die Entschädigungsanträge von ehemals nationalsozialistisch Verfolgten entschied. Die Ausstellung greift auch diese Geschichte auf. Einzelne Verfolgungs- und Ent-

schädigungsbiographien ergänzen die Überblicksdarstellung.

Zu der Sammlung der Villa gehören die Dokumente, die der 1999 verstorbene Münsteraner Paul Wulf im Laufe von 50 Jahren archiviert hatte. Wulf war 1938 von NS-Ärzten zwangssterilisiert worden und hatte sich die Aufklärung über die nationalsozialistischen Verbrechen zur Lebensaufgabe gemacht. Der unbequeme Antifaschist bekam 1991 das Bundesverdienstkreuz.

Paul Wulf: www.paul-wulf.net

Kaiser-Wilhelm-Ring 28
➀ (0251) 4 92 71 01
Mi 18-22 Uhr | Do, Fr 12-16 Uhr
So 12-18 Uhr
Der Eintritt ist frei
Bus: Linien 2, 10, 311, 313 bis
Haltestelle Hohenzollernring
www.muenster.de/stadt/villa-ten-hompel

Allwetterzoo mit Pferdemuseum

Nicht nur Menschen mit Kindern gönnen sich am Wochenende einen Spaziergang in Münsters Zoo, der 1974 am Aasee als *Allwetterzoo* neu entstanden ist. Der von Landois gegründete Zoologische Garten an der Promenade musste 1973 dem Neubau einer Bank weichen.

Wie der Name verrät, ist ein Besuch im *Allwetterzoo* bei jeder Witterung ein Vergnügen. Vor Regen oder starker Sommerhitze schützen

Eingang zum alten Zoo an der
Promenade

Sentruper Straße 313
➋ Allwetterzoo (0251) 8 90 40
➋ Pferdemuseum (0251) 48 42 70
www.allwetterzoo.de
www.pferdemuseum.de
Allwetterzoo und Pferdemuseum:
Täglich ab 9 Uhr geöffnet.
Kassenschluss: April - September um
18 Uhr | März + Oktober um 17 Uhr |
November - Februar um 16 Uhr
Januar-Februar: 6,90 / 8,90 / 12,90 €
März-Oktober: 8,90 / 11,90 / 16,90 €
Rabatte für Gruppen, Mehrfachbesucher,
Spätkommer
Bus: Linie 14 hält direkt vor dem Eingang.

überdachte Wege zwischen den im Winter beheizten Tierhäusern, in denen Menschenaffen, Bären oder Löwen leben. Kinder lieben den Streichelzoo und das Tropenhaus. Dickhäuter freuen sich über 5 000 qm Bewegungsfläche im Elefanten-Park. Auf ca. dreißig Hektar bietet der *Allwetterzoo* rund 450 verschiedenen Tierarten ein artgerechtes Zuhause.

Und da Westfalen eine Hochburg des Pferdesports ist, darf der Besuch des *Pferdemuseums* nicht fehlen.

Man kann durch die Natur- und Kulturgeschichte des Pferdes in Westfalen traben, eine Runde auf dem Reitsimulator galoppieren oder sich in einer Pferdeshow vergnügen. Im Kinder- und Pferdepark leben verschiedene Pferderassen und ein Poitu-Riesenesel.

Naturkundemuseum mit Planetarium

Es gibt einen Ort, an dem kann man den Himmel auf Erden erleben und in Sekundenschnelle eine Zeitreise ins Erdmittelalter unternehmen: Für Sterngucker, Dinosaurier-Fans und alle, die an Natur und Menschen interessiert sind, ist das *Westfälische Museum für Naturkunde* das Richtige. Die Dinosaurier begrüßen die Besucher schon auf dem Platz vor dem Museum des *Landschaftsverbandes Westfalen-Lippe (LWL)*. Das Haus zeigt einmalige Exponate wie das sechzehn Meter lange Skelett eines Tyrannosaurus Rex und Überreste von Dinos, die vor 100 Millionen Jahren in Westfalen gelebt haben.

Der etwas jüngeren Geschichte widmet sich die Ausstellung *Westfalen im Wandel – Von der Mammutsteppe zur Agrarlandschaft.*

Eine große Schau mit historischen und modernen Objekten zeigt das Leben der Plainsindianer bis in die Gegenwart.

80 Millionen Jahre blieb der *Parapuzosia seppenradensis* verborgen, bis er 1895 vom Gründer des Museums Professor Hermann Landois bei Seppenrade entdeckt wurde. Der dreieinhalb Tonnen schwere Riesenammonit mit einem Durchmesser von 1,80 Metern steht im Eingangsbereich des *Naturkundemuseums* – wenn er nicht gerade an ein anderes Museum verliehen wird. Es ist der größte, der je auf der Erde gefunden wurde. Das Lebewesen sieht aus wie eine Schnecke, gehört aber zu den Kopffüßlern. Abgüsse davon haben alle großen Naturkundemuseen der Welt.

Im Zeiss Planetarium strahlen 9000 Fixsterne an einer Kuppel von 20 Metern Durchmesser.

Der Museumsshop ist eine Fundgrube.

Sentruper Straße 285
☎ (0251) 5 91 05
Di–So 9–18 Uhr
Nur Naturkundemuseum oder Planetarium: 3 / 5,50 €
Museum und Planetarium: 5,10 / 9,50 €
Familienermäßigungen
Bus: Linie 14 bis Haltestelle Zoo
www.lwl.org/LWL/Kultur/WMfN

Freilichtmuseum Mühlenhof

Den Anfang nahm das kleine Museumsdorf am Aasee, als der „Berufswestfale" und „Windmacher" Theo Breider 1960/61 hier eine alte Bockwindmühle aus dem Jahr 1748 aufstellte – noch im 19. Jahrhundert gehörten zahlreiche Windmühlen zum Bild Münsters.

Im Laufe der Jahre entstand ein Freiluftmuseum mit rund 30 historischen Gebäuden, die an ihren ursprünglichen Standorten abgebaut und originalgetreu im *Mühlenhof* wieder errichtet wurden. Ein Gräftenhof

Westfälisches Museum für Naturkunde

KUNST UND KULTUR

So lebten die alten Westfalen. Mit dem *Mühlenhof* ist ein Museumsdorf am Aasee entstanden.

von 1720 mit Backhaus, Spieker und Kötterhaus ist hier entstanden; das Mühlenhaus von 1619 ist mit altem Hausrat ausgestattet. Es gibt einen Dorfladen, ein Schuhmacherhaus, eine Schreinerei, ein Sandsteinhaus, eine Schmiede und die Landschule, in der sogar manchmal unterrichtet wird. Die Häuser vermitteln einen Eindruck von Lebensgewohnheiten und Arbeitsweisen der Menschen, die einst darin wohnten. Mit ein bisschen Glück trifft man auch noch einen echten Kiepenkerl.

Theo-Breider-Weg 1
① (0251) 98 12 00
April–September: tägl. 10–18 Uhr
November bis Februar: So–Fr 11–16 Uhr
März und Oktober: So–Fr 11–16.30 Uhr
und So 11–16.30 Uhr
3 / 3,50 / 5 €

Bus: Linie 14 bis Haltestelle Zoo, dann 600 Meter Fußmarsch.
www.muehlenhof-muenster.org

Haus Rüschhaus

In dem Kleinod spätbarocker Architektur lebte die Dichterin Annette von Droste-Hülshoff. Ursprünglich baute der Barockmeister Johann Conrad Schlaun das Anwesen, eine Mischung aus Herrenhaus und Münsterländer Bauernhaus, für sich und seine Familie in den Jahren 1745 bis 1748. Der zu Zeiten der Dichterin verwilderte Nutzgarten wurde später als Barockgarten angelegt. Anlässlich des Jubiläumsjahres zum 300. Geburtstag von Schlaun 1995 besuchte der amerikanische Objektkünstler Richard Serra Münster, um die Werke des Architekten zu besichtigen. Im Jahr darauf postierte er seine Skulptur *Dialog mit Johann Conrad Schlaun*, einen zwei Meter hohen, aus Stahl geschmiedeten Quader, in der Allee vor dem Eingangstor. Im *Rüschhaus* finden regelmäßig Kammerkonzerte statt.

Hülshoffstraße
☎ *(02533) 13 17*
Das Haus kann nur mit Führungen besichtigt werden, der Garten ist jederzeit kostenlos zugänglich.

Führungen: Di–So um 11, 12, 14 und 15 Uhr. Von Mai bis Oktober zusätzlich um 10, 16 und 17 Uhr.
2,50 / 5 €, Gruppenermäßigung
Anfahrt: Haus Rüschhaus liegt im Ortsteil Münster-Nienberge. Mit dem Pkw fährt man die B 54 in Richtung Steinfurt. Ab Ausfahrt Münster-Nienberge ist ausgeschildert.

Bus: Linie 5 bis Haltestelle Haus Rüschhaus.
www.rueschhaus.de

Kunsthaus Kannen

Das *Kunsthaus Kannen* ist in den Klinikkomplex des *Alexianer-Krankenhauses* eingegliedert, einer Fachklinik für Psychotherapie und Psychiatrie. Seit 1996 werden Ausstellungen und Projekte zum Thema „Zeitgenössische Kunst und Psychiatrie" präsentiert. Gezeigt wird Art Brut und Outsider Art aus der eigenen Sammlung und aus ganz Europa, also Werke von Außenseitern oder geistig Behinderten abseits des etablierten Kunstsystems.

Das Museum im Grünen vereint Ausstellungssaal, Ateliers für Patienten, ein Kunstarchiv, Fachbibliothek und Museumsladen unter einem Dach.

KUNST UND KULTUR

Haus *Rüschhaus*

Zum Haus gehört der Sinnespark, wo verschiedene Stationen zu Balanceakten oder ungewohnten Riech-, Hör- und Fühlerlebnissen einladen.

Alexianerweg 5 (im Stadtteil Amelsbüren)
① (02501) 96 62 05 60
Kunsthaus: Di–So 13–17 Uhr
Sinnespark: tägl. 9–19 Uhr
Café: Mo–Fr 7.30–20 Uhr
Sa, So, Ft 10–20 Uhr
Der Eintritt ist frei.
Bus: Linie 7 bis Haltestelle Alexianer Krankenhaus.
www.kunsthaus-kannen.de

Lepramuseum
Münster–Kinderhaus

Rund fünf Kilometer nördlich der Altstadt im Ortsteil Kinderhaus liegt das bundesweit einzige Lepramuseum im früheren Leprosenhaus Münsters. Schon die älteste urkundliche Erwähnung des Ortsnamens aus dem Jahre 1332 steht in Zusammenhang mit diesem Heim: „domus leprosorum dicte tor Kinderhus". Das bedeutet: Haus der Leprosen, genannt zu Kinderhaus. Der Stadtteilname bezieht sich auf „die armen Kinder Gottes", wie die Patienten im Mittelalter genannt wurden.

In Kinderhaus wurden die leprakranken Bürger der Stadt Münster isoliert. Teile der alten Kapelle und des Provisorenhauses von 1580 sowie das Lazarushäuschen von 1618 sind noch erhalten.

Kinderhaus 15 | ① (0251) 2 85 10
So 15–17 Uhr (Okt.–März)
So 15–18 Uhr (April–Sept.)
Der Eintritt ist frei
Bus: Linie 6 bis Haltestelle Kristiansandstraße.
www.muenster.org/lepramuseum

Galerien

FB69

Junge Kunst; erzählerische Malerei mit Schwerpunkt Pop-Surrealismus.

Prinzipalmarkt 32
① (0176) 61 15 86 84
Mi–Fr 12.30–18.30 Uhr | Sa 11–18 Uhr
www.FB69.com

Junge Kunst in der Galerie FB69

Galerie Schemm

Originale, Grafiken und Objekte wie die Skulpturen von Daniel Eggli, außerdem eine Münster-Edition.

Rothenburg 38
① (0251) 9 82 94 33
Mo 11–18.30, Di–Fr 10–18.30, Sa 10–16 Uhr
www.galerie-schemm.de

Galerie Goeken

Moderne Kunst.

Hollenbeckerstraße 27 | ① *(0251) 4 24 33*
Mi–Fr 15–18.30 Uhr | *Sa 12–16 Uhr*
www.goekenart.com

Galerie Hachmeister

Ihren internationalen Ruf hat sich die Galerie Hachmeister mit Ausstellungen moderner Klassiker wie Picasso, Morandi, Tobey, Fautrier erworben. Unter den zeitgenössischen Künstlern der Galerie finden sich etablierte wie der britische Bildhauer Tony Cragg, aber auch Jungstars wie der Fotograf und Installationskünstler Carsten Gliese oder der Maler und Zeichner Christoph Worringer.

Klosterstraße 12 | ① *(0251) 5 12 10*
Di–Fr 10–13 Uhr und 14–18 Uhr
Sa 10–14 Uhr
www.hachmeister-galerie.de

Meisterwerke der Khmer-Skulptur in der Galerie Hachmeister

mike karstens graphics

Mike Karstens hat sein Know-how und Können in Sachen Drucktechnik perfektioniert – mancher Künstler richtet seine Ausstellungspläne ganz auf die Arbeitstermine der Werkstatt von Mike Karstens ein.

Mike Karstens bei der Arbeit

Seit 1988 arbeitet er für Künstler, Kunstvereine, Museen und Galerien; zunehmend auch selbst als Verleger von hochwertigen Editionen zeitgenössischer Künstler. Dazu gehören Gerhard Richter, Ilya Kabakov, Rosemarie Trockel und Sigmar Polke. Neben Lithographie, Serigraphie, Holzschnitt und Radierung stehen den Künstlern auch die Mischungen dieser Verfahren zur Verfügung. Der Meisterdrucker kennt die ästhetischen Möglichkeiten der Techniken und bereichert oder modifiziert so das künstlerische Konzept. Die Werkstatt ist noch immer am Hawerkamp, die Galerie befindet sich im *Speicher II*.

Hafenweg 28 | ① *(0251) 6 06 87 80*
Di–Fr 14–19 Uhr | *Sa 11–15 Uhr*
www.mikekarstensgraphics.com

Galerie Kleinheinrich

Bibliophile Kostbarkeiten und Kunst im *Oerschen Hof*, dem Adelshof aus dem 18. Jahrhundert.

Königsstraße 42 | ① *(0251) 4 84 01 93*
www.kleinheinrich.de

Galerie König

Wechselnde Ausstellungen klassischer und zeitgenössischer Kunst.

Kesslerweg 21
① (0251) 6 09 87 80
Mo-Fr 10-14 Uhr
www.galeriekoenigmuenster.de

Kunsthalle Schnake

Dauerausstellung *Spirits in Stone - Die Bildhauer aus Zimbabwe.* Eine der größten Sammlungen Deutschlands über moderne Bildhauerei des südafrikanischen Landes.

Max-Winkelmann-Str. 84 (MS-Hiltrup)
① (02501) 92 17 95 | Mi, Do 14-18.30 Uhr,
1. Sa + So im Monat 14-18 Uhr
www.kunsthalle-schnake.de

Kunstkontor

Doris Möllers präsentiert Kunst des 20. und 21. Jahrhunderts, klassische Moderne, Gemälde, Skulpturen und Arbeiten auf Papier.

Rosenplatz 8 | ① (0251) 4 84 12 98
Di-Sa 11-18 Uhr
www.kunstkontor.com

Galerie Michael Nolte

Kunsthändler Nolte ist international unterwegs. In Münster präsentiert er moderne und traditionelle Kunst.

Spiekerhof 44
① (0251) 4 48 09
Mo-Fr 10.30-18 Uhr | Sa 11-18 Uhr
www.galerie-nolte.de

Galerie Ostendorff

Klassische Moderne.

Prinzipalmarkt 11 | ① (0251) 5 74 04
Mo-Fr 9.30-13 Uhr, 14-18:30 Uhr
www.ostendorff.de

Galerie Steinrötter

Ausstellungen aktueller moderner Kunst und Beratung in allen Kunstfragen, 40 Jahre Erfahrung.

Rothenburg 16 | ① (0251) 4 44 00
Mo-Fr 10-18 Uhr | Sa 10-14 Uhr
www.steinroetter.de

Blick in die Galerie Steinrötter

Weitere Schauräume

Kunsthalle Münster

Im Dachgeschoss des sanierten Getreidespeichers erwartet einen auf tausend Quadratmetern moderne Kunst. International bekannte Künstler werden ebenso vorgestellt wie junge und unbekannte aus der Region. In den vier Etagen darunter arbeiten Künstlerinnen und Künstler aus verschiedenen Bereichen der bildenden Kunst in 32 Ateliers.

Hafenweg 28 | ☎ (0251) 6 74 46 75
während der Ausstellungen:
Di-Fr 14-19 Uhr | Sa, So 12-18 Uhr
Der Eintritt ist frei.
www.muenster.de/stadt/kunsthalle

Kunstakademie Münster

Ein Nutzungswechsel im besten Sinne hat in der ehemaligen Reiterkaserne stattgefunden, die zwischen 1898 und 1901 gebaut wurde. Aus der Kürassierkaserne an der Steinfurter Straße entstand das neue Hochschulviertel, der *Leonardo-Campus.*
Herzstück ist die Kunstakademie mit Malerei- und Bildhauerklassen und Werkstätten. Diese befinden sich auch in den ehemaligen Stallungen – mit dem Schließen der insgesamt 53 Außentüren ist der Hausmeister mehr als eine Stunde beschäftigt. In der Mitte des Campus steht der streng geometrische Akademie-Neubau; der Architekt Raimund A. Beckmann überarbeitete dafür einen Entwurf des namhaften Grazers Günter Domenig. Besucher erkennen darin einen hockenden Frosch. Einmal im Jahr zeigen die Studierenden bei einem Rundgang ihre Werke der Öffentlichkeit.

Leonardo-Campus 2
☎ (0251) 8 36 13 30
www.kunstakademie-muenster.de

FH Münster/Fachbereich Design

Auch die Design-Studenten zeigen beim alljährlichen Campus-Rundgang ihre Werke.

Leonardo-Campus 6 | ☎ (0251) 8 36 53 01
www.fh-muenster.de/design

Wewerka-Pavillon

Der gläserne permanente Ausstellungsraum ist das Schaufenster der Kunstakademie Münster. Seit 1989 auf der Wiese am Aasee in Münster, wurde er ursprünglich 1987 anlässlich der documenta 8 in Kassel vom Architekten und Künstler Stefan Wewerka entworfen. Der Pavillon, eine Leihgabe des Eigentümers Axel Bruchhäuser an die Stadt Münster, ist Schnittstelle zwischen Architektur und Skulptur. Die sechs Ausstellungen, die die Akademie pro Jahr darin präsentiert, kann man rund um die Uhr bewundern, da man von außen schaut, ohne das Objekt zu betreten.

Aaseeufer am Kardinal-von-Galen-Ring,
nahe der Torminbrücke.
www.wewerka-pavillon.de

Ateliergemeinschaft Schulstraße

Keine geregelten Besuchs- oder Öffnungszeiten, aber einmal im Jahr Anfang November zeigen die hier arbeitenden Künstler ihre Werke bei einem Rundgang. Das ist immer ein lohnenswerter Blick auf Münsters Kunstszene.

Schulstraße 43 ☎ | (0251) 2 52 37
www.ateliergemeinschaft-schulstrasse.de

KUNST UND KULTUR

FILMSTADT

Film ab!

Die Stadt voller Kinoleidenschaft und mit einem ungewöhnlichen Filmfestival ist auch zum Drehort-Darling geworden.

In den 1990er Jahren haben die Filmschaffenden Münster entdeckt, und sie werden hier mit offenen Armen empfangen. Das Publikum liebt die Münsterkrimis *Wilsberg* und *Tatort*, die auch schon mal im Wochenend-Doppelpack über den Bildschirm flimmern. Das garantiert den Sendern Spitzenquoten. Privatdetektiv Georg Wilsberg (Leonard Lansink) jagt mit Unterstützung der Rechtsanwältin Alex Holtkamp (Ina Paule Klink) und des Finanzbeamten Ekki Thalkötter (Oliver Korittke) im ZDF die Ganoven.

Am Sonntag ermittelt das witzigste Fahnderduo im *Tatort*: Gerichtsmediziner Karl-Friedrich Boerne (Jan Josef Liefers) und Hauptkommissar Frank Thiel (Axel Prahl) bringen nicht nur den Westfalen als ungleiches Ermittler-Paar den Humor bei.

Die Schauspielerin Mechthild Großmann, die in Münster geboren und aufgewachsen ist, kehrt als Staatsanwältin für die Dreharbeiten an den Ort ihrer Kindheit zurück und zeigt im *Tatort* den Männern, wo es lang geht. Millionen von Zuschauern freuen sich auf die spannende Unterhaltung rund um den Prinzipalmarkt. Auch die Fachpresse feiert die Filmstadt Münster.

Nicht allein das Lokalkolorit, die Einzigartigkeit der Altstadt und die grüne Idylle sind verantwortlich für den Boom. Für die Filmemacher herrschen in Münster einfach paradie-

MEIN MÜNSTER

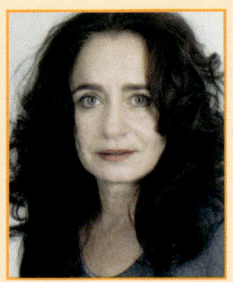

„In die *Kreuzschule* bin ich 1955 eingeschult worden und wir wurden in weißen Kleidchen über die Straße in die *Kreuzkirche* zur Heiligen Erstkommunion geführt. Gegenüber bei *Kiekenbeck* haben wir die Schulhefte gekauft, und dann der Weg nach Hause über die Raesfeldstraße zur Coerdestraße 53, da wohnte ich. Sehnsuchtsvoll sitze ich vorm *Nordstern* und schaue zurück – in meine Kindheit."

Mechthild Großmann
(Schauspielerin)

Axel Prahl und Jan Josef Liefers im Tatort *Mörderspiele*. Die Geschichte nimmt Bezug auf den Fall Maria Rohrbach (siehe S. 138).

ziologischen Einblicken lässt Kehrer seinen Privatdetektiv knifflige Mordfälle in der Domstadt lösen. Seit 1990 ist Lokalkolorit plus Spannung das Erfolgsgeheimnis der Münster-Krimis. Damit hat er eine Flut von Kriminalromanen ausgelöst, die in der Region und ihrer Hauptstadt spielen. Neben den *Tatort*- und *Wilsberg*-Klassikern

Das *Wilsberg*-Team

sische Zustände. „Drehen ist hier noch ein bisschen wie Ferien", bringt es der *Wilsberg*-Produzent Anton Moho auf den Punkt. Den Filmemachern wird das Arbeiten in Stadt und Region leicht gemacht. Wenn eine Kamera auftaucht, gibt es noch strahlende Gesichter. Und bei einer Straßensperrung wegen eines Drehs hagelt es keine Beschwerden. Statt ellenlanger Wartezeiten auf Locations erwartet die Leute von Film und Fernsehen tatkräftige Unterstützung.

Vordenkerin in Sachen Filmstandort Münster ist die städtische Einrichtung *Filmservice Münster.Land*, und auch die *Filmwerkstatt Münster* ist Anlaufstelle für die Profis. Der Erfinder des Münster-Krimis ist Schriftsteller Jürgen Kehrer mit seiner sympathischen Romanfigur Georg Wilsberg. In einer Mischung aus Satire, Krimi und so-

avancierte Münster auch mit anderen TV- und Kinofilmen zur gefragten Kulisse. Beispiele sind der ZDF-Zweiteiler *Das große Ding* mit Jürgen Vogel über das Gladbecker Geiseldrama oder der Science-Fiction-Film *Blueprint* mit Franka Potente.

Wilsberg-Darsteller Leonard Lansink verspürt eine besondere Münsterliebe. Hier lernte er seine Gattin kennen und ist er Schirmherr der örtlichen Krebsberatungsstelle. Alljährlich an einem Sommer-Sonntag lädt er mit Schauspielkollegen und Münster-Prominenz zu *Wilsbergs Promikellnern* an die Aasee-Terrassen. Da gibt es Kuchen, Bier, Live-Musik und einen *Wilsberg*-Film auf Großleinwand.

Star-Schauspieler Til Schweiger entdeckte Münsters denkmalgeschütztes Gefängnis als idealen Drehort für den Kinofilm *One Way*. Schweiger stellt in der 150 Jahre alten Justizvollzugsanstalt einen unschuldig Verhafteten dar. Die Handlung spielt zwar in New

Armin Rohde, Veronica Ferres und Marga Spiegel bei der Deutschlandpremiere von *Unter Bauern* 2009 in Münster

York, aber die Atmosphäre der JVA lockte die Filmemacher nach Münster, da sie exakt ihren Vorstellungen eines typischen New Yorker Knast-Ambientes entsprach.

Die Münsteranerin Marga Spiegel (*1912, †2014) entwickelte sich im hohen Alter zum Medienstar. Die Jüdin tauchte mit Ehemann und Tochter von 1943 bis 1945 bei katho-lischen Bauern im Münsterland unter und entging so der drohenden Deportation. Ihr 1969 erschienener autobiographischer Roman *Retter in der Nacht* wurde vierzig Jahre später verfilmt. Veronica Ferres spielte Marga Spiegel, Armin Rohde ihren Gatten. Gedreht wurde im Münsterland. Der Film mit dem Titel *Unter Bauern* bescherte der Spiegel 2009 im Alter von 97 noch einen Auftritt auf dem roten Sofa bei *Wetten dass..?*.

Ein Hase aus Münster hat sogar Hollywoodstar Leonardo Di Caprio vom ersten Platz der deutschen Kinocharts verdrängt. Der weltberühmte Kinderliebling aus dem *Coppenrath Verlag* am Hafen kam als *Felix – Ein Hase auf Weltreise* auf die Leinwand. Weitere Abenteuer folgten. Prominente aus Film und Fernsehen wie Hugo Egon Balder, Sonja Kirchberger oder Hans Werner Olm liehen den Zeichentrickfiguren ihre Stimmen. Mädchenliebling *Prinzessin Lillifee*, ebenfalls eine Figur vom *Coppenrath Verlag*, wird im Film von Entertainerin Sissi Perlinger gesprochen.

Jürgen Kehrer:
www.juergen-kehrer.de
Unter Bauern:
www.unterbauern-derfilm.de
Filmservice Münster.Land:
www.muenster.de/stadt/filmservice

Alle Jahre wieder

Kultstatus hat ein Film erlangt, der schon 1967 in Münster gedreht wurde. *Alle Jahre wieder* mit Sabine Sinjen, Ulla Jacobsson und Hans-Dieter Schwarze prägte für Jahrzehnte das Bild vom weihnachtlichen Münster. Ulrich Schamoni schrieb gemeinsam mit Michael Lentz das Drehbuch und führte Regie, Peter Schamoni produzierte den Streifen. Die Protagonisten des Jungen Deutschen Films setzten der Stadt ihrer Schulzeit damit ein cineastisches Denkmal. Das scharfe Portrait deutscher Provinz wirft einen liebevollen Blick auf den gutbürgerlichen Schein. Zwar konnten sich zahlreiche Kritiker nicht mit dem Stoff anfreunden, doch das Werk wurde mit dem Bundesfilmpreis ausgezeichnet und ebnete damit den Weg für eine Kino-Sensation: Mit dem Preisgeld realisierte Peter Schamoni, heute einer der bedeutendsten deutschen Regisseure, den Film *Zur Sache, Schätzchen* mit Uschi Glas, der wochenlang in den deutschen Lichtspielhäusern für ausverkaufte Vorstellungen sorgte.

Die Filmer haben einige Münsteraner Originale in *Alle Jahre wieder* eingebaut. So hält der münstersche Volksschauspieler Busso Mehring

in seiner Rolle als Museumswärter einen urkomischen Monolog über seine Mitbürger und den Dom. Der Musiklehrer Dr. Dr. Albert Allerup vom *Schlaun-Gymnasium*, in den sechziger Jahren wegen seiner skurrilen Aussprüche stadtbekannt, hat in dem Film mehrere Kurzauftritte – unter anderem mit dem berühmten Satz: „Entweder regnet es hier oder die Glocken läuten, oder es wird wieder mal ´ne Kneipe eröffnet."
Alle Jahre wieder läuft der Schwarz-Weiß-Streifen im Kino *Schloßtheater* und gehört neben der Inszenierung des *Messias* von Patrick Barlow im *Theater im Pumpenhaus* zum Weihnachtsritual.

Clara Ratzka (1871–1928)

Als der Film noch in den Kinderschuhen steckte, lieferte eine Weltbürgerin aus Münster bereits die Vorlage für zwei berühmte Stummfilme. *Die grüne Manuela* unter der Regie von E.A. Dupont und W. Dieterle, der in ganz Europa und sogar in Amerika gezeigt wurde (1923), sowie *Rutschbahn. Schicksalskämpfe einer Sechzehnjährigen* (Regie R. Eichberg, 1928). Eine der Hauptrollen spielte Schimanskis Vater Heinrich George. Clara Ratzka, die als Romanschriftstellerin in ganz Deutschland einen

Clara Ratzka

großen Namen hatte, lebte für die damalige Zeit ein ungewöhnliches Leben. Schon die kleine Clara zeigte sich nicht als perfekte Domschülerin, sondern prügelte sich lieber mit den Jungen auf dem Kirchplatz. Später bereiste die frühe Kosmopolitin und alleinerziehende Mutter die Welt, lebte in London, Paris und New York und war fast so oft verheiratet wie Joschka Fischer.
Mit *Familie Brake* setzte Clara Ratzka 1919 ihrem geliebten Münster ein beeindruckendes Denkmal. Der Roman gilt als bestes Werk der schöngeistigen Literatur über Münster – als intime Kennerin der Atmosphäre der Stadt führt sie die Leser durch die Straßen und Gassen. Man erlebt die Schönheit der Westfalen-

metropole, den Glanz der Feste, den Duft der grünen Promenade und den Klang der alten Kinderlieder – ein wunderbarer Einblick in das Leben zu Anfang des 20. Jahrhunderts.

Die Filmwerkstatt

Die *Filmwerkstatt Münster* unter der Leitung von Winfried Bettmer ist der Dreh- und Angelpunkt für die Nachwuchsfilmer der Stadt. Schon seit 1981 ist sie das regionale Zentrum für den Film in Münster, in Nordrhein-Westfalen und über dessen Grenzen hinaus. Filmemacher, Produzenten und Cineasten sowie eine große Zahl freier Mitarbeiter sorgen für ein breites Angebot im gesamten Bereich des Filmschaffens. Hier machen junge Regisseure ihre ersten Experimente und legen die Basis für spätere Karrieren. Die Seminare mit berühmten Dozenten wie Peter Greenaway oder Peter Lilienthal sind legendär.

Zusammen mit den *Münsterschen Filmtheaterbetrieben* leitet die *Filmwerkstatt* den ältesten Filmclub Deutschlands, der schon 1948 in der damaligen britischen Besatzungszone gegründet wurde. Das anspruchsvolle Programm reicht von Experimentalfilmen aus der Kunstszene über Retrospektiven bis zu Workshops mit ausgewählten Filmemachern.

Alle zwei Jahre lädt die *Filmwerkstatt* zum *Filmfestival Münster*, ein Treffpunkt der Filmschaffenden und Kinoereignis mit besonderem Charme. Tausende begeisterte Besucher freuen sich auf die Wettbewerbe, besonders auf die Kurzfilme. Regiegrößen wie Tom Tykwer, der übrigens auch am Greenaway-Seminar teilnahm, zeigten hier ihre ersten Filme. Persönlichkeiten des Films wie Inger Nilsson, alias Pippi Langstrumpf, oder „Bladerunner" Rutger Hauer gehören zu den internationalen Jurys.

Inger Nilsson, alias Pippi Langstrumpf, begeisterte als Jurymitglied beim Filmfestival tausende Kinofans.

Filmwerkstatt:
www.filmwerkstatt.muenster.de
Filmfestival Münster:
www.filmfestival.muenster.de

Kinos

Das Publikum in Münster liebt das Kino und bekommt in den Lichtspielhäusern ein ausgezeichnetes Programm geboten. Kein Wunder, dass hier ein erfolgreiches Filmfestival entstanden ist. Auch die Leinwandstars mögen die Stadt und präsentieren ihre neuesten Werke.

Das Programmkino *Cinema* an der Warendorfer Straße heimst als Top-Theater regelmäßig Preise ein. Das schönste Kino in Münster ist das *Schloßtheater* am Rande des Kreuzviertels, das mit Fünziger-Jahre-Charme und besonderem Ambiente bezaubert. Die geschwungene Form des Gebäudes aus dem Jahr 1953 mit dem großzügigen Foyer erinnert an die Theater der zwanziger Jahre.

Mit dem Kinopalast *Cineplex* am Stadthafen hat Münster ein markantes Lichtspielhaus mit Glasfassade bekommen, das 2 700 Gästen in neun Sälen Platz bietet. Im Foyer findet sich der Kinobesucher inmitten changierender Lichträume wieder.

Das sind Münsters Kinos:

Cinema
Das Kino bietet Service für Menschen mit Hörbehinderung.

Warendorfer Straße 45-47
☎ (0251) 3 03 00
www.cinema-muenster.de

Cineplex
Albersloher Weg 14 | ☎ (0251) 98 71 23 33
www.cineplex.de

Schloßtheater
Melchersstraße 81 | ☎ (0251) 2 25 79

Das Kino *Schloßtheater* im Kreuzviertel mit Fünziger-Jahre-Charme

Das Programm für alle Münsteraner Kinos finden Sie unter
www.cineplex.de/muenster

Ausgezeichnet! Das Programmkino *Cinema* sorgt für ein Spitzenprogramm.

THEATER, SHOWS UND ENTERTAINMENT

Theater

Verglichen mit anderen Städten seiner Größenordnung glänzt Münster mit einer einzigartigen Theaterszene. Neben dem Stadttheater und dem *Theater im Pumpenhaus* bereichern das *Boulevard Münster*, das *Wolfgang Borchert Theater* und das *GOP-Varieté* das vielfältige Programm der darstellenden Künste. Nicht zu vergessen: Eine große freie Theaterszene, die immer wieder neue Spielstätten wie den Hafen, den Aasee, Friedhöfe oder Parkdecks als Theaterraum entdeckt.

Theater Münster

Am 4. Februar 1956 wurde der erste Theaterneubau in Deutschland nach dem Zweiten Weltkrieg eröffnet und die Architektur des modernen Baus als „kühner Donnerschlag" gefeiert. Das 1895 in direkter Nachbarschaft zum Adelspalais *Romberger Hof* errichtete Theater war 1941 von einer Bombe getroffen worden und vollständig ausgebrannt. So begann auch die Karriere der späteren Leinwandgröße Ruth Leuwerik 1943 auf einer Ausweichbühne.

Die Realisierung des neuen Theaters nach dem Entwurf des jungen Architektenteams Deilmann, von Hausen, Rave und Ruhnau stieß auf weltweites Interesse. Wegen des engen Grund-

KUNST UND KULTUR

Theater Titanick

Eines der spektakulärsten Straßentheater fasziniert mit aufregenden Shows über Europa hinaus mit pyrotechnischer Perfektion, exzentrischen Charakteren, furioser Live-Musik und brillanten Effekten. Das Open-Air-Theater wurde 1990 von Künstlern aus Münster und Leipzig gegründet, inzwischen ist das Ensemble ebenso international wie die Preise und Erfolge. Die skurrile Inszenierung *Titanic* über den Untergang des Luxusliners zählt dazu, das berauschende *Pax* in den Innenstädten von Münster und Osnabrück oder das Wasserspektakel *Treibgut*. *Theater Titanick* unter der Leitung des Künstlerpaares Clair Howells und Uwe Köhler greift mythische Themen auf und verbindet die jahrhundertealte Tradition des Volkstheaters mit modernen Ausdrucksformen.

Theater Titanick: www.titanick.de

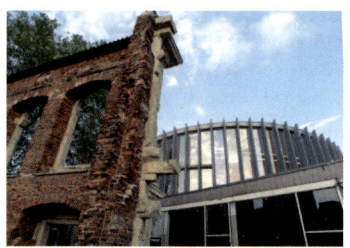

Die Architektur des Stadttheaters sorgte in den fünfziger Jahren für Furore.

stücks richteten die Architekten das Gebäude diagonal aus. Die Ruine des Romberger Hofes ließ man stehen. Sie wurde mit den Platanen im Innenhof zu einer natürlichen Theaterkulisse. Wer die Stufen zum *Theatertreff* hochgeht, kann diese selbst in Augenschein nehmen. Die zweite Spielstätte, das Kleine Haus, entstand 1969 als Anbau, den auch die nackten Demonstranten bei der Grundsteinlegung nicht verhindern konnten. Das Stadttheater bietet neben Schauspiel auch Tanz sowie Kinder- und Jugendtheater. Als besonders anspruchsvoll gilt das Musiktheater. Intendant Ulrich Peters änderte 2012 den Namen des Hauses von „Städtische Bühnen" in „Theater Münster" und schuf die dritte Spielstätte *U2* im Keller mit 52 Sitzplätzen.

Neubrückenstraße 63
☎ (0251) 5 90 90
Kassenzeiten:
Di–Fr 10–18 Uhr | Sa 10 –14 Uhr
www.theatermuenster.com

Urfaust. J.W. Goethe
Dat Spiël van Doktor Faust
Im Platt des Münsterlandes
von Hannes Demming

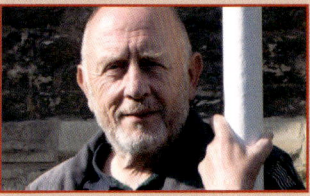

Nacht
Faust (in einem hochgewölbten, engen gotischen Zimmer unruhig auf seinem Sessel am Pulte)
`k häff nu, ach, de Philosophie,
Medizin un Juristerie
studeert; drto, et dööt mi recht leed,
mook Theologie den Kopp mi heet.
Dao staoh ick nu, ick arme Narr,
nix mähr in `n Kopp, äs `k vüördem har.
Äs Doktor, Professor haug in Ähr
treck ick so all teihn Jaohr un no mähr
harup, hendaal un krüüß un twiärs
miene Schöölers `rüm an iähre Niäs`

Hannes Demming
www.hannesdemming.de

Münsterländer Platt auf der Niederdeutschen Bühne

Immer weniger Menschen – auch auf dem Land – sprechen platt und kennen die direkte und ungekünstelte Sprache mit witzigen Sprichwörtern und Redensarten. Wie gut, dass es die *Niederdeutsche Bühne* am Stadttheater gibt. Dichter wie Augustin Wibbelt, Hermann Homann oder Eli Marcus haben den Dialekt in ihren Werken bewahrt. Einer der Mitbegründer war der Lehrer und Heimatforscher Karl Wagenfeld. Zwar hat er sich um das Plattdeutsche verdient gemacht, doch seine Heimat- und Volkstumsgedanken werden durchaus in die Nähe der nazistischen Blut- und Bodenideologie gerückt. Etwa zwei Dutzend Aktive spielen Komödien, Schwänke oder Märchen, aber auch Krimis und Science-Fiction. Dem einstigen Leiter, Hannes Demming, gelang ein Bravourstück: Er übersetzte Goethes Sturm-und-Drang-Drama, den *Urfaust*, ins Plattdeutsche und feierte damit im Oktober 2006 Premiere.

www.niederdeutsche-buehne-muenster.de

Theater im Pumpenhaus

Die Spielstätte in einem der wenigen Industriedenkmäler Münsters ist die erste Adresse für internationale Theater- und Tanzvorstellungen. Hier trifft sich die Off-Szene und Tanz-Avantgarde. Bei Gastspielen freier Theaterlabels sieht man hier auch Stars wie Devid Striesow, Joachim Król oder Bettina Lamprecht. Die besten Produktionen der unabhängigen Theaterszene Münsters, besonders auch Jugendtheater, sind in dem ehemaligen Abwasserpumpwerk zu sehen. Das erste freie Theater in Nordrhein-Westfalen – und eines der profiliertesten – wurde 1985 von der damaligen *TIM* (Theaterinitiative Münster) gegründet. Die jungen Schauspieler bekamen damals das Nutzungsrecht für das alte Abwasserpumpwerk, mussten aber im Gegenzug selbst renovieren. Achtzehn Monate lang rackerten die Mimen, stemmten Wände und klopften Steine. Quer durch die

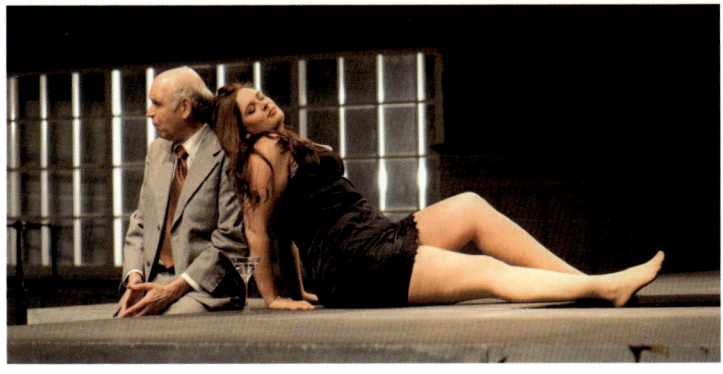

Tod eines Handlungsreisenden: Pitt Hartmann und Marlena Keil beeindrucken im *Theater im Pumpenhaus.*

Räume gingen dicke Eisenrohre, die zu entfernen professionelle Firmen sich weigerten. Also flexten die Sanierungs-Autodidakten die Dinger eigenhändig raus.

Dann drohte amtlicherseits die Verfügung, die Wasserpumpen, von denen einige noch vor der Tür stehen, aus Denkmalschutzgründen an ihrem Ort belassen zu müssen, also mitten im Saal. Die Frage, wie die sperrigen, blauen Geräte in die verschiedenen Bühnenbilder eingebaut werden könnten, sorgte für Kopfzerbrechen. Was für eine Freude für die Bühnenkünstler, als sie die zentnerschweren Pumpen dann doch nach draußen wuchten durften.

Publikum und Künstler lieben diesen besonderen Ort und den Charme des um 1900 entstandenen Gebäudes mit den verzierten Holzbalken.

Gartenstraße 123 | ☎ (0251) 23 34 43
Kartentelefon rund um die Uhr erreichbar
www.pumpenhaus.de

Wolfgang Borchert Theater

Seit 1956 ist das Haus fester Bestandteil der münsterschen Theaterlandschaft und damit eines der ältesten Privattheater Deutschlands. Erster Spielort war ein kleiner Raum am Prinzipalmarkt, wo das Haus noch *Zimmertheater* hieß. Anfang der sechziger Jahre zog die Künstlergemeinschaft in den Bahnhof und von dort 1999 an die Nordseite des Stadthafens, um 2014 an dessen Südseite zu wechseln.

Komödien, Musiktheater und Schauspiel stehen hier auf dem Spielplan. Im *Wolfgang Borchert Theater* sammelte zum Beispiel der Kabarettist Volker Pispers seine ersten Bühnenerfahrungen. Der Star des Hauses war jahrelang Schauspieler Busso Mehring. Ende der fünfziger Jahre hatte der sich als Grabredner verdingt, um sein Jurastudium zu finanzieren. Allerdings soll er die 50 Mark Gage meist direkt bei *Stuhlmacher* am Prinzipalmarkt vertrunken haben. Zudem war Rainer Christian Mehring, wie er eigentlich hieß, ein fantastischer Parodist. Folgerichtig brach er sein Studium ab und wurde ein hervorragender Schauspieler. Weil er den damaligen Oberbürgermeister von Münster, Busso Peus, perfekt imitieren konnte, bekam er seinen Spitznamen.

Am Mittelhafen/Flechtheimspeicher
☎ (0251) 39 90 70
Kassenzeiten:
Mo-Fr 10-13 Uhr und 14-18 Uhr
www.wolfgang-borchert-theater.de

Boulevard Münster

Als die Schauspielerin Angelika Ober 1997 das Ensemble des Stadttheaters verließ, um das *Boulevard Münster* zu gründen, war es für sie das Abenteuer ihres Lebens.

Leichte Unterhaltung macht Vergnügen im Boulevard-Theater von Angelika Ober.

Das Haus in der Königspassage hat nicht nur lustiges Boulevardtheater zu bieten, sondern macht auch mit der Einrichtung Eindruck. Ein gläserner Vorhang bildet den Eingang in das Theater. Die Zuschauer sind umgeben von den Farben des venezianischen Opernhauses La Fenice. Die roten Polstersitze sind auf nur zehn Reihen verteilt, so bleibt die Bühne von allen Plätzen beinahe zum Greifen nahe.

Königsstraße 12-14
① (0251) 4 14 04 00
Kassenzeiten:
Mo, Mi-Fr 11-16 Uhr und 18-22 Uhr
Di 11-16 Uhr | Sa 11-22 Uhr
www.boulevard-muenster.de

Der kleine Bühnenboden

Das Kammertheater unter der Leitung zweier engagierter Schauspieler aus Münsters Szene zeigt gutes Theater auf Augenhöhe mit dem Zuschauer.
Mal ernst, mal lustig, mal musikalisch. Zudem werden Theaterkurse angeboten.

Schillerstr. 48a | ① (0251) 66 17 59
Kartentelefon rund um die Uhr erreichbar
www.derkleinebuehnenboden.de

Charivari Puppentheater

Wilfried Plein und Thomas Bohrer begeistern Klein und Groß immer wieder mit intelligent-witzigen Geschichten ums Kasperle. Aus der alten Vorkriegsbühne von Karl Pechaschek aus Ratzeburg, einer schwarzen Guckkastenbühne mit rotem Vorhang, mit zwanzig alten Figuren ist ein fester Spielbetrieb mit rund 250

Groß und Klein lockt das Puppentheater *Charivari* mit Kasper und Frau Marie.

Aufführungen und 14 000 Zuschauern jährlich geworden; 32 Stücke sind im Repertoire des Puppentheaters, in das die Erwachsenen genauso gerne gehen wie ihre Kinder.

Körnerstraße 3
① (0251) 52 15 00
www.charivari-theater.de

KUNST UND KULTUR

Kleinkunst

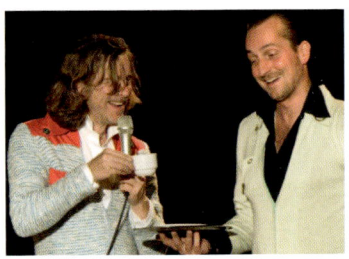

Bodo muss Helge den Tee reichen.

Als Universitätsstadt kann Münster selbstverständlich eine breite Kabarettszene vorweisen. Zu den Highlights gehört das Kabarett-Duo Harald Funke und Jochen Rüther. Ihr satirischer Jahresrückblick *STORNO* gemeinsam mit Multitalent Thomas Philipzen ist ein absolutes Muss. Bundesweit gefragt ist das Duo *Die Buschtrommel* mit seiner Polit-Satire. Münsters Komödianten treten zumeist in der kulturellen Begegnungsstätte *Kreativ-Haus* im Hansaviertel oder im *Bennohaus* am Kanal auf.

Auch der politische Kabarettist Volker Pispers hat seine Laufbahn in Münster begonnen. Dass Helge Schneider regelmäßig in der Domstadt weilt, hat einen besonderen Grund: Er holt seinen Teekoch und Bongospieler Bodo Oesterling ab, der seit Jahren fester Bestandteil seiner Bühnenshow ist.

Zwei professionelle Improvisations-Theater-Ensembles bereichern die Szene. Das *Placebotheater* hat ebenso eine eingeschworene Fangemeinde wie die Truppe *Impro 005*, wo auch Comedian und Frauenversteher Carsten Höfer mitspielt. Zum *Placebotheater* gehören Katie Freudenschuss (Pianistin von Lena Meyer-Land-

rut) und Münsters Comedy-Königin Lisa Feller. Die Autorin von „Windeln haben kurze Beine" witzelt gerne über die Sorgen junger Mütter und ist bekannt aus Funk und Fernsehen.

Funke & Rüther:
www.funke-ruether.de
Thomas Philipzen:
www.thomas-philipzen.de
Die Buschtrommel:
www.die-buschtrommel.de
Impro 005:
www.impro005.de
Placebotheater:
www.placebotheater.de
Carsten Höfer:
www.carsten-hoefer.de
Lisa Feller:
www.lisa-feller.de

Bennohaus

Bennostr. 5
① *(0251) 60 96 73*
www.bennohaus.org

Kreativ-Haus e.V.

Diepenbrockstraße 28
① (0251) 8 99 00 90
Kassenzeiten:
Mo-Do 10-12 Uhr und 15-18 Uhr
www.kreativ-haus.de

GOP-Varieté Münster

Das ehemalige *Roland-Theater* blickt auf eine bewegte Geschichte zurück. Seit der Eröffnung im Juli 1920 haben die Zuschauer hier Konzerte, Theater, Film- und Varietékunst erlebt. Seit 2005 ist es zum *GOP-Varieté* umgebaut und neu gestaltet worden. Zu modernen Varietéshows wird kreative Küche serviert.

Bahnhofstraße 20-22
① (0251) 4 90 90 90
Kassenzeiten:
Mo-Fr 10-18 Uhr | Sa,So, Ft 12-18 Uhr
oder bis Showbeginn
www.gopmuenster.de

Autorenlesungen

Der *Literaturverein Münster* sorgt dafür, dass die Stadt regelmäßig von renommierten Autoren aus dem In- und Ausland besucht wird. Rund 15 Mal im Jahr werden Literaten und literarisch interessierte Bürger zusammengeführt. Zu den eingeladenen Autoren zählten u.a. Cees Nooteboom, Sarah Kirsch, Terézia Mora, Feridun Zaimoğlu und der spätere Nobelpreisträger Imre Kertész.

Alle zwei Jahre (2015, 2017...) kommen Poeten zum Internationalen Lyrikertreffen in die Stadt, wo sie dann aus ihren Werken lesen.

Für Selbstleser erscheint zweimal jährlich (im Frühling und Herbst) beim *Daedalus Verlag* Münsters Literaturzeitschrift *Am Erker*, die 1998 mit dem Hermann-Hesse-Preis ausgezeichnet wurde.

Komikerin Lisa Feller weiß: Der Teufel trägt Pampers.

Literaturverein:
www.literaturverein-muenster.de
Lyrikertreffen:
www.lyrikertreffen.muenster.de
Am Erker:
www.am-erker.de
Daedalus Verlag:
www.daedalus-verlag.de

MUSIKSZENE MÜNSTER

Kleine Bands und große Bühne

Onkel Willi sitzt auf der linken Seite der Rathaustreppe vor dem altehrwürdigen *Friedenssaal* und macht fröhlich Musik. Obwohl das an diesem historischen Ort streng verboten ist. Doch dieser Straßenmusikant darf das – mit Sondergenehmigung des Oberbürgermeisters. Welch ein Glück, dass Münster so musikalisch ist. In der Domstadt sind die Karrieren einiger Stars in Schwung gekommen, andere fühlen sich hier sehr zuhause wie Götz Alsmann oder Schlagerstar Roland Kaiser.

Das bunte Musikleben reicht von Rock und Jazz bis Reggae, vom Chorgesang über die Kirchenmusik zum Sinfonieorchester. Klein und Groß können an der *Westfälischen Schule für Musik* in Aaseenähe die ersten Flötentöne lernen. Die Studentinnen und Studenten vertiefen ihre klassische Ausbildung an der *Musikhochschule* oder spielen in einer Band. Im Probenzentrum am Hawerkamp üben regelmäßig über hundert Musikgruppen. Discjockeys besorgen sich ihr Equipment beim *Elevator* im Südviertel, Europas größtem DJ-Laden.

Unter den Visionären der deutschen Popmusikbranche ist die Anzahl der Exil-Münsteraner besonders hoch. So hat der Vater der *Love-Parade*, William Röttger, in Münster den Grundstein für seine Karriere gelegt. Der *PopKomm*-Erfinder Ralf Plaschke kommt ebenso aus dieser Stadt wie Metal-Experte

Musiker, Entertainer und Frauenschwarm Dr. Ring Ding, auch bekannt als Richie Senior oder Richard Alexander

Henk Hakker. Andere wirken bei bedeutenden Labels wie *Universal*, *Sony BMG* oder *EMI*. Die meisten von ihnen waren als Jugendliche oder Studenten selbst aktive Musiker in Westfalen.

Das *Panikorchester* wirft seine Schatten voraus (1971). In der Mitte: Udo Lindenberg und Steffi Stephan

Panikrock und Dauerbeat

Auch in Münster entwickelte sich die Rock- und Popszene in den sechziger Jahren. Zu den aufstrebenden Beatmusikern zählte Steffi Stephan, der später mit der *Jovel Music-Hall* einen der spektakulärsten Live-Clubs in Deutschland gründete. Mit seiner Band *The Twens* stellte er 1969 einen Weltrekord im Dauerbeat auf. Als Steffi Stephan mit seiner Band *Guitar Men* 1964 einen Aushilfsschlagzeuger für einen Gig im nahen Borghorst suchte, fiel die Wahl auf den jungen Gronauer Udo Lindenberg. „Das war der magische Augenblick", erinnert sich Beatweltmeister Stephan gerne an den Beginn einer großen Freundschaft, lange vor der Gründung des *Panikorchesters*. Steffi Stephans Zuneigung galt bald einem weiteren Mitglied der Familie, nämlich Udo Lindenbergs Schwester. Mit der Geburt von Marvin machte der Münsteraner seinen Freund Udo auch noch zum Onkel. Für die Band *Guitar Men* bekam Stephan nicht nur musikalische Rückendeckung, sondern auch mütterliche. Nachdem der 16-Jährige im heißesten Beat-Schuppen der Stadt, dem *Insel Tanzcafé* am Roggenmarkt 11-12, erwischt wurde und als Minderjähriger dort nicht mehr auftreten durfte, trat seine Mutter auf den Plan und setzte sich mit Strickzeug vor die Bühne. In Anwesenheit einer Erziehungsberechtigten konnte die Show offiziell weitergehen.

Mit seiner modernen Einrichtung und der von unten illuminierten Tanzfläche war das *Insel* seiner Zeit voraus. Zudem war es die erste Discothek in Münster, die mit Verzehrkarten arbeitete. Erfinderisch war man auch beim Reglement der Eintrittspreise. Der Ankunftszeitpunkt des Gastes wurde auf einem vorgedruckten Zifferblatt auf der kreisrunden Verzehrkarte eingezeichnet. Beim Verlassen des Lokals zahlte man dann pro Minute einen Pfennig. Einen DJ gab es noch nicht. Der Einfachheit halber bediente das Türpersonal den Schallplattenspieler.

Panama Drive Band: In Münster wurde die Lemper schon 1976 auf Händen getragen.

Rock, Pop, Jazz und Ska

Rock und Jazz prägten die Musikszene der siebziger Jahre. Damit begann auch die Karriere von Ute Lemper. Ihre

1986 im *Odeon*

Großeltern betrieben in der Jüdefelder Straße 46 eine Tierfutterhandlung. Der Musicalstar soll hier als Kind besonders gerne von den Körnern für Kanarienvögel genascht haben. Die ersten

Auftritte als Sängerin hatte sie mit 15 in Jazzclubs und Bars. Ende der Siebziger sang sie bei der Jazzrock-Formation *Panama Drive Band*. Danach verließ sie Münster in Richtung Berlin und wurde zum Weltstar. Nun lebt sie mit Mann und Kindern in New York.

Mit der Gründung des *Odeon* im Jahr 1977 und des Musikclubs *Jovel* 1980 durch Steffi Stephan, warfen die achtziger Jahre ihre Schatten voraus. Hier sollten sich interessante Szenen entwickeln, die in den verschiedensten Musikrichtungen kreative Köpfe hervorbrachten.

WestBam bei *Anormal Null* (1979)

So begann im *Odeon* die DJ-Karriere von Techno-Star WestBam. Bei seiner Geburt hieß der noch Maximilian Lenz. Ende der siebziger Jahre aber verkaufte der Schüler des münsterschen *Pascalgymnasiums* seine Seele dem Punkrock und nannte sich fortan Frank Xerox. So wurde er der Bassist von Münsters erster Punkband *Anor-*

mal Null. Allerdings war 1983 Schluss mit der Punkerei. Seither nennt er sich WestBam, im Langtext Westfalia Bambaataa. Der Trendsetter lebt seit 1984 in Berlin, von wo aus er die deutsche Musikszene entscheidend geprägt hat und international agiert. DJ Raw begründete seine Laufbahn ebenfalls hinter den *Odeon*-Plattentellern. Mit *Dune* stürmte er in den neunziger Jahren die Hitparaden. Die Dance-Band wurde mit Hits wie *Rainbow to the Stars* oder *Million Miles From Home* populär.

Künstler und andere Kreative zählten zu den *Odeon*-Stammgästen. Auch der in Münster geborene Mode-Zar Guido Maria Kretschmer saß hier am Tresen.

Stammen die Mitglieder des Synthipop-Trios *Alphaville* auch ursprünglich aus dem Ostwestfälischen, so haben sie ihre ersten Hits wie *Big in Japan* doch in Münster geschrieben und von hier aus 1984 ihre Weltkarriere gestartet.

1983 starteten die *6-Zylinder* die große deutsche A-Capella-Welle der Nachkriegszeit. Die Münsteraner stehen für Vokalkunst aus tiefster Überzeugung und eine gehörige Portion Humor. Den beweisen sie nicht nur alljährlich beim Weihnachtsmusical *Der Schweinachtsmann*.

Münster hat ein breites Spektrum an Bands und auch im Umland entstanden Punkgruppen wie die *Donots* in Ibbenbüren, die längst in ihre münsterländische Hauptstadt gezogen sind. Hier schreiben sie Chart-Hits oder spielen live in den größten (*Halle Münsterland*) und kleinsten (*Gorilla Bar*) Locations der Stadt. Auch der Sänger von *Jupiter Jones*

Wer mit den Hunden tanzt – rudelweise *Donots*-Fans sogar bei den Vierbeinern

(Megahit „Still") lebt in Münster. Einst als Praktikant hergezogen, möchte er Aasee und Prinzipalmarkt nicht mehr missen.

Die Karriere der *H-Blockx*, die ihre ersten großen Erfolge auch auf der *Odeon*-Bühne feierten, nahm in den neunziger Jahren ihren Anfang. Aus einer Schülerband des *Gymnasiums Wolbeck* entstanden, gehören die *H Blockx* längst zu den Top-Stars der deutschen Rockszene. Von ihrem Managementbüro in der Innenstadt aus kümmern sie sich aber nicht nur um die eigene Karriere, sondern helfen auch jungen Künstlern bei ihrem Einstieg ins Musikgeschäft – beispielsweise dem Songwriter Pohlmann, der 2001 von Münster nach Hamburg zog. Einer der großen *H-Blockx*-Hits war eine Neuauflage des Johnny Cash-Klassikers *Ring of Fire*. Ihr alter Weggefährte Dr. Ring Ding würzte den Crossover-Knaller mit seinem in typisch jamaikanischen Stil gehaltenen Sprechgesang, dem sogenannten Toasting. Der Tausendsassa begann seine Laufbahn als Posaunist der Ska-Band *El Bosso und die Ping Pongs* und spielt mit renommierten Ska-Musikern aus aller Welt. Ska ist in den sechziger Jahren in Jamaica entstanden und kann als Vorläufer des Reggaes angesehen werden. Nicht von ungefähr gilt Münster als deutsches Ska-Zentrum. Musikmanager Oswald Münnig

betreibt hier das Plattenlabel Grover Records und organisiert Tourneen für die Stars der Szene. Top-Künstlern wie Desmond Dekker (*You Can Get It If You Really Want*), Laurel Aitken oder Judge Dread verhalf er zu unerwarteten Comebacks.

Als Lokalheldinnen gelten die *Zucchini Sistaz*, ein swingendes Damentrio mit dreistimmigem Gesang.

Mit Kinderliedern lässt der Münsteraner Detlev Jöcker Millionen junger Herzen höher schlagen.

Sinfonieorchester Münster:
www.sinfonieorchester-muenster.de
WestBam:
www.westbam.de
DJ Raw:
www.djraw.de
Die 6-Zylinder:
www.6-zylinder.de
Donots:
www.donots.de
Jupiter Jones:
www.jupiterjones.net
H-Blockx:
www.h-blockx.de
Dr. Ring-Ding:
www.ringding.de
El Bossso und die Ping Pongs:
www.immernurska.de
Zucchini Sistaz:
www.zucchinisistaz.de
Detlef Jöcker:
www.detlevjöcker.de

Götz Alsmann

Götz Alsmann ist die personifizierte Reklame für Münster. Gerne outet sich der Star der Fernsehunterhaltung und deutschen Musikszene als passionierter Münsteraner. Der Moderator von *Zimmer frei*, der erfolgreichsten Unterhaltungssendung, die der WDR je für sein drittes Fernsehprogramm produzierte, ist seit über dreißig Jahren eine feste Größe in der hiesigen Musikszene. Der Multi-Instrumentalist spielte sich durch die meisten Musikstile der ersten Hälfte des 20. Jahrhundert.

In den 80er Jahren bediente er außerdem die Keyboards bei einer Funpunk-Band, den *Fidelen Schwagern* mit einer Kultfigur namens Schwein am Bass.

Mit seiner Swingversion des *Depeche Mode*-Songs *People are People* hatte Alsmann 1985 seinen ersten großen Hit. Mittlerweile spielt der Doktor der Musikwissenschaften und Honorarprofessor der *Uni*

Lokalmatadore *Götz Alsmann and the Sentimental Pounders,* 1985

Münster deutschen Jazz-Schlager. Er steht mit seiner Band über hundert Mal im Jahr auf der Konzertbühne. Preise für wunderbare Musik (*Echo* 2004 und 2012, *Goldene Stimmgabel* 2006 und diverse Jazz Awards) und noch besseres Aussehen (Brillenträger des Jahres 2000 und Krawattenmann des Jahres 2004) füllen die Fensterbank seines Komponierzimmers.

Sein Talent als Vorleser beweist der Entertainer mit zahlreichen Hörbüchern wie *Die Feuerzangenbowle* oder der Wilhelm Busch-Textauslese mit Schauspieler Otto Sander. Immer wieder steht Alsmann bei Produktionen des Stadttheaters auf der Bühne – ob als *öffentliche Meinung* in Offenbachs *Orpheus in der Unterwelt* oder in seiner gefeierten Michael Jary-Revue. Im Fernsehen moderierte der Unterhaltungsprofi unter anderem die ZDF-Klassik-Show *Alsmanns große Nachtmusik*. Im Radio unternimmt er Woche für Woche musikalische Reisen zu Swing, Jazz oder versunkenen Schlagerwelten.

Die Münsteraner lieben ihren Götzimausi, wie ihn seine Kollegin bei *Zimmer frei*, Christine Westermann, gerne nennt, ebenso wie einst die Kölner ihren Millowitsch oder die Hamburger ihre Heidi Kabel. Das mag daran liegen, dass er nie Zweifel daran aufkommen ließ, seiner Heimatstadt treu zu bleiben, egal ob er für Fernsehsender in Köln, Hamburg oder Berlin arbeitet.

Götz Alsmann:
www.goetz-alsmann.de

Im *Heaven* am Hafen

ZU GAST
IN MÜNSTER

Essen und Trinken | Nachtleben | Einkaufen |
Praktische Hinweise

ZU GAST IN MÜNSTER

ESSEN UND TRINKEN

Schlemmen à la Münsterland

Einkehren gehört auch in Münster zum A und O des Lebensgefühls. Marktgänger genießen den Kaffee am Stand oder im Café; in neu gestylten oder altehrwürdigen Kaffeehäusern lässt man es sich gut gehen. Von früh bis spät schmecken internationale Kleinigkeiten in den zahlreichen Kneipen und Restaurants. Da können die Gäste für kleines Geld satt werden oder sich feine Haute Cuisine schmecken lassen. Münsterländisch, japanisch, indisch oder italienisch. Man trifft sich, um genussvoll zu speisen oder auf einen kleinen Plausch in der Studentenkneipe; trinkt ein kühles Pils im westfälischen Ambiente oder einen Cocktail in der trendigen Bar. In der ganzen Stadt finden die Besucher Lokale nach ihrem Geschmack. In der Innenstadt, am Stadthafen oder in den verschiedenen Stadtvierteln.

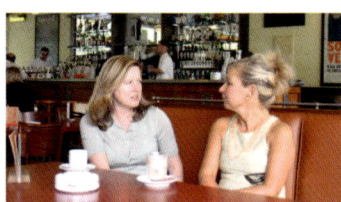

Im *Marktcafé*

Die Internetcafés stehen unter den Freizeitadressen auf Seite 114.

INNENSTADT

Café Arte

Kultur- und Literaturcafé mit sehr guten Weinen und leckeren Speisen bei klassischer Musik. Tolles Live-Programm. Zu den regelmäßigen Bühnenkünstlern zählen Boogie-Woogie-Pianist Daniel Paterok und Kabarettist Christoph Tiemann.

Königsstr. 43 | ☾ (0251) 48 82 07 39
Di–Sa 11–22 Uhr | So 14–18 Uhr
www.cafe-arte-muenster.com

Die Bohne

Kleines Café mit eigener Kaffeerösterei. Köstliche Heißgetränke in charmanter Umgebung.

Ludgeristr. 60 | ☾ (0163) 2 50 99 44
Mo–Fr 10–19 Uhr | Sa 10–18 Uhr
www.diebohne-ms.de

Café Extrablatt

Kaffeehaus-Kette aus dem münsterländischen Emsdetten mit vielen Cafés in Deutschland, einem in Marokko – sowie einer weiteren Filiale an der Königsstraße 31.

Salzstraße 7 | ☾ (0251) 4 44 45
Mo–Sa 8–2 Uhr | So, Ft 9.30–1 Uhr
www.cafe-extrablatt.de

Regionale Speisen und Getränke

Altbierbowle
Die Münsteraner lieben es tatsächlich, wenn Früchte wie Pfirsich, Erdbeeren oder Ananas in ihrem Altbier schwimmen. Das wagt man sonst nur in Düsseldorf!

Krüstchen
Eine köstliche Zwischenmahlzeit. Das Schnitzel auf Toast wird mit einem Spiegel-ei gekrönt und gerne mit einem bunten Salat serviert.

Pfefferpotthast
Für einen westfälischen Pfefferpotthast wird Rindfleisch („Hast") unter Zugabe von Zwiebeln, Mohrrüben und Sellerie in einem Pott gekocht. Dazu wird altes Brot gerieben. Die klassischen Beilagen sind Salzkartoffeln und Gewürzgurken.

Pumpernickel
Das sehr dunkle, feste Roggenschwarzbrot ohne Rinde ist eine Delikatesse. Auch wenn Papst Alexander VII. darüber niederschrieb: „Es stinkt zum Himmel. Nach nur einem Bissen läuft es einem kalt den Rücken herunter."

Struven
An Karfreitag isst man in Münster traditionell Struven, eine Art Eierpfannkuchen mit Hefe gebacken und mit Rosinen gefüllt.

Tango
Tango heißt ein Mischgetränk aus Bier und einer roten Limonade namens Regina, die nur im Münster- und Emsland bekannt ist.

Töttchen
Das berühmte Töttchen wurde traditionell aus Innereien vom Kalb wie Lunge, Herz und Hirn zubereitet. Was da genau drin war, verrieten Münsters Kellnerinnen nicht unbedingt jedem Gast. Zumindest nicht vor der Mahlzeit. BSE bescherte Deutschland neue Lebensmittelgesetze, die die Verarbeitung von Kalbshirn und ähnlichen Leckereien verboten. Übrig geblieben sind vergleichsweise harmlose Zutaten wie Zunge, Schulter oder Brust, die mit Zwiebeln und Essig zu einem süßsauren Ragout verkocht werden. Das einstige „Arme-Leute-Essen" Töttchen wird in Münsteraner Feinkostläden als Delikatesse in Dosen verkauft.

Töttchen (um 1965)

Leberbrot und Wurstebrot
Es handelt sich um eine Art Würste mit Leber, Blut und Getreide. Sie werden in Scheiben geschnitten und in Schmalz gebraten. Serviert mit Apfelmus, gebratenen Apfelscheiben, Zwiebeln oder Brot.

Café Grotemeyer

Exquisite Torten, Marzipan und Pralinen aus eigener Herstellung.

Salzstraße 24 | *① (0251) 4 24 77*
Mo–Sa 10–19 Uhr | *So 10–18 Uhr*
www.grotemeyer.de

Café Kleimann

Die Rückwand des *Café Kleimann*
enthält ein Stück Original-Mauer (ca.
1275) der Dom-Immunität. Die Mauer
verlief als Vertragsgrenze zwischen
dem Dom und der Bürgerstadt. Der
Giebel des Hauses stammt aus dem
Jahr 1627 und ist der einzige original
erhaltene am Prinzipalmarkt. Konditor-
meister Kleimann ist berühmt für seine
kunstvollen   Marzipanschöpfungen,
die im Schaufenster ausgestellt sind,
Torten, Trüffel und seine handgemach-
ten Dominosteine zur Weihnachtszeit.

Prinzipalmarkt 48 | *① (0251) 4 30 64*
Mo, Di, Do, Fr 10–19 Uhr | *Mi, Sa 9–19 Uhr*
www.konditorkleimann.de

Eiscafé Firenze

Original italienische Gelateria in der
Königspassage. Sehr beliebt.

Königsstraße 12 | *Tägl. 10–24 Uhr*

Wappen am Café *Kleimann*

Shoppingpause bei *Liebigs*

Floyd Coffee-Lounge

Kaffee-Spezialitäten. Eine weitere
Filiale ist an der Stubengasse 20.

Domplatz 6–7 | *① (0251) 9 81 12 67*
Mo–Sa 8–19 Uhr | *So, Ft 9–19 Uhr*
www.floyd-coffee.de

fyal central

Unangestrengt wie der Name schon
sagt (fyal = fuck you art lovers). Junge
Location in der Gasse zwischen Post-
amt am Domplatz und Rothenburg.
Musik, Getränke, Kunst und Essen.

Geisbergweg 8 | *① (0251) 7 03 63 51*
Mo–Sa 10–1 Uhr | *So 12–20*
www.fyalcentral.de

La Californie

Wunderschönes Café im *Picassomuseum.*

Königsstraße 5 | *① (0251) 4 90 28 69*
Di–Fr 11–18 Uhr | *Sa, So, Ft 10–18 Uhr*
www.la-californie.de

Liebigs am Drubbel

Tagescafé mit einer Terrasse zum
Sehen und Gesehenwerden.

Drubbel 19 | *① (0251) 4 35 13*
Mo–Fr 9–20 Uhr | *Sa 9–19 Uhr* | *So 10–18 Uhr*

Macellum

Italienisches Eis und mediterrane Speisen erfreuen den Gaumen.

Bogenstraße 15 | ① (0251) 97 95 70 67
Mo-Do 10-22 Uhr | Fr, Sa 10-23 Uhr
So 11-21 Uhr | www.macellum.de

Marktcafé

Münsters Treffpunkt am Domplatz mit schönen Terrassen. Eiskarte, Frühstück, Sonntagsbrunch, Mittags- und Abendkarte.

Domplatz 6-7 | ① (0251) 4 84 23 00
Tägl. 9-1 Uhr | www.marktcafe-ms.de

Milchmädel

Reizendes Mini-Café mit Kaffee, Kakao, Tee und süßen Gaumenfreuden. Eigene Eismarke!

Domgasse 4 | ① (0251) 4 30 64
Mo-Sa 8.30-19 Uhr | www.milchmaedel.de

Pension Schmidt

Hippe Café-Bar, cool in plüschigem Ambiente. Live-Piano Fr., Sa. 15-16 Uhr.

Alter Steinweg 37 | ① (0251) 97 95 70 50
Tägl. 12-5 Uhr

Die *Pension Schmidt*, einladend wie das heimische Wohnzimmer

Time For Tea

Liebevoll eingerichteter Teesalon mit großer Auswahl und köstlichem Kuchen im Glas. Kaffee-freie Zone.

Neubrückenstraße 73
① (0251) 98 29 58 44
Mo-Sa 11-20 Uhr | So 13-18 Uhr
www.time4tea.de

Das Stadtcafé

Das *Stadtcafé*

Schönes Tagescafé vor dem Rathaus-Innenhof. Tapas, Kuchen, Panini.

Klemensstraße 9
① (0251) 4 88 82 70
Mo-Sa 8-20 Uhr | So 12-19 Uhr

KIEPENKERLVIERTEL

Lazzaretti

Lauschiges Plätzchen am Aaseitenweg mit Blick auf die *Überwasserkirche*. Täglich frisches, hausgemachtes Eis.

Spiekerhof 26 | ① (0251) 4 84 23 33
Tägl. 8.30 bis 24 Uhr
www.lazzaretti.de

IN BAHNHOFSNÄHE

Café Prütt

Seit 1986 eine Institution für Vegetarier und Veganer. Die heiße Inka-Schokolade im Winter ist ein Hit.

Bremer Str. 32 | ☎ (0251) 66 35 77
Mo-Fr 12-24 Uhr | Sa, So 10-24 Uhr
www.pruett-cafe.de

Montmartre

Französisches Bistro-Café mit studentenfreundlichen Frühstückszeiten.

Wolbecker Straße 30-32
☎ (0251) 6 74 25 95
Mo-Sa 8-21 Uhr | So 9-21 Uhr
Juni-August nur bis 20 Uhr
www.cafe-montmartre.de

SpecOps

Sympathisches Kultur-Café mit Büchern, Autorenlesungen und selbstgebackenem Kuchen (auch vegan).

Raphael Viehoff, Inhaber und Namensgeber der Eismanufaktur *Raphaels.*

Von-Vincke-Str. 5-7
Mo-Sa ab 14 Uhr | So ab 14 Uhr
www.spec-ops.de

Teilchen und Beschleuniger

Auf Flohmarkt-Möbeln schwelgen Studierende in Bagels und Kaffee.

Wolbecker Str. 55
☎ (0251) 39 50 57 86
Mo-Sa ab 9 Uhr | So ab 10 Uhr
www.teilchenundbeschleuniger.de

RUND UM DAS STADTTHEATER

Raphaels

Eis-Manufaktur. Regionale Zutaten und ein aufwändiger Herstellungsprozess garantieren höchsten Genuss.

Am Bült 1
☎ (0251) 98 11 05 33
Mo-Sa 10-20 Uhr | So 12-19 Uhr
In Januar und Februar geschlossen.

BEIM SCHLOSS

Café Malik

Studentencafé mit Blick aufs Schloss, selbstgebackenem Kuchen, bester internationaler Zeitungsauswahl und gelegentlichen Ausstellungen; benannt nach einer Geschichte von Else Lasker-Schüler; berühmt für sein englisches Frühstück.

Schlossplatz 20
☎ (0251) 4 42 10
Tägl. 9-1 Uhr
www.cafe-malik.de

roestbar

HAFENVIERTEL

birkenwald
Wenn Architekturstudenten von Natur träumen, kommt birkenwald heraus. Liebenswertes Viertel-Café mit zivilen Preisen.

Hansaring 14 | Mo-So 9-19 Uhr
www.cafebirkenwald.de

ExKaffee
Die Inhaber eines Sanierungs-Unternehmens haben ein Café eröffnet. Und damit ist auch schon alles über den Stil gesagt. Hier zeigt sich, wie kultiviert der Charme einer Baustelle sein kann. Essen wie bei Muttern.

Hansaring 25 | ☎ (0251) 6 74 31 15
Mo-Fr 7-20 Uhr | Sa 9-20 Uhr

frozen gold – Schleckkultur
Frozen Joghurt, Crêpes und der Gondolieri-Hut des Wirtes – alles goldig.

Hansaring 33 | ☎ (0251) 39 99 78 37
Di-Fr 12-21 Uhr | Sa, So 15-21 Uhr

KREUZVIERTEL

Mamsell
Selbstgebackene Kuchen und vegane Suppen in Puppenstuben-Atmosphäre. Fair Trade.

Hoyastr. 1a | ☎ (0251) 39 45 79 09
Do-Mo 10-19 Uhr

Nachtisch
Alles für den süßen Zahn bei Beate und Alex im Dessertcafé, köstliche Kuchen- und Dessert-Kreationen.

Kanalstraße 30 | ☎ (0251) 13 46 77 39
Di, Do-Sa: 9.30-19 Uhr | So, Mi 9.30-18 Uhr
www.nachtisch.ms

roestbar
Kleines, liebevoll geführtes Café. Auch Martinistraße 2, Bohlweg 68a und für Pralinenfreunde an der Brüderstr. 31. Köstlicher Kaffee aus eigener Rösterei, der in Münster weltberühmt ist und in vielen Cafés der Stadt angeboten wird.

Nordstraße 2 | ☎ (0251) 2 84 90 72
Mo-Fr 9-20 Uhr | Sa 9-19 Uhr | So 11-18 Uhr
www.roestbar.de

SÜDVIERTEL

Café Issel
Bekannt für tolle Kuchen- und Tortenkreationen.

Hammer Straße 42 | ☎ (0251) 52 33 52
Di-Fr 9-18 Uhr | Sa 9-17 Uhr
So 11-17.30 Uhr | www.cafe-issel.de

ZU GAST IN MÜNSTER

Schnabulenz
Sehr engagiertes Kulturprogramm
mit Kabarett und Konzerten.

Geiststr. 50 | ① (0251) 39 59 77 91
Tägl. 9-23 Uhr | www.schnabulenz.de

Tante August
Schönes Viertel-Café
in Retro-Mobiliar.

Augustastr. 20 | ① (0251) 39 45 65 73
Mo-Sa 10-24 Uhr | So 10-20 Uhr

Restaurants

INNENSTADT

Altes Gasthaus Leve
Das 1607 gegründete Haus ist Münsters älteste Gaststätte. Sie ist bekannt für westfälische Klassiker wie Töttchen, Eisbeinsülze, Pumpernickelschnittchen mit Schinken und Schnaps aus dem Löffel. 1967 diente *Leve* als Schauplatz für legendäre Szenen in

Die Kölner Band *Erdmöbel* liebt *Leve*.

Schamonis Münsterfilm *Alle Jahre wieder*. Dass das Lokal wahren Kultstatus hat, beweist auch die Kölner Band *Erdmöbel*. *Altes Gasthaus Love* nannten die Musiker 2003 ihre vierte CD mit einem Cover im *Leve*-Design.

Alter Steinweg 37 | ① (0251) 4 55 95
Tägl. 12-24 Uhr
www.gasthaus-leve.de

Holstein's Bistro
An der Treppe, die zu einem der romantischsten Orte Münsters führt, dem Horsteberg. Für den schnellen Genuss. Wechselnde Gerichte aus der Feinkostküche der Butterhandlung, leckere Weine.

Horsteberg 1 | ① (0251) 4 49 44
Di-Fr 11.30 – 19 Uhr | Sa 12 – 17 Uhr
www.butterhandlung-holstein.de

Speisen in behaglichem Ambiente bei
Caputo's

Caputo's
Patrone Carmelo Caputo ist direkt am Picassoplatz die perfekte Mischung aus Restaurant, Café und Bar gelungen. Gleichbleibend hochwertiger

Genuss in Wohlfühl-Atmosphäre mit toller Akustik, ausgezeichnet mit dem „best architects 11"-Award.

Königsstraße 59 | ☎ *(0251) 9 82 99 55*
Do-Di ab 10 Uhr | *Mi ab 9.30 Uhr*
www.caputos.de

Fiu

Gleich neben dem *Mocca d'Or*. Fisch- und Fleischgerichte vom offenen Holzkohlegrill.

Rothenburg 14-16 | ☎ *(0251) 4 84 04 95*
Mo-Sa 12-1 Uhr | *So, Fr 12-24 Uhr*

Holstein Brasserie

Feine kleine Gerichte und gute Weine in den Münster Arkaden. Eine Oase mitten im Einkaufstrubel.

Ludgeristraße 100 | ☎ *(0251) 4 88 22 88*
Mo-Sa 10-22 Uhr

Klemens

Moderne westfälische Küche im Stadthaus 1. Nachmittags Blechkuchen, von Landfrauen gebacken.

Klemensstraße 10 | ☎ *(0251) 9 82 94 74*
Mo-Do 9-22:30 Uhr | *Fr 9-23 Uhr*
Sa 8:30-23 Uhr | *So 10-18 Uhr*
www.klemens-muenster.de

Krawummel

Selbst „Eingefleischte" lieben die veganen Köstlichkeiten.

Ludgeristr. 62 | ☎ *(0251) 74 78 81 17*
Mo-Sa 11-22 Uhr | *So 12-21 Uhr*
www.krawummel.de

Mocca d'Or

Pizza aus dem Holzofen, leckere Panini und Bruschetta. Treffpunkt zum Kaffee, kleinen Snack oder am Abend.

Rothenburg 14-16 | ☎ *(0251) 4 82 85 91*
Mo-Sa 9-1 Uhr | *So 11-1 Uhr*
www.mocca-d-or.de

Spitzner im Oerschen Hof

Gehobene kreative Küche in historischem Gebäude des Baumeisters Johann Conrad Schlaun. Traumhafter Innenhof mit Bistro- und Restaurantbereich.

Königsstraße 42 | ☎ *(0251) 41 44 15 50*
Di-Sa 12-14 Uhr und 18.30-22 Uhr
www.oerschenhof.ms

Stuhlmacher

Wer sich stark genug fühlt, echte Westfalen kennen zu lernen, darf

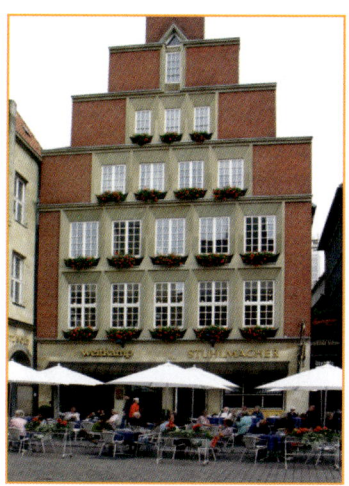

Bei *Stuhlmacher*: Echte Westfalen vor und hinter der Theke

einen Besuch in diesem gut bürgerlichen Traditionslokal nicht versäu-
men. Seit 1890 Treffpunkt für die
Freunde frisch gezapfter Biere mit
Terrasse am Prinzipalmarkt.

Prinzipalmarkt 6-7 | ☎ (0251) 4 48 77
Mo-Do 10-24 Uhr | Fr-Sa 10-1 Uhr
So 11-24 Uhr
www.gasthaus-stuhlmacher.de

Töddenhoek

Westfälische Traditionsgaststätte. Vor
dem Zweiten Weltkrieg als Metzgerei
geführt, ist der *Töddenhoek* seit 1956
eine gemütlich eingerichtete Gaststätte, der man durchaus ansieht, dass ihre
Inhaber eine Vorliebe für Antiquitäten
haben. Der Name erklärt sich wie folgt:
Tödden ist Münsterländer Platt für
Tuchhändler, und Hoek heißt Ecke.

Rothenburg 41 | ☎ (0251) 4 31 56
Mo-Sa ab 11 Uhr
www.toeddenhoek.de

KIEPENKERLVIERTEL

Fischbrathalle

Fischrestaurant mit Kultcharakter
seit 1926 in norddeutsch-expressi-
onistischer Ziegelarchitektur. Lieb-
lingslokal von Helge Schneider, der
behauptet, hier mal als Tänzer gearbeitet zu haben.

Schlaunstraße 8 | ☎ (0251) 4 31 52
Di-Fr 11-15 Uhr | Sa 11-14.30 Uhr
www.fischbrathalle-muenster.de

Kinowerbung aus den fünfziger Jahren

Giverny

Feine französische Küche. Kurse rund
um die französische Kochkunst.

Spiekerhof 25 | ☎ (0251) 51 14 35
Di-Sa 12-15 Uhr und ab 18 Uhr
www.restaurant-giverny.de

Großer Kiepenkerl

Heimatverbundene, bodenständige Küche im Traditionsgasthaus. Beliebter
Drehort für *Wilsberg* und Münster-*Tatort*.

Spiekerhof 45 | ☎ (0251) 4 03 35
Mi-Mo 12-22 Uhr
www.grosser-kiepenkerl.de

Kleiner Kiepenkerl

Ganztägig wohlschmeckende Speisen von traditionsbewusst westfälisch bis international beim Ehepaar
Deckenbrock am Kiepenkerldenkmal.

Spiekerhof 47 | ☎ (0251) 4 34 16
Di-So 10.30-24 Uhr
www.kleiner-kiepenkerl.de

Gastlichkeit beim *Großen Kiepenkerl*

IN BAHNHOFSNÄHE

Acacia
Vorzügliche japanische Spezialitäten.

Friedrich-Ebert-Platz 2
① (0251) 52 79 95 | Di-Sa 18-22 Uhr
www.restaurant-acacia.de

Deniz
Für die Freunde türkischer Küche.

Friedrich-Ebert-Straße 8
① (0251) 53 16 46
Di-So 17-1 Uhr

RUND UM DAS STADTTHEATER

Além Mar
Die Perle portugiesischer Küche hat auch zahlreiche Fischgerichte im Angebot.

Neubrückenstr. 28 | ① (0251) 1 62 85 30
Mo-Sa 18-24 Uhr
www.alem-mar.de

ET up'n Bült
ET ist hier kein Außerirdischer, die Buchstaben stehen für gutes Essen und Trinken in gemütlicher Atmosphäre.

Bült 23 | ① (0251) 4 32 35
Mo-Sa 17-1 Uhr | So 18-1 Uhr

Il Teatrino
Hausgemachte Nudeln und frische Antipasti direkt gegenüber vom Stadttheater.

Neubrückenstraße 12 | ① (0251) 4 35 40
Tägl. 11.30-14.30 Uhr und 17.30-24 Uhr
www.il-teatrino.com

Kanton
Chinesische Spezialitäten direkt am Theater-Parkhaus.

Tibusstraße 7-11
Tägl. 11:30-15 Uhr und 17.30-23.30 Uhr

La Fenice
Raffinierte italienische Köstlichkeiten in geschmackvollem Ambiente.

Mauritzstraße 22 | ① (0251) 9 81 17 01
Mo-So ab 18 Uhr

L'Ostaria Pasta e Basta
Einige Stammgäste variieren seit Jahren nur die Vorspeisen vor den Spaghetti de la Casa. Hausgemachte Nudeln und wechselnde saisonale Tagesgerichte. Keine Pizza. Weiteres Lokal am Hafen.

Neubrückenstraße 35-37 | ① (0251) 4 42 94
Mo-Sa 12-14.30 Uhr und 18-23.30 Uhr
So 18-23.30 Uhr

Noites de Lisboa

Portugals Spezialitäten. Guter Fisch mit ausgesuchten Weinen.

Sonnenstr. 42 | ☎ (0251) 13 47 01 64
Di–So ab 17.30 Uhr
www.lisboa-muenster.de

Pham's

Südostasiatische, sehr gepflegte Küche, Grillspezialitäten vom Lavastein, gute Weinkarte.

Neubrückenstraße 35
☎ (0251) 4 84 22 08
Di–So ab 18 Uhr
www.phams.de

Schoppenstecher

Beliebtes Weinlokal, feine Gerichte. Hier kehrte Schauspielstar Matthias Habich gerne ein, wenn er im *Theater im Pumpenhaus* gastierte.

Hörsterstraße 18 | ☎ (0251) 47 11 4
Di–So 18–1 Uhr

BEIM SCHLOSS

Schlossgarten

Café, Bar, Restaurant. Traumhafte Lage mitten im Schlosspark mit Terrassen unter alten Kastanien. Sonntags Brunch.

Schlossgarten 4 | ☎ (0251) 9 87 96 96
Di–Sa 10.30–23 Uhr | So 9.30–20 Uhr
(im Winter: Di–Sa 11.30–22 Uhr,
So 9.30–18 Uhr)
www.schlossgarten.com

AM AASEE

Il DiVino

In klassisch-klaren Ambiente genießt man maritime Atmosphäre mit weitem Blick über das Wasser. Die italienischen Chefköche servieren dazu Feines aus ihrer Heimat.

Annette-Allee 1 | ☎ (0251) 9 82 987 30
Tägl. 12–24 Uhr | www.ildivino-aasee.de

Orléans

Kleines, mit viel Herzblut geführtes Restaurant. Französische und deutsche Speisen.

Weseler Straße 65 | ☎ (0251) 5 30 38 08
Mi–So ab 17.30–23 Uhr
www.restaurant-orleans.de

KUHVIERTEL

Drübbelken

Westfälische Spezialitäten wie Pfefferpotthast oder Töttchen. Urige Einrichtung – zum Beispiel im kleinen *Friedenssaal*.

Buddenstraße 14–15
☎ (0251) 4 21 15
Mo–Fr 11.30–14 Uhr und 17.30–24 Uhr
Sa, So, Ft 11.30–24 Uhr
www.druebbelken.de

Il Cucchiaio d'Argento

Der „silberne Löffel" ist ein Traditionslokal mit italienischen Raffinessen in gediegenem Ambiente. Leckere, hausgemachte Ravioli.

ZU GAST IN MÜNSTER

Überwasserstraße 3 | ① (0251) 39 20 45
Di–So ab 17.45 Uhr
www.der-silberne-loeffel.de

Pinkus Müller

Westfälische Altbierküche und Brauereiausschank der original *Pinkus*-Biere. Mit Barbara Müller wird hier schon in der sechsten Generation das leckere Altbier serviert.

Ihre Schwester betreibt direkt nebenan die *Biergalerie. Pinkus*-Biere werden weltweit exportiert und in Japan, Australien und den USA ebenso wie in Europa getrunken.

Kreuzstraße 4–10 | ① (0251) 5 55 67
Mo–Sa 12–24 Uhr
www.pinkus.de

Rico Vollwertrestaurant

Imbiss für die Gesundheitsbewussten. Täglich frische Aufläufe, Wok-Essen, Salate. Vegetarisch, vegan, freitags Fisch. Auch zum Mitnehmen.

Rosenplatz 7
① (0251) 4 59 79
Mo–Fr 11.30–16 Uhr

HAFENVIERTEL

Café Med

Pasta, Fisch und Fleisch in der ehemaligen *Druckwerkstatt.* Spannungsvolle Einrichtung im industriellen Hafenambiente mit Bildern von Gerd Meyerratken. Terrasse am Hafen.

Pinkus Müller (1953)

Hafenweg 26a | ① (0251) 6 74 95 95
So–Fr 12–14.30 Uhr und 18–24 Uhr
Sa 12–1 Uhr

FOK

Fleisch oder Kartoffel – die Zutaten bestimmst Du, so lautet das überzeugende Imbiss-Konzept und punktet damit beim Publikum.

Hansaring 37
① (0251) 96 19 36 63
Mo – Do 12–14.30 und 17.30–23 Uhr
Fr 12–14.30 und 17.30–24 Uhr
Sa 17.30–24 Uhr | So 15–22 Uhr

Freiheit 26

Fleischgerichte und maritime Speisen direkt am Hafenbecken.

Hafenweg 26 | ① (0251) 7 47 49 19
Tägl. 12–24 Uhr
www.freiheit-26.de

Heaven

Das XXL-Clubrestaurant in einer ehemaligen Lagerhalle. Große Holztische, schwere Kerzenleuchter, Himmelbetten und loungige Ecken.

Heißeste Partylocation der Stadt. Ein Ort zum Speisen, Chillen oder Tanzen bis in den Morgen. Zum Essen am Wochenende unbedingt reservieren.

Hafenweg 31 | ☉ (0251) 6 09 05 85
Di-Do 19-1.30 Uhr | Fr-Sa 19-5 Uhr
www.heaven-lounge.de

Kong

Vorzügliche original-koreanische Küche. Vom selben Zwillingspaar geführt wie das *FOK* nebenan. Wer mag, grillt sein Essen selbst.

Hansaring 37 | ☉ (0251) 13 65 67 16
Mo-Do 12–14.30 und 18–23 Uhr
Fr 12–14.30 und 18–24 Uhr
Sa 18–24 Uhr | So 18–22 Uhr

Lumina

Mediterrane Küche, gute Steaks. Kellnerin Thuy aus Saigon ist ein charmantes Energiebündel und sorgt immer für beste Stimmung.

Wolters im restaurierten Speicher

Hafenweg 6 | ☉ (0251) 1 33 32 72
Mo-Fr 11-1 Uhr | Sa 17-1 Uhr | So 15-24 Uhr
www.lumina-restaurant.de

Meat Me

Das beste Steak-Haus der Stadt.

Hafenplatz 6 | ☉ (0251) 1 44 59 29
Di-Sa ab 18 Uhr | www.meat-me.ms

Wolters im Speicher

Große Terrasse am Wasser, Mittagskarte, Kaffee und Kuchen. Türkische Gerichte aus dem Lehmofen. Weitere *Wolters* sind in der Hammer Straße 37 und am Alten Steinweg 31.

Hafenweg 46-48 | ☉ (0251) 6 74 33 11
April bis September:
Mo-Sa ab 15 Uhr | So ab 12 Uhr
Oktober bis März:
Mo-Fr ab 17 Uhr | Sa ab 15 Uhr
So ab 12 Uhr
www.wolters-imspeicher.de

KREUZVIERTEL

Brust oder Keule

Tagesaktuelle, kreative Küche und ein erlesenes Weinangebot werden vom Chef persönlich empfohlen. Das wussten auch *Gault Millau* und *Michelin* schon zu schätzen.

Melchersstr. 32 | ☉ (0251) 9 17 96 56
Di-Sa ab 18.30 Uhr
www.brustoderkeule.de

Phoenicia

Geheimtipp für die Freunde libanesischer Spezialitäten zwischen Kreuzvier-

Im Restaurant *Phoenicia* finden selbst Westfalen Gefallen an orientalischer Stimmung.

tel und Schlossgarten. Das Geschwisterpaar Alya und Khalil sorgt für köstliche Gerichte zu fairen Preisen und freundliche Bewirtung. Der berühmte Vorspeisenteller bietet einen schmackhaften Querschnitt der arabischen Küche.

Steinfurter Straße 37 | ☎ (0251) 27 87 94
Tägl. 18-23 Uhr

Italia

Älteste Pizzeria in Münster, wo Giosino Pasquariello auch nach 30 Jahren selbst am Pizzaofen steht. Der Eingang liegt an der Studtstraße.

Gertrudenstraße 22
☎ (0251) 2 52 81
Tägl. 11.30-14.30 und 17.30-23.30 Uhr
www.pizzeria-italia-muenster.de

Trattoria Adria da Leo & Toni

Die Brüder aus Kalabrien servieren Antipasti und italienische Küche, sind immer zu einem Plausch aufgelegt und bringen nicht nur im Fußballfieber italienisches Flair in die Kanalstraße.

Kanalstraße 23 | ☎ (0251) 29 67 00
Tägl. 12-14.30 Uhr und 18-23.30 Uhr
www.leo-toni.de

Der Germania Campus

Wo einstmals wenig schmackhaftes Bier gebraut wurde, entstand 2007 ein modernes Lifestyleviertel. Rund um die ehemalige *Germania-Brauerei* an der Grevener Straße findet man heute Einzelhandel, Arztpraxen, kreative Unternehmen wie die Ballettschule *Rebeltanz*, Kneipen und Restaurants.

Das ehemalige Brauerei-Gebäude im Zentrum des *Germania Campus* wurde vollständig entkernt und beherbergt neben Gastronomiebetrieben auch das *Factory Hotel* mit vier Sternen. Gegenüber dem alten Brauhaus liegt der Zaubersee, eine 1500 m² große und 20 cm tiefe Wasserfläche, die im Winter als Eislauffläche dient. Wenn Ihr Navigationssystem „An der Germania Brauerei" noch nicht kennt, geben Sie bitte „Grevener Str. 91" ein.

www.germania-campus.de

GERMANIA CAMPUS

I Galletti

Rustikale Holztische, altes Mauer-
werk und Kerzenschein. Hähnchen
brutzeln auf dem Holzkohlegrill. Nebenan im Schwesterlokal *Lido* gibt
es feine Pizzen.

An der Germania Brauerei 4
① (0251) 2 39 07 67
Mo–Sa 11.30 – 14.30 Uhr und 17.30–24 Uhr
So 17 – 1 Uhr

La Tapia

Restaurant und Bar im Gemäuer der
einstigen *Germania-Brauerei* auf verschiedenen Ebenen. Spanische Tapas.

An der Germania Brauerei 5
① (0251) 4 18 80 | Tägl. 18–24 Uhr

ERPHOVIERTEL

Overbeck's

Anspruchsvolle Küche zu guten
Preisen in der Viertelkneipe. Die
gutgelaunte Karin kocht mit
Leidenschaft.

Warendorfer Straße 34
① (0251) 3 94 49 30
Di-Do 18-24 Uhr | Fr-Sa 18-1 Uhr
So 18-24 Uhr
www.overbecks-muenster.de

ST. MAURITZ

Landgasthof Pleister Mühle

Kaffeewirtschaft und Restaurant
am Ufer der Werse. Traditionelles
Ausflugslokal mit Kanustation, See-
terrasse und Minigolfplatz. Montag

MEIN**MÜNSTER**

„Paddeln auf der Werse: In Paris hat jeder die Seine, in Münster jeder die
Werse – behäbiges Versprechen, träges schwarzes Wasser, sich unter über-
hängenden Uferbäumen windend, Blasen aus morastigem Grund, verwunschene Häuschen im Uferdickicht, Wasserhühner
flüchten leichtfüßig über Seerosenblätter, Pär-
chen in schwankenden Ruderbooten, halbnackte
Studenten in Farbe tragenden Kanus; wo bleiben
die Alligatoren?
Die Warendorfer oder die Wolbecker Straße hinaus
oder mit dem Rad auf schmalen Wegen zu einem
der Bootsverleihe etwa an der *Pleistermühle* oder
in Handorf. Zurück in die Stadt den Prozessionsweg nehmen und nichts bereuen."

Christoph Busch *(Drehbuchautor)*

ZU GAST IN MÜNSTER

Auch ohne Alligatoren ein Erlebnis: Paddeln auf der Werse

ist Reibekuchentag. Wer mit dem eigenen Pferd unterwegs ist, kann es während des Aufenthaltes in der Reitanlage nebenan unterstellen, dort wird es gefüttert und steht im Trockenen.

Pleistermühlenweg 196
☎ (0251) 13 67 60
Täglich ab 11.30 Uhr | So ab 9 Uhr
(Zwischen Oktober und März Mi. und Do.
nachmittags geschlossen)
www.pleistermuehle.de

Sudmühlenhof
Beliebtes Ausflugslokal zwischen dem Boniburger Wald und der Werse mit langer gastronomischer

Landgasthaus *Pleister Mühle*

Tradition. Feine deutsche Küche, Wildspezialitäten.

Dyckburgstraße 450
① (0251) 32 63 79
Di–Fr ab 12 Uhr
Fr, Sa ab 18 Uhr
So, Ft ab 12 Uhr
www.sudmuehlenhof.de

Villa Medici

Kreative italienische Küche, die auch Thomas Gottschalk und manchem Altbundeskanzler mundete, im altehrwürdigen Tannenhof. Empfohlen vom *Feinschmecker*-Magazin 2005 und vom *Varta-Führer* 2014. Weinlounge, Terrasse und einige Zimmer zum Übernachten.

Prozessionsweg 402
(0251) 3 42 18
www.villa-medici-muenster.de

MÜNSTER-WEST

Hölt'ne Schluse

Hausmannskost im original westfälischen Bauernhaus von 1876, uriges Ambiente mit offener Feuerstelle. Dazu herrliche Dönekes von Wirt Franz Renfert.

Am Max-Klemens-Kanal 303
① (0251) 21 64 40
Di–Sa 17–22 Uhr
www.franz-renfert.de

Schloß Wilkinghege

Anspruchsvolle Küche bei Chefkoch David Reineke.

Steinfurter Straße 374
① (0251) 14 42 70
Tägl. 12–14 Uhr und 18–22 Uhr
www.schloss-wilkinghege.de

MÜNSTER-ROXEL

Ackermann

Besondere Gerichte mit westfälischem Akzent. Sehr schmackhaft.

Roxeler Straße 522
① (02534) 10 76
Mi–Mo 11.30–14.30 und 17.30–24 Uhr
Im Sommer am Wochenende durchgehend
www.restaurant-ackermann.de

Pantaleon

Gehobene deutsche Küche mit mediterranen Einflüssen in der denkmalgeschützten *Villa Schulze-Höping* mit dem schönen Garten.

Pantaleonplatz 9
① (02534) 58 12 21
Mi–Sa ab 18 Uhr
So, Ft 12–14 und ab 18 Uhr
www.pantaleon-restaurant.de

NACHTLEBEN

Das Kuhviertel

Studenten-Bar an der Jüdefelder Straße

Ende des 19. Jahrhunderts gab es über vierhundert Altbierkneipen in Münster, von denen nur wenige den Ersten Weltkrieg überstanden haben. Die Wirte mussten dem Kaiser nämlich ihre Kupferkessel, in denen das Bier gebraut wurde, als Edelmetall für die Waffenproduktion abgeben. Zusätzlich wurde das Bierbrauen durch den Mangel an Getreide erschwert.

Das Kneipensterben begann schon ab 1880. Der erstaunliche Grund für die damalige gastronomische Flaute war keine Form von Prohibition, sondern die erste Wasserleitung Münsters. Endlich konnten die Bewohner ihren Durst mit Wasser, das nicht aus einem verseuchten Brunnen kam, statt mit Altbier löschen.

In den fünfziger Jahren des letzten Jahrhunderts machte sich dann an Münsters Uni Unmut breit, weil es keine studentische Kneipenszene gab. Der angehende Jurist Wilfried Weustenfeld prangerte diesen Missstand 1958 in einem legendären Artikel in einer Studentenzeitung an. Fazit seiner Schrift war die lateinische Bemerkung „Cavete Monasterium", zu Deutsch: „Hütet Euch vor Münster". Diese Worte wurden schnell zur Parole unter den Studierenden.

Also finanzierte der

Kafé Kelim		Cavete	
Das Blaue Haus		Destille	
Pinkus Müller		Überwasserkirche	

Das leckere Altbier von *Pinkus Müller* wird nicht nur im Kuhviertel, sondern rund um den Globus getrunken.

Rektor der Uni 1958 zwei Philosophiestudenten eine Studienreise zur Erforschung der Kneipenkultur in deutschen Universitätsstädten. Das Ergebnis dieser Expedition war die Gründung der ersten „Akademischen Bieranstalt zu Münster", der *Cavete* in der Kreuzstraße, im sogenannten Kuhviertel. In der Nachbarschaft eröffneten bald weitere Trinkstätten.

Inzwischen hat Münster über neunhundert Kneipen, Bars und Restaurants. Zahlreiche Gastwirtschaften liegen im Kuhviertel – mal westfälisch traditionell, mal studentisch originell. Von der Altstadt ist es in wenigen Minuten zu erreichen. Vom Prinzipalmarkt aus geht es vorbei an der *Lambertikirche* immer geradeaus über Drubbel, Roggenmarkt, Bogenstraße, Spiekerhof, Rosenstraße bis zum Rosenplatz, wo man schon auf

das Brauhaus *Pinkus Müller* schaut. Das Kuhviertel ist nicht nur Ausgehviertel, sondern lockt auch mit Galerien und originellen Geschäften.

Einen schönen Eindruck vom Stadtbild in den Wohnvierteln vor der Kriegszerstörung gibt die Hollenbecker Straße. Zu den unterschiedlichen bürgerlichen Wohnhäusern des 18. Jahrhunderts gehören das spätbarocke Wohnhaus Nr. 24; das klassizistische Haus Nr. 25 aus dem Jahr 1783; das Wohnhaus Nr. 30 eines Steinhauers und Nr. 31/32, das Haus eines Hofvogtes von 1713.

Das gastronomische Leben beginnt überwiegend abends, wenn 22 nostalgische Gaslaternen das Kuhviertel in ein mildes Licht tauchen. Ob bei *Pinkus* oder im *Blauen Haus*: In der Kreuzstraße treffen Studierende auf Touristen. Auch in der Jüdefelder Straße findet man eine Studentenkneipe neben der nächsten, in denen man wie in der *Gorilla Bar* Karaoke singen oder wie in der *Destille* auf den Tischen tanzen kann.

Vom Amüsierbetrieb zur Trend-Location

Das Aussterben der klassischen Sex-Bar zugunsten von diskreten Prostituierten-Wohnungen hat bundesweit dazu geführt, dass in den

Räumlichkeiten ehemaliger Eros-lokale kleine Clubs und coole Lounges eröffnet werden. In Münster gab es schon mehrere Beispiele für diese Art der Nutzungsänderung.

Auf eine lange bewegte Geschichte kann das Haus *Kronenburg* in der Hammer Straße 35/37 zurückblicken. Im Erdgeschoss wurde von 1997 bis 2006 die *Luna Bar* betrieben. Nach dem Zweiten Weltkrieg als *Hotel Kronenburg* eröffnet, war das Haus ab 1974 als Wohnstätte für linke Studenten, Hausbesetzer-Sympathisanten, Punks und andere „Bombenleger" aus den Schlagzeilen der Münsteraner Tagespresse nicht mehr wegzudenken. Laut Polizeiprotokoll von 1982 beherbergte die *Kronenburg* pro Zimmer 3,3 Terroristen. In dem Dokumentarfilm von Robert Krieg über die einstigen Bewohner (*Die Provinz, die Revolte und das Leben danach* von 2004) schildert ein Ordnungshüter sehr eindrucksvoll seine damalige Angst, bei Einsätzen im Hause *Kronenburg* könnten plötzlich Ulrike Meinhof oder der leibhaftige Andreas Baader vor ihm stehen.

Als Treffpunkt der Punks und linken Szene diente auch die als Kollektiv geführte Kneipe namens *Kronenburg* in den Räumen des heutigen *Wolters 1*. Nebenan in der früheren Kleinkunstbar eröffnete 1969 das erste Erotik-Establissement der Stadt mit „Live-Programm" – die *Kronenburg-Bar*. Jedem Herren, dem Geldbörse und Türsteher Orlando es gestatteten, bot sich hier die Gelegenheit zum

Kronenburg-WG: Die Weltrevolution wird am Küchentisch geplant.

MEIN MÜNSTER

„In *Rick's Café* haben Generationen von Alkohol- und Nikotinabhängigen ein Zuhause gefunden. Mein lieber Freund Gogel hat der Location wieder zu Ruhm und Größe verholfen. Ein paar Meter weiter befindet sich das *Mocca D'Or*. Hier bekommt man die mit Abstand beste Pizza außerhalb von Rom. Ansonsten kann ich das Hafengebiet empfehlen. Neben diversen Kneipen

und einer stetig wachsenden Fangemeinde hat die Stadt hier ein Alternativzentrum geschaffen, das seinesgleichen sucht. Das *Café Med* ist nur eine der Möglichkeiten, den Nudelhunger zu stillen.

Aber auch Fans der Eventgastronomie kommen auf ihre Kosten, denn jeden Sommer wird ein Parkplatz in den *Coconut Beach* umgewandelt."

Henning Wehland *(Sänger bei H-Blockx und Söhne Mannheims)*

Amüsement mit leichten Mädchen und Striptease.

Als sich der Sexbar-Betreiber 1997 zur Ruhe setzte, nutzte ein münsterscher Junggastronom die Gunst der Stunde. Der ehemalige *Flippers*-Tourbegleiter Pitti Duyster machte dem finsteren Lasterleben ein Ende und eröffnete die *Luna Bar*, die seitdem Lounging mit einem spannenden Veranstaltungsprogramm verband. Duyster installierte ein rotes Lichterherz hinter dem DJ-Pult, das dem Bühnenbild der *Flippers*-Tour zur CD *Ein Herz aus Schokolade* entstammte. Ansonsten beliefen sich seine Umbaukosten auf null Komma null, denn die glamouröse Einrichtung mit rotem Porscheleder,

weichem Plüsch, vielen Spiegeln und diskreten Séparées im Flair der siebziger Jahre war bestens erhalten. 2006 wurde das Haus *Kronenburg* zwangsversteigert und die *Luna Bar* musste im Jahr darauf schließen.

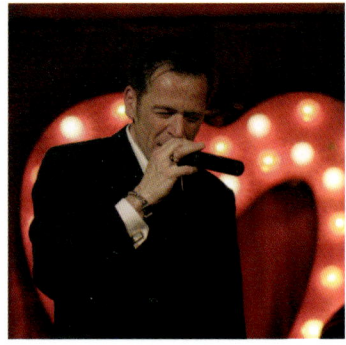

Lokalhelden sangen vorm *Flippers*-Herz – Johnny Ketzel in der *Luna Bar*.

Als einziges Lokal in einer ehemaligen Erosbar gibt es inzwischen nur noch die *Atelier Bar*, wo man den Verlauf der Nacht bis zum Morgen bei Partystimmung, bierbegleitenden Speisen und guter Musik erleben kann.

Partystimmung

Wer hört denn da noch katholische Glocken läuten? Schwule und Lesben haben gesellschaftlichen Rückhalt in der Stadt. Das zeigt sich nicht zuletzt beim alljährlichen Huren- und Schwulenball, kurz Husch-Ball genannt. Pionierin war Münster im Jahr 1997 mit der Einrichtung einer Arbeitsstelle Antidiskriminierung in kommunaler Trägerschaft, die Vorbildfunktion für Städte wie München hatte. Die Verpflichtung, gleichgeschlechtlich orientierte Menschen gesellschaftlich nicht auszugrenzen, sondern zu stärken, gehört zum Leitbild der Stadtverwaltung und wird quer durch alle Ratsfraktionen unterstützt. Im *KCM Schwulenzentrum Münster e. V.* am Hawerkamp haben Schwule und Lesben ihren Treffpunkt mit Veranstaltungen und Partys.

Der Hawerkamp mit Partys und Konzerten ist Anziehungspunkt für Nachtschwärmer, die die alternative Szene kennen lernen möchten. Die Fans von Musik und Konzerten jenseits des

In den Clubs am Hawerkamp und in der City durch die Nacht tanzen

Mainstream kommen im Rockschuppen *Sputnikhalle* auf ihre Kosten.

Fusion gehört zu den wichtigsten Techno-Läden, in dem neuerdings auch Rock- und Reggae-Events stattfinden. Die Betreiber veranstalten unter dem Label *Dockland* seit den neunziger Jahren Partys mit angesagten DJs aus aller Welt. Auf einer der Partys hat sich der Mann hinter den Turntables in eine Münsteranerin verliebt. Das war *Take That*-Star Howard Donald, der daraufhin in diese Stadt zog.

Neben dem Fusion lockt das *Conny Kramer* mit Elektronik; auch wenn das Club-Logo an die Punkband *Dead Kennedys* erinnert.

Der *Club Favela* bietet eine Riesenauswahl an Musikrichtungen von House über Gothic bis Reggae und gelegentliche Live-Acts.

Stimmung im *Gleis 22* mit der Post-Punk-Band *The Robocop Kraus*

Der angesagteste Live-Club ist das *Gleis 22* am Bahnhof im Haus des Kulturzentrums *Jib*. Leser von renommierten Fachzeitschriften wie *Spex* und *Intro* wählen das *Gleis* seit Jahren zum besten Musikclub Deutschlands.

Zu den innovativen Konzertschuppen gehört auch der Jazzkeller *Hot Jazz Club* am Stadthafen mit DJ-Programm. Das Publikum ist dem Studentenalter oft schon entwachsen. Der Stadthafen ist Münsters Amüsiermeile schlechthin – vor malerischer Kulisse kann man im Sommer vor fast jedem Lokal draußen sitzen oder sich am *Coconut Beach* zu den Klängen angesagter DJs den Sand durch die Füße rieseln lassen. Vom *esCape* am Ende des Hafenbeckens bis zur schicken, kleinen *Hafen Bar*. In der „zweiten Reihe" wird in den Kneipen entlang des Hansarings gefeiert.

In der Innenstadt kann das ganze Nachtleben zu Fuß erobert werden. Der Disco-Klassiker ist das *GoGo* mit angeschlossenem *Rose Club*. In Wohnzimmeratmosphäre tanzt man in der *Eule*; Studierende treffen sich im *Kuhviertel*. Nächtliche, immer rappelvolle Top-Location gleich um die Ecke der *Lambertikirche* ist *das Schwarze Schaf* mit überwiegend sehr jungem Publikum. Wie man hört, bleibt hier niemand lange allein.

Kneipen

INNENSTADT

Bullenkopp

Bierschwemme in rustikalem Ambiente. Beim Bullen wird die Sau rausgelassen und auf den Tischen getanzt.

Alter Fischmarkt 24
① (0251) 4 84 12 08
Mo–Sa 19–3 Uhr
www.bullenkopp.com

Szenekneipe *Der bunte Vogel*

Der Bunte Vogel

Unter den Kneipen der Klassiker. Kaum ein Student in Münster, der seine Zeit nicht schon an der Theke im *BuVo* verbracht hat, anstatt im Hörsaal zu sitzen.
Eine Kneipe mit ebensoviel Geschichten wie netten Menschen, ob jünger oder älter. Ein Party-Muss zu Weiberfastnacht und Rosenmontag. Dienstags bitten *Memo González & The Bluescasters* zur Blues-Session. Von der Terrasse schaut man direkt auf den Erbdrostenhof.

Alter Steinweg 41
① (0251) 5 65 24
Mo–Sa ab 11 Uhr | So ab 12 Uhr
www.buntervogel.de

Ideal

Café und Weinbar im Hansacarré, der Einkaufsgegend an der Stubengasse. Tapas und Patisserie. Verkauf von Wein und Kaffee-Spezialitäten.

Beginengasse 12 | ① (0251) 4 84 00 00
Mo–Fr 11–1 Uhr, Sa 10–1 Uhr
www.ideal-muenster.de

La Corrida

Hier können Sie erst die spanischen Spezialitäten genießen und anschließend lange feiern. Gelegentlich gibt es hier Flamenco-Veranstaltungen.

Alter Steinweg 32
① (0251) 9 79 59 78
So–Fr ab 17 Uhr | Sa ab 12 Uhr
www.la-corrida.de

Rick's Café

Ruhiger Biergarten, günstiges Kaffeetrinken, mediterrane Küche, viele Zeitschriften und ein netter Wirt.

Aegidiistraße 56 | ① (0251) 4 88 23 36
Sa, So, Ft ab 10 Uhr
www.rickscafe-muenster.de

Hat in über 30 Jahren schon vielen Gästen
Halt gegeben: Die Theke in *Rick's Café*

Das Rock Café

Der Name ist Programm: Dart und
Drinks und Rockmusik. Große Auswahl an Whiskeys aus aller Welt.

*Verspoel 13 | ☾ (0251) 4 84 18 39
Di-Fr ab 19 Uhr | Sa ab 15 Uhr
www.dasrockcafe.com*

IN BAHNHOFSNÄHE

Rehbein's

Wein, Quiche und frische Suppen.

*Wolbecker Str. 26 | ☾ (0251) 39 45 79 25
Di-Do 11.30–22 Uhr | Fr-Sa 11.30–23 Uhr
So 11.30–21.00 Uhr
www.cafe-rehbeins.de*

RUND UM DAS STADTTHEATER

America Latina

Leckere Cocktails. Dazu lateinamerikanische Küche und Steaks von
argentinischen Rindern aus biologi-
scher Haltung.

*Neubrückenstraße 50-52
☾ (0251) 5 56 66
Mo-Fr 11-1 Uhr
Sa 12-2 Uhr | So 12-1 Uhr
www.cafeamericalatina.de*

Atelier

Früher sorgten hier Animierdamen
für gute Laune, heute der *Cocktail
der Woche*. Bei Wirt Möppel herrscht
am Abend entspannte Atmosphäre. Feucht-fröhlich wird es mit den
Nachtschwärmern.

*Bült 2 | ☾ (0251) 5 74 55
So-Do 21-5 Uhr | Fr, Sa 21-6 Uhr
www.atelier-bar.de*

Heile Welt

Rocken bei Mutti und Vatti mit coo-
lem Musik-Programm. Hier gilt Alkohol noch als Kulturgut.

*Hörsterstraße 33
☾ (0251) 39 56 76 64
Mo-Do 17-1 Uhr
Fr, Sa. 17-3 Uhr*

Mocambo Bar

Beste Cocktails und ausgesuchter
Whiskey werden auch noch morgens
um 5 Uhr kredenzt. 365 Tage im Jahr

geöffnet. Dienstags Open Stage mit Münsters Rockabilly-Helden um Teddy Conetti und Micky Romero.

Hörsterstraße 10 | Tägl. 22-5 Uhr
www.mocambobar.de

Ipanema

Lateinamerikanische Kneipe mit Küche, Cocktail-Happy-Hour und Biergarten.

Mauritzstraße 24
① (0251) 4 04 09
So-Do 17-1 Uhr | Fr, Sa 17-3 Uhr
www.ipanema-muenster.de

Metro

Rockige Kneipe mit Live-Konzerten bei *Metro*-Chef David Sander und seinen berühmten Partys *Metro on Tour*.

Mauritzstraße 30
① (0251) 4 90 29 94
Di 20-1 Uhr | Mi-Sa 20 -3 Uhr

Hausbesetzer als Wandgemälde in der *Frauenstraße 24*

ZU GAST IN MÜNSTER

Vinothek am Theater

Weinkenner-Urgestein Willi Richter lockt mit großer Weinauswahl und feinen kleinen Speisen aus regionalen frischen Zutaten in sein Bistro-Restaurant. 50 offene Weine für jeden Geschmack, auch zu volkstümlichen Preisen. Tagsüber schmecken kleine Köstlichkeiten beim Weinkauf.

Neubrückenstraße 16
① (0251) 9 81 64 80
So-Do 17-1 Uhr | Fr, Sa 17-2h
www.vinothekamtheater.de

BEIM SCHLOSS

Frauenstraße 24

Eine der letzten alternativen Kneipen Münsters in ehemals besetztem Haus. Studentisches Publikum, türkische Küche, fair gehandelter Kaffee und eine große Auswahl an Tees.

Frauenstraße 24 | ① (0251) 4 82 87 39
Mo-Sa 12 bis 1 Uhr
So 12-22 Uhr
www.f24-kultur.de

AM AASEE

a2 am See

Bistro, Restaurant, Cocktailbar - innen oder auf dem Ponton am See. Skybar.

Annette-Allee 3 | ① (0251) 2 84 68 40
Mo-Fr ab 11Uhr
Sa, So, Ft ab 9.30 Uhr
www.a2amsee.de

Gasolin

Relaxter Ort in der ehemaligen Fünfziger-Jahre-Tankstelle mit Wintergarten. Café und Kneipe mit Biergarten und Terrasse. Beim DJ-Programm kann es abends loungig und eng werden.

Aegidiistraße 45 | ① (0251) 8 90 78 43
Tägl. 10-max. 3 Uhr
Sa 11-3 Uhr | So 11-1.30 Uhr
www.cafe-gasolin.de

Fegefeuer

Originelle Mittelalter-Taverne.

Von-Kluck-Straße 15 | ① (0251) 5 38 96 38
Di-So 18-1 Uhr
www.fegefeuer-muenster.de

Kruse Baimken

Alteingesessenes Lokal mit vielen jungen Leuten im großen Biergarten.

Am Stadtgraben 52 | ① (0251) 4 63 87
Tägl. 12-1 Uhr
www.kruse-baimken.de

Bei gutem Wetter immer voll – der Biergarten von *Kruse Baimken*

Pipeline

Pils, Snacks und Cocktails.

Aegidiistraße 35 | ① (0163) 8 88 99 59
Mo-Sa ab 19 Uhr
www.pipeline-muenster.de

Uferlos

Studentisch-nette Atmosphäre direkt neben der neuen Mensa. Terrasse mit Blick auf den Aasee. Frühstück bis 13.30 Uhr, sonntags Brunch.

Bismarckallee 5-11
① (0251) 8 37 95 36
Mo 8.15-15 Uhr | Di-Fr 8.15-23 Uhr
Sa 10-21.30 Uhr | So, Ft 10-19.30 Uhr
www.uferlos-muenster.de

KUHVIERTEL

Barzillus

Kleine Bar voller junger Menschen.

Jüdefelderstraße 41 | ① (0251) 51 99 97
Mo-Do 20-1 Uhr | Fr, Sa 20-2 Uhr

Das blaue Haus

Traditionelle Studentenkneipe.

Kreuzstraße 16 | ① (0251) 4 21 51
Tägl. ab 12 Uhr
www.blaue-haus-muenster.de

Cavete

Akademische Bieranstalt seit 1959.

Kreuzstraße 38 | ① (0251) 4 14 35 16
So-Do ab 18 Uhr | Fr ab 17 Uhr
Sa ab 12 Uhr
www.muenster-cavete.de

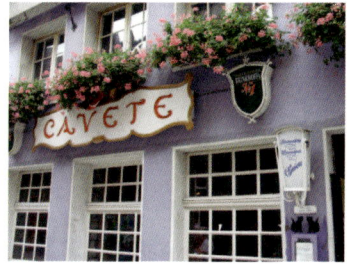

Die *Cavete*, Münsters erste Studentenkneipe

Davidwache
Die Studentenkneipe ist nach der berühmten Polizeiwache auf St. Pauli benannt.

Münzstraße 49 (Ecke Jüdefelderstraße)
Tägl ab 19 Uhr
www.davidwache-muenster.de

Destille
Studentenkneipe mit über dreißigjähriger Tradition und eigenem *Dille-Lied*. Neue Gäste können den Song im Internet zum Auswendiglernen herunterladen, bevor sie auf den Tischen tanzen.

Der Sänger der kalifornischen Rockband *Toto* wird vom Türsteher der *Gorilla Bar* gerne eingelassen.

Kuhstraße 10 | ☎ (0251) 5 89 41
Mo-So 20 bis 1 Uhr

Gorilla Bar
Szenige Rockkneipe mit Cocktailkarte. Gelegentlich Live-Musik.

Jüdefelderstraße 54
☎ (0251) 4 88 21 88
So-Do 20-2 Uhr
Fr, Sa 20-2.30 Uhr
www.gorilla-bar.de

Kelims Wasserpfeifen dampfen; im Shop verkaufte Ute Lempers Opa Tierfutter.

Kafé Kelim
Auf dem Boden sitzen, orientalischen Kaffee oder Tee schlürfen und dazu gemütlich eine Wasserpfeife rauchen. Die Shisha, das nötige Zubehör und die passenden Teppiche kann man im gleichnamigen Lädchen gegenüber erwerben. Der Schriftzug *A. Lemper* an dessen Fassade zeugt davon, dass hier Ute Lempers Großeltern eine Tierfutterhandlung betrieben.

Jüdefelder Straße 43
�� (0171) 8 00 61 24
Mi-So ab 15 Uhr

Peacock Lounge

Lounge mit Chill-Out-Ambiente.

Jüdefelderstraße 36
Tägl. 20 Uhr bis die Gäste gehen.

Visages

Studentenkneipe mit Studenten-
preisen, Happy Hour.

Das *Visages*

Münzstraße 51
�� (0251) 4 84 11 22
Mo-Sa 17-3 Uhr
www.cafe-visages.de

Ziege

Kleinste Kneipe Münsters – nicht viel
größer als ein Kleiderschrank.

Kreuzstraße 34
�� (0251) 51 90 37
Di-So 18-1 Uhr
www.alteziege.de

HAFENVIERTEL

Hafen Bar

Der ultimative Night-Spot am Hafen. Wenn alle Läden schließen, geht
es in der kleinen eleganten Bar im
Glaskasten noch weiter. Ciabatta
und warme Nachos.

Hafenweg 26
�� (0251) 2 89 78 10
Mo-Do ab 18 Uhr
Fr, Sa ab 20 Uhr

Hafentor

Spanische Tapas, über 50 Cocktails und
eine große Hafenterrasse laden ein.

Hafenweg 16
�� (0251) 1 35 54 38
Mo – Fr ab 15 Uhr | Sa, So ab 14 Uhr
www.hafentor-münster.de

Hubertihof

Traditionslokal in Klein-Muffi. Kneipe
mit hoher Masematte-Wörterdichte.
Ganztägig deutsche und Balkan-
Küche, Biergarten.

Hubertistraße 14 | �� (0251) 53 75 97 99
Mo, Di, Do, Fr 15–1 Uhr
Mi, Sa, So 9–1 Uhr
www.huberti-hof.de.tl

Pier House

Schicke, großzügige Location mit
Tex-Mex-Küche am Hafenufer,
Cocktails und Longdrinks, Tages-
cocktails zum halben Preis. Terrasse
am Hafenbecken.

Hafenweg 22
☎ (0251) 8 99 79 99
Mo–Do 11–2 Uhr | Fr 11–3 Uhr
Sa 12–3 Uhr | So 12–1 Uhr
www.pierhouse.de

Plan B

Alternative Rock-Kneipe für nette Biertrinker. Kicker und Gesellschaftsspiele.

Hansaring 9 | ☎ (0251) 6 74 44 22
So–Do 19–2 Uhr
Fr, Sa 19–4 Uhr
www.plan-b-ms.de

Raketencafé

Kult-Café mit Flaschenbier und Happy Hour.

Hansaring 45
☎ (0251) 1 36 51 72
Mo–Do 19.30–1 Uhr
Fr, Sa 19.30 – 3 Uhr
www.raketencafe-ms.de

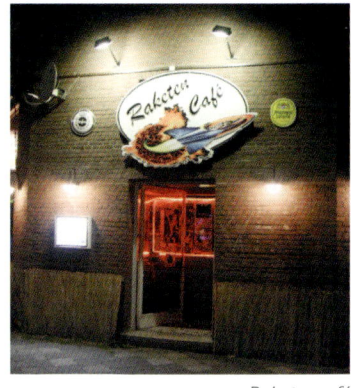

Raketencafé

Watusi Bar

Exotik-Bar mit Giraffenkopf. Musik der Fünfziger, Sechziger und
Siebziger.

Dortmunder Straße 34 | ☎ (0251) 1 36 51 72
So–Do 19–2 Uhr | Fr, Sa 19 – 3.30 Uhr

Open End in der schicken *Hafen Bar*

KREUZVIERTEL

Grotes

Gut besuchte Viertelkneipe im Schatten der *Kreuzkirche*. Frühstück, Mittagstisch und Abendküche frisch zubereitet. Wer möchte, schaut hier Fußball oder sonntagmorgens *Die Sendung mit der Maus*.

Kampstraße 26
☎ (0251) 27 47 00
Tägl. ab 10 Uhr
www.grotes.ms

Joducus

Gemütliche kleine Weinstube mit einer Vielzahl offener Weine, Käsegebäck aus eigener Herstellung. Für Biertrinker ist mit *Pinkus* aus der Flasche gesorgt.

Finkenstraße 17
☎ (0251) 27 38 93
Mo-Sa ab 19-24 Uhr
www.weinstube-joducus-muenster.de

Im *Grotes* trifft sich das Kreuzviertel.

Nordstern

Gutbürgerliche Küche, berühmt für die Brathähnchen. Nachbarn aus dem Viertel und Kegelfreunde treffen auf Nachteulen und späte Einkehrer, die Freunden aus aller Welt ein kultiges Stück Münster zeigen.

Hoyastraße 3 | ☎ (0251) 2 21 41
Mo-Fr 16-3 Uhr | Sa, So 11-3 Uhr

Pane e Vino

Traditions-Bistro direkt an der *Kreuzkirche* mit angeschlossenem Weinverkauf.

Hoyastr. 17 | ☎ (0163) 6 30 52 23
Tägl. ab 17 Uhr | www.paneevino-ms.de

ERPHOVIERTEL

Garbo

Sehr nettes Kinocafé im *Cinema* mit Abendkarte, Biogemüse und fair gehandeltem Kaffee und Tee. Film- und Kunstzeitschriften. Sonntags Frühstück bis 14.30 Uhr – da freut sich der Student.
Warendorfer Straße 45-47

☎ (0251) 3 03 00 | Mo-Do 10-24 Uhr
Fr, Sa, vor Feiertagen: 10-0.30 Uhr
So, Ft 10-22.30 Uhr
www.cinema-muenster.de

el bodegón

Nette Bedienung in der Tapasbar mit original spanischen Köstlichkeiten und Weinen.

Warendorfer Straße 43 | ☎ (0251) 3 94 43 96
Tägl. 11-0 Uhr | www.el-bodegon.de

Kasi's Kling Klang

Viertelkneipe mit langer Tradition, Kneipenquiz und Fußball-Bundesliga. Nach 23 Jahren am Zapfhahn wurde Wirt Kasi 2014 zum Inhaber.

Erphostr. 2
☎ (0251) 3 45 80
Mo-Sa 17-1 Uhr | So 17-23 Uhr

Le Midi

Gastwirt Wolfgang Krause hatte schon halb Cadaqués in seine gleichnamige ehemalige Kneipe geholt. Da er aber ebenso viele Souvenirs aus Südfrankreich gesammelt hat, zapft er nun im französischen Ambiente. Weine befreundeter Winzer, Paella, Couscous und französische Küche. Regelmäßig Kleinkunst und Chansons. Im Krimi *Tödliches Solo* von Brigitte und Gerd Bracht wird das *Le Midi* zum Tatort eines fürchterlichen Mordes.

Bohlweg 37
☎ (0251) 4 45 39
Tägl. 18-24 Uhr
www.lemidi-muenster.de

Litfass

Charmante Viertelkneipe mit Biergarten und vorzüglichen Speisen. Montags ist Reibekuchentag.

Dahlweg 10 | ☎ (0251) 77 53 71
Tägl. ab 17 Uhr
www.litfass-muenster.de

Discotheken und Musikclubs

INNENSTADT

Elephant-Lounge

Disco in einer Fußgängerpassage auch für reifere Ausgehlustige – samstags ab 37.

Roggenmarkt 15
Mi 23-5 Uhr
Fr, Sa, vor Feiertagen 22-5 Uhr
www.elephant-lounge.de

Eule

Eule hieß an dieser Stelle in den 1970ern schon eine Kultdisco. Später betrieb *H-Blockx*-Gitarrist

Café Garbo: Amüsement wie zu Gretas Zeiten

Tim Humpe hier den *Klup*. Seit 2011 wird wieder in der *Eule* gerockt.

Königsstraße 45
☽ (0251) 4 84 35 19
Mi, Fr, Sa 23–5 Uhr
www.eule-ms.de

Salsomania
Salsa-Tanzschule mit Tanzcafé. Heiße Rhythmen und Latin-Hits.

Mauritzstraße 30
☽ (0251) 9 81 64 70
Mi, Sa ab 21 Uhr
Fr ab 22.30 Uhr
www.salsomania.de

Schwarzes Schaf
Partystimmung für die ganz Jungen.

Alter Fischmarkt 26
Mi–Sa 20–3 Uhr
www.schaf.ms

BAHNHOFSNÄHE

Cuba Nova
Mediterrane Küche, Dachterrasse, Konzerte, Partyprogramm und die Poetry Slams aus der *TatWort*-Reihe.

Achtermannstraße 10–12
☽ (0251) 4 82 82 00
Mo–Sa ab 18 Uhr
www.cuba-nova.de

Gleis 22
Ein verrückter ehrenamtlicher Haufen im *Jib* (Jugendinformations- und beratungszentrum der Stadt) liebt

Das Wohnzimmer der *Eule*.

The Blood Brothers aus Seattle bringen das *Gleis* zum Kochen.

Partys und Konzerte. Auch wenn Musiker schon mal nackt spielen oder auf der Bühne in Cola-Flaschen pinkeln – die Konzerte (Indie-Rock, Garagen-Punk, Emo-Core, Power-Pop, Ska) gehören zum Besten, was die Szene zu bieten hat. Tagsüber gibt es vegetarisches Mittagessen.

Hafenstraße 34
① (0251) 492 58 58
Mo–Fr 12–14 Uhr
Und zu Abendveranstaltungen.
www.gleis22.de

GoGo/Rose Club

Der Ausgehklassiker zählt noch immer zu den zuverlässigsten Club-Adressen der Stadt. Inhaber Mark Brouwer stellt sich selbst gern noch mal an die Turntables.

Servatiiplatz 1
① (0251) 4 57 26
Mi 22–5 Uhr
Fr, Sa, vor Feiertagen 22–6 Uhr
www.gogo-roseclub.de

HAFENVIERTEL

Amp

Rockiger Tanzclub in der ehemaligen Bananenreiferei am alten Güterbahnhof.

Hafenstraße 64 | ① (0251) 1 36 51 72
Mi, Fr, Sa ab 22 Uhr
www.amp-ms.de

Hot Jazz Club

Kneipe und Club im Kellergewölbe. Anspruchsvolles Gastspielprogramm mit ungewöhnlichen Künstlern. Jazz, Soul, lateinamerikanische Rhythmen, Blues.

Hafenweg 26b
① (0251) 68 66 79 10
September bis April: Mo–Sa ab 19 Uhr
So ab 15 Uhr
Mai bis August: Mo–Sa ab 18 Uhr
So ab 15 Uhr
www.hotjazzclub.de

Stars der Jazz-Szene wie Nikola Materne spielen gerne im *Hot Jazz Club.*

ZU GAST IN MÜNSTER

Jovel Music Hall

Legendärer Club für Partys und Konzerte vom Panikorchester-Bassisten Steffi Stephan. Nach zwei Umzügen jetzt im alten Opel-Haus am Beginn der Straße Am Hawerkamp.

Albersloher Weg 54
➊ (0251) 6 22 66 65
Fr ab 23 Uhr, Sa ab 22 Uhr
www.jovel.de

Halle Münsterland

Weder Musikclub noch Disco, aber Veranstaltungsort großer Konzerte und Events wie Europas größter Kegelparty.

Albersloher Weg 32
➊ (0251) 6 60 00
www.halle-muensterland.de

Ihr erstes Deutschlandkonzert gaben die *Rolling Stones* am 11. September 1965 in der *Halle Münsterland.*

AM HAWERKAMP

Club Favela

Buntes musikalisches Programm zwischen House, Gothic, Metal und Drum'n'Bass. Anlaufstelle für späte Nachtschwärmer im *Fusion*-Gebäude.

Am Hawerkamp 31f
➊ (0251) 2 89 77 88
www.clubfavela.de

Conny Kramer

Der Sound ist urban und elektronisch. So erwacht der Held aus Juliane Werdings 1970er-Jahre-Schlager wieder zum Leben.

Fr, Sa ab 23 Uhr und zu Veranstaltungen
Am Hawerkamp 31
➊ (0251) 48 16 90
www.connykramer.ms

Fusion

Techno, House und Chilling. Rock- und Reggae-Events, manchmal Konzerte. Privatdetektiv Wilsberg ermittelte hier.

Am Hawerkamp 31
➊ (0251) 48 16 90
Nur zu Veranstaltungen geöffnet.
www.fusion-club.de

Sputnikhalle

Rock, Alternative, Indie, Hardcore. Jenseits des Mainstream. Konzertschuppen und Rockdisco in einer ehemaligen Fabrikhalle.

Am Hawerkamp 31 | *☽ (02545) 9 80 56*
Fr, Sa 23–5 Uhr
www.sputnikhalle.de

Triptychon

Das *Triptychon* war einer der ersten Clubs auf dem Hawerkampgelände. Partys und Konzerte.

Am Hawerkamp 31
☽ (0251) 66 18 88
Nur zu Veranstaltungen geöffnet.
triptychon.sputnikhalle.com
(Fanseite)

GERMANIA CAMPUS

Der Stur

Heute füllt sich der Wassertank der ehemaligen *Germania-Brauerei* mit elektronischer Musik.

An der Germania Brauerei 1
www.derstur.de

Fusion, Electronic Music Club am Hawerkamp

Der Weg zum Hawerkampgelände

Zu Fuß (ca. 15 Min.)
Man verlässt den Bahnhof durch den Ostausgang und geht nach rechts durch die Bremer Straße, dann weiter geradeaus über die Kreuzung Hansaring in den Albersloher Weg, folgt dem Linksknick vorbei an *Cineplex* und *Halle Münsterland*. An der *Jovel Music Hall* biegt man rechts in die Straße Am Hawerkamp, der man bis zum Ende folgt.

Per Bus
Tagsüber: Linie 6 oder 8 bis Haltestellte *Halle Münsterland*. Zurück fährt der Nachtbus, allerdings nur bis drei Uhr.

EINKAUFEN

Shoppen zwischen Bögen und Arkaden

Modische Avantgarde und feine Klassiker, schicke Dessous und individuelle Accessoires, kulinarische Köstlichkeiten und feine Antiquitäten. Die Einkaufsstraßen der City, aber auch die Läden in den angrenzenden Vierteln, laden ein zum Bummeln, Stöbern und Shoppen. Ob große Marke oder kleines Fachgeschäft – in den Flaniermeilen Prinzipalmarkt, Salz- und Ludgeristraße, Stubengasse und Kiepenkerlviertel macht die Vielfalt des Angebots den Einkauf zum Vergnügen. Für den besonderen Reiz sorgt die Mischung. Der individuelle Stil der zahlreichen inhabergeführten Geschäfte, Marken-Stores, kleinere und größere Ketten. Überall laden Cafés ein, um sich für die nächste Anprobe zu stärken oder den Menschen beim Flanieren zuzusehen.

Kulturgenuss und Kauflust liegen nahe beieinander, schließlich kann man sogar vom *Stadt*- oder *Picassomuseum* in die angrenzenden Einkaufspassagen gehen. Aktueller Lifestyle ist genauso zu finden wie extravagantes Design und Dekoration, Bücher und Schmuck ebenso wie Souvenirs oder Kunst. Die Händler in der Straße Spiekerhof sind vor allem auf Antiquitäten und Einrichtungsideen spezialisiert. Selten verlassen die Besucher Münster ohne eine Delikatesse als Präsent oder für die Gaumenfreude im eigenen Zuhause. Das Schwarzbrot Pumpernickel gehört dazu wie der Münster-Kaffee, Pralinen, Gebäck und Marzipan der Konditoren.

In den *Münster Arkaden* haben die Geschäfte bis 20 Uhr geöffnet. Die meisten Läden in der Innenstadt verkaufen wochentags bis 19 Uhr, die großen Kaufhäuser bis 20 Uhr. Am Samstag kann es einem passieren, dass Geschäfte schon um 16 Uhr schließen.

Die Kaufleute vom Prinzipalmarkt:
www.prinzipalmarkt.de
Die Münster Arkaden:
www.muenster-arkaden.de

Shopping-Adressen

Mode und Accessoires

INNENSTADT

Aura
Das stilsichere Händchen von Inhaberin Xenia Kourou lässt die Käuferinnen zu Stammkundinnen werden – trendsicher, aktuell – Mode und Accessoires u.a. von *Ana Alcazar*, *Rich & Royal*, *Mavi*, *Gustav*, *Object*.

Ludgeristraße 57 | ① *(0251) 4 84 25 11*

df
Sehr exklusive Dessous und Bademoden.

Roggenmarkt 6 | ① *(0251) 4 66 11*
www.df-dessous.de

Elfi
Internationale Designerkleidung und ausgefallene Dessous für die Dame; kleinere Abteilung für den Herrn.

Prinzipalmarkt 24-26 | ① *(0251) 4 56 33*
www.elfi.de

flip flop
Schicke Filiale der kleinen Mode-Kette, die mit Badeschlappen berühmt wurde.

Rothenburg 48 | ① *(0251) 20 89 76 66*
www.flip-flop.de

Hasardeur
Top-Designermode. Marken wie *Prada*, *Gucci*, *Dolce e Gabbana*, *Jimmy Choo* oder *Miyake*.

Alter Steinweg 1 | ① *(0251) 4 75 20*
www.hasardeur.de

Hutmoden Schmedes
Elegante Kopfbedeckungen für jung und alt am *Erbdrostenhof*. Seit 1881.

Salzstraße 36 | ① *(0251) 4 32 97*
www.hutmoden-schmedes.de

Liebeskind Berlin
Das boomende Modelabel mit dem klangvollen Namen wurde in Münster gegründet; die Zwillingsbrüder Johannes und Julian Rellecke haben

Geheimtipp für die modebewusste Frau: *Aura* an der Ludgeristr. 57

Lunau macht Männer schön.

mit Studienfreund Semih Simsek von hier aus den Markt erobert.

Rothenburg 51 | ✆ *(0251) 4 84 20 95*
www.liebeskind-berlin.com

Lunau

Ob *Drykorn, BOSS, Cinque* oder *Floris van Bommel* - Hartmut Lunau und Manfred Czudnochowski wissen, was Männern steht.

Rothenburg 47 | ✆ *(0251) 9 81 60 23*
www.lunau-muenster.de

Lui

Junge italienische Mode, ausgefallene Hemden, Schuhe, Gürtel.

Rothenburg 51 | ✆ *(0251) 51 83 42*
www.luimuenster.de

Malefiz

Unkonventionelle Mode – und das schon seit 1978. Top-Adresse für Boots, Westernstiefel und individuelle Kleidung. Exklusive Auswahl an Herrenmode, verschiedene Modestile für Mädchen und Frauen. Christel Bunnefeld berät bestens und gibt Styling-Tipps. Marken wie *Drykorn, Ana Alcazar, Lucid 21, Aem'kei, Schiesser Revival* und natürlich das eigene Label der bequemen und indivduellen *HOBO*-Shoes.

Rothenburg 45 | ✆ *(0251) 4 41 12*
www.malefiz-shop.de

Medusa

Großes Angebot an jugendlicher Mode für Mädchen und Frauen. Marken wie *Fornarina, Blutsschwester, Vive Maria, Pussy Deluxe*. Gürtel, Schuhe und Taschen. Weitere Filiale an der Rothenburg 52.

Syndikatsgasse 9 | ✆ *(0251) 74 77 98 89*
www.medusa-muenster.de

Reverie

In puristisch-schickem Ambiente gibt es Hipster-Marken wie das münstersche Label *Egotrips*.

Aegidiistr. 46
✆ *(0251) 98 29 55 17*
www.reverie-shop.de

Schnitzler

Traditionsreiches Modehaus am Prinzipalmarkt, das die Lebensstationen vieler Münsteraner von Kindesbeinen an modisch begleitet. Mit Kaffeebar und Kinderecke. U.a. *Strenesse, Bogner, Armani, BOSS*.
Im Eingang am Prinzipalmarkt 40 weisen Markierungen im Fußboden auf Münsters Bebauung um 1150 hin.

Traditionshaus *Schnitzler* am Prinzipalmarkt

Prinzipalmarkt 40 und 43
☎ *(0251) 41 49 00*
www.modehaus-schnitzler.de

Signorello

Original italienische Kleidung und Schuhe. Anzüge und individuelle Hochzeitsmode.

Königspassage/Ecke Hötteweg
☎ *(0251) 5 15 14*
www.signorello.de

Trekking König

Fachgeschäft für Kleidung und Aus-rüstung für alle Outdoor-Sportarten.

Windthorststraße 35
☎ *(0251) 98 29 26 10*
www.trekking-koenig.de

Titus Rollsport

Zentrale des Skate-Imperiums von Titus Dittmann. Das Kaufhaus im al-ten *Apollo*-Kino ist das Nonplusultra für Skater, Jugendliche und Erwach-sene, die sportliche Mode lieben.

Königsstraße 32-33 | ☎ *(0251) 14 49 90*
www.titus.de

Heißer Stoff für junge Menschen im alten Kino bei *Titus Rollsport*

Weitkamp

Exklusive Herrenmode und Maßan-fertigung.

Prinzipalmarkt 6-7 | ☎ *(0251) 5 47 22*
www.weitkamp-online.com

Zumnorde

Alteingesessenes und größtes Schuhhaus Münsters. Hier weiß der Nachwuchs von heute die Holz-rutschbahn ebenso zu schätzen wie seine Eltern früher.

Prinzipalmarkt 34 | ☎ *(0251) 2 02 90*
www.zumnorde.de

IN BAHNHOFSNÄHE

Backyard

Streetware von *carhartt, elvine* o.ä..

Servatiiplatz 1 | ☎ *(0251) 1 44 93 96*
www.backyard-shop.de

Pipapo
Ausgefallene Second-Hand-Mode. In dem Mini-Laden trifft sich manchmal das halbe weibliche Hansaviertel.

Bremer Str. 17 | ☎ *(0251) 1 36 75 31*

KIEPENKERLVIERTEL

Accessori
Feine Krawatten, Hemden und Jacken. Ausgefallene Taschen, Gürtel und Tücher. *Kenzo*, *Versace*, *Moschino* & Co.

Spiekerhof 1 | ☎ *(0251) 5 66 44*

Grüne Wiese
Vorne gibt es Öko-Fair-Trade-Mode und urbanen Schick, hinten Schönes und Witziges im *Gedöns-Shop*.

Spiekerhof 29 | ☎ *(0251) 39 56 45 09*
www.gruenewiese-shop.de

Kauf Dich Glücklich
Kleine europäische Labels mit Schwerpunkt Skandinavien und Berlin. Auch Taschen, Schuhe, Accessoires. Damit vorm Spiegel Freude aufkommt.

Spiekerhof 38 | ☎ *(0251) 7 03 69 69*
www.kaufdichgluecklich.de

Peters Men-Shop
Exklusive Mode und Accessoires aus Italien, von *Cerruti 1881* über *Ludwig Reiter* bis *Kiton*, Schuhe aus Wien. Zusammen mit der Wäsche kann man auch gleich den Wein und Pasta für das Abendessen kaufen.

Zumnorde, Rutschvergnügen beim Schuhkauf

Bogenstraße 15-16 | ☎ *(0251) 5 42 83*
www.peters-menshop.de

Kleidsam
Damenmode von Marken wie *Cocon Commerz*, *Esmeralda* oder *Sahra Pacini*. Schuhe und Taschen.

Spiekerhof 40-42 | ☎ *(0251) 4 14 55 11*
www.kleidsam-bay.de

Der Schuhsalon
Stylishe Damenmode und Damenschuhe, Taschen, Schmuck und schöne Accessoires; auch Herrenschuhe. Labels wie *81 hours*, *Aigle*, *Volker Lang*, *Homers*.

Bogenstraße 4 | ☎ *(0251) 4 84 48 48*

HAFENVIERTEL

Spiegelburg
Die Modedesignerin Siggi Spiegelburg zieht internationale Kundinnen

und Kunden an und überrascht in ihrem Geschäft immer wieder neu mit origineller Ware und eigener Schmuckkollektion. Für beides gilt: Siggi Spiegelburg schwelgt in schönen Stoffen und Farben. Die ausgefallene Mode ihrer Maßschneiderei trägt unverwechselbar ihre Handschrift. Überall in der Welt kauft sie für ihre Kunden schöne Dinge ein – von Tapeten über Tücher bis zu Vasen oder Körben aus Afrika.

Hafenweg 28
(0251) 1 33 36 31
www.siggi-spiegelburg.de

SÜDVIERTEL

Frau Többen
Mode aus ökologischen Materialen, auch von lokalen Designern.

Hammer Str. 55
(0251) 39 51 44 11
www.frautoebben.de

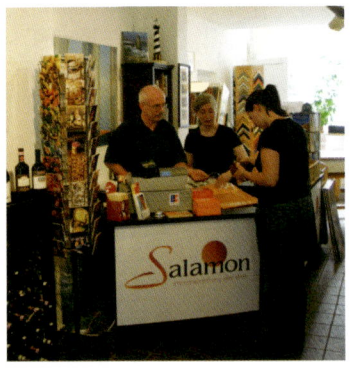

Salamon

Spielwaren und Kinderkleidung

INNENSTADT

Die kleine Hose
Edles für Kinder bis Größe 176 und Schuhe bis Größe 40. Hier werden auch kleine, schlanke Frauen fündig. *Pepe Jeans*, *dkNY* oder *Scotch & Soda*.

Königsstraße 51-53
(0251) 4 56 20
www.diekleinehose.de

Mamacocon
Schickes Styling macht die Schwangerschaft noch schöner. Auch Babykleidung. Im selben Ladenlokal wie *Die kleine Hose*.

Königsstraße 51-53 | (0251) 4 49 99
www.mamacocon.de

MuKK
Münsters ungewöhnliches Kinderkaufhaus ist ein riesiges Kinderparadies. Die Kleinen sind über Stunden in der riesigen Spielzeugwelt versunken. Auch die Großen lassen sich oft schwer von schönen Puppen oder Steifftieren weglocken. Im Obergeschoss gibt es Kleidung für „Königskinder und Rebellen".

Alter Fischmarkt 12
(0251) 97 95 95 19
www.mukk.de

Bücher, CDs und DVDs

INNENSTADT

Green Hell Records

Underground Music und Punkrock-Spezialitäten aus Expertenhand. Viel Vinyl.

Winkelstraße 10 | ☎ (0251) 4 77 00
www.greenhell.de

Jörgs CD-Forum

Eine der letzten unabhängigen Anlaufstellen für Popularmusikliebhaber in Münsters Innenstadt. Auch Ticket-Vorverkauf.

Alter Steinweg 4-5 | ☎ (0251) 5 88 89
www.cd-forum.com

Medium Mini

Buchmarkt und modernes Antiquariat. Reichlich Sonderangebote.

Roggenmarkt 15 | ☎ (0251) 4 30 47

Michael Solder

Antiquariat und *Wilsberg*-Drehort. Die DVDs zur Serie gibt es hier neben Lexika und Literatur zu Kunst oder Geisteswissenschaften.

Frauenstraße 49/50 | ☎ (0251) 4 53 39
www.antiquariat-solder.de

Poertgen-Herder

Münsters große Buchhandlung auf fünf Etagen. Alle Themen sind vertreten einschließlich Studienliteratur und Fachbücher. Große Münster-Abteilung.

Salzstraße 56
☎ (0251) 49 01 40
www.poertgen-herder.de

Ringold

Spezialisiert auf theologische Bücher. Außerdem Belletristik und meditative Musik auf CD. Am *Erbdrostenhof*.

Ringoldsgasse 1-2
☎ (0251) 4 33 23
www.ringold.de

Rosta

Die Alternative in Münster für jede Art von Literatur und Treffpunkt der *Büchergilde Gutenberg*.

Aegidiistraße 12
☎ (0251) 4 49 26
www.rosta-online.de

Salamon

Bilder, Karten, Bücher und eine große Auswahl an Kalendern beim ehemaligen Rock-Bassisten Jürgen Salamon und seiner Gattin Gerlinde.

Windthorststraße 45-47
☎ (0251) 6 25 54 06

Thalia

Großzügige Filiale der Buchhandelskette in den Münster Arkaden. Lädt ein zum Verweilen. Umfangreiche Auswahl an Münster-Literatur.

Ludgeristraße 100
☎ (0251) 41 86 00
www.thalia.de

ZU GAST IN MÜNSTER

KIEPENKERLVIERTEL

eXtrabuch
Aktuelle Fachliteratur aus den Bereichen Architektur, Fotografie, Kunst und Design.

Spiekerhof 23 | ☏ (0251) 6 86 53 96
www.extrabuch.com

IN BAHNHOFSNÄHE

Falter
Über 6 000 Zeitungen und Zeitschriften, Fachbücher und alles für die Reise neben dem Haupteingang vom Bahnhof.

Berliner Platz 27 | ☏ (0251) 2 65 53 31

RUND UM DAS STADTTHEATER

Schatzinsel
Engagierter Kinder- und Jugendbuchladen.

Neubrückenstraße 72 | ☏ (0251) 4 84 48 80
www.buchhandlung-schatzinsel.de

KUHVIERTEL

Medium Buchmarkt
Modernes Antiquariat, preisreduzierte Bücher aus den Bereichen Kunst, Architektur, Design, Fotografie, Kochen und Kinder, Reiseliteratur. Und ein umfassendes Angebot an Musikbüchern. Als der Laden noch in der Kreuzstraße war, jobbte ein Student namens Götz Alsmann bei *Medium.*

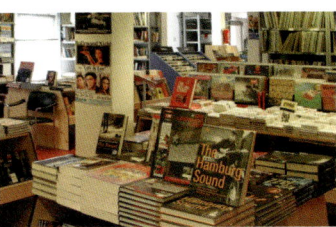

Musikbücher bei *Medium*

Rosenstraße 5-6 | ☏ (0251) 4 60 00
www.mediumbooks.de

Schönes und Praktisches

INNENSTADT

Crabtree & Evelyn
Der Familienbetrieb aus Massachusetts bietet nun auch in den Münster-Arkaden Geschenkartikel, Pflegeprodukte sowie britischen Tee und Gebäck.

Ludgeristraße 100 | ☏ (0251) 2 84 69 65
www.crabtree-evelyn.de

Estella
Hier finden Sie alles, was Sie zum Kochen brauchen: Schicke Küchen-Accessoires, delikate Zutaten und ausgefallene Kochkurse. Eine Filiale des münsterschen Cafés *pain & gâteau* ist in den Shop integriert.

Königsstr. 35-36 | ☏ (0251) 77 96 99 99
www.estella-kochlust.de

Jippieh
Junges Design, Selbstgemachtes und

regionale Leckereien von der lokalen Marke *Der Kleine Münsterländer*.

Aegidiistr. 61/62 │ ① *(0251) 9 81 62 75*

Kösters
Das Haus für Wohnkultur ist seit 1891 eine feine Adresse für ebenso feines Porzellan. Modernes Design und Antiquitäten, Besteck und das gesamte Kochequipment. Da stellen Brautpaare gerne ihre Wunschliste zusammen.

Prinzipalmarkt 45-46 │ ① *(0251) 41 42 30*
www.koesters-wohnkultur.de

Kuhlmann
Traditionshaus für Devotionalien, Souvenirs, christliches Kunsthandwerk und Kerzen.

Salzstraße 11-13 │ ① *(0251) 4 34 37*
www.kuhlmann-muenster.de

Luftikus
Ballons und schräger Karnevalsbedarf.

Aegidiistr. 54 │ ① *(0251) 4 76 15*
www.luftikus.de

Luftschloß
Der Laden für edle Unikate, Geschenke und Design wie *Mickey Mouse*, *Pylones*, *en Soie Zürich*. Schrill, bunt und geschmackvoll.

Rothenburg 37 │ ① *(0251) 4 09 40*

Münster Shop
Anlaufstelle für Münster-Souvenirs, gegenüber von *Karstadt*. Vom *Müns-ter-Monopoly* über T-Shirts und Schokolade bis zum Münster-Krimi.

Heinrich-Brüning-Str. 7
www.muenster-shop.de

Papiertiger
Schönes aus Papier und exklusive Schreibgeräte.

Klosterstraße 1 │ ① *(0251) 51 89 22*

Tucano
Zum Schweben: Hängematten und Wohntextilien aus aller Welt.

Salzstraße 14-15 │ ① *(0251) 4 24 45*
www.tucano-gmbh.com

Voilà
Schmuck zum Selbermachen. Ein Meer von Perlen, Knöpfen und Bordüren.

Ludgeristraße 61 │ ① *(0251) 4 75 75*
www.voila-muenster.de

IN BAHNHOFSNÄHE

Feine Dame
Schöne Dinge für Hund und Halter. Leuchthalsbänder, Bioknochen, Bademäntel und Designer-Sofas verwöhnen den Vierbeiner.

Eisenbahnstr. 11 │ ① *(0251) 62 56 17 00*
www.feinedame.de

KIEPENKERLVIERTEL

Herlitzius
Seit 1881 weiß Familie Herlitzius,

welche Schneidwaren den besten Schliff haben. Küchenzubehör und eigene Werkstatt.

Bogenstraße 8
① (0251) 5 60 46
www.carlherlitzius.de

Yamamichi
Spezialist für Haushaltswaren, Tees, Kimonos u.v.m. aus Japan.

Spiekerhof 27 | ① (0251) 5 34 01 22
www.yamumichi-ms.de

KREUZVIERTEL

tischkultur!
Außergewöhnliche Deko-Artikel für die heimische Tafel und Feste aller Art. Geschenke und Schmuck. Innenraumberatung.

Melchersstraße 30
① (0251) 27 92 73
www.tischkultur-muenster.de

Schöne Dinge gibt es bei *tischkultur!* nicht nur zur Weihnachtszeit.

ERPHOVIERTEL

Samt & Sonders
Dekoratives und Modisches aus zweiter Hand.

Warendorfer Straße 42
① (0251) 39 42 26

Delikatessen

INNENSTADT

Aux Chocolats
Köstlichkeiten von französischen Chocolatiers. Ein Besuch in dem duftenden Laden betört die Sinne.

Königsstraße 46 | ① (0251) 48 82 08 00
www.aux-chocolats.de

Hassenkamp
Edle Weinhandlung seit 1840. Das Gebäude wurde 1911 neu errichtet.

Ludgeristraße 58/59 | ① (0251) 4 38 43
www.hassenkamp.de

Mesters
Feine Pralinen, edle Schokolade, Feinkost und Wein.

Ringoldsgasse 1 | ① (0251) 9 82 95 01
www.mesters.de

Moccahaus Münster
Im Moccahaus gegenüber dem Stadtturm duftet der selbst ge016-

tete Kaffee aus Arabica-Bohnen. Der *Buddhist Tee* verzückt Fans von grünem Tee.

Rothenburg 53-54 | ☎ *(0251) 4 60 94*
www.moccahaus.de

SuperBioMarkt

Gesund und lecker – hier geht beides. Als Bio-Pionier in den Achtzigern gestartet, hat die münstersche Kette allein in dieser Stadt sechs Filialen.

Ludgeristraße 100 | ☎ *(0251) 6 86 50 33*
www.superbiomarkt.de

Tollkötter

Tollkötters Hausbrot wird in die ganze Welt exportiert. Das alte Familienrezept verlangt eine aufwändige Zubereitung und lange Reifezeit des Teiges. Die Traditionsbäckerei hat sieben Filialen in der Innenstadt.

Rothenburg 20 | ☎ *(0251) 4 03 77*
www.tollkoetter.de

KIEPENKERLVIERTEL

Butterhandlung Holstein

Ein Delikatessengeschäft, das nicht nur in Münster seinesgleichen sucht. Die Butterhandlung existiert schon seit den zwanziger Jahren und hat längst nicht mehr nur Molkereiprodukte im Sortiment.
Den Kunden läuft schon an der Ladentheke angesichts der hausgemachten Salate, Köstlichkeiten aus der Re-

Delikatessen aus nah und fern in der *Butterhandlung Holstein*

gion und internationaler Delikatessen das Wasser im Mund zusammen. Exil-Münsteraner warten sehnsüchtig auf den Besuch aus der Heimatstadt, der pflichtgemäß die Dill-Senf-Sauce von *Holstein* im Gepäck hat.

Bogenstraße 9 | ☎ *(0251) 4 49 44*
www.butterhandlung-holstein.de

KUHVIERTEL

La Bodega

Urlaubsstimmung im winzigen Lädchen bei Serrano-Schinken, Manchego-Käse und Weinen aus Spanien.

Rosenstraße 2
☎ *(0251) 27 58 86 89*

SÜDVIERTEL

Agnes Meile
Erlesene Weine und edle Süßigkeiten. Mit Bistro zum direkt Genießen.

Hammer Str. 75 | ☏ *(0251) 7 28 04*
www.agnes-meile.de

Schmuck

INNENSTADT

Freisfeld
Luxuskollektionen wie *Bulgari*, *Jaeger Le Coultre* und Eigenkollektion an zwei Standorten (auch Klemensstraße 1). Andreas Freisfeld ist Gründer des *Collegium Cadoro*. Der Slogan für Freisfelds Schmuckideen aus Münster: Westfälische Strenge, die über die Stränge schlägt.

Salzstraße 36 | ☏ *(0251) 48 22 50*
www.freisfeld.com

Oeding-Erdel
Hochwertiges Sortiment an Luxusuhren, Perlen und schönem Schmuck für alle Lebenslagen.

Prinzipalmarkt 29 | ☏ *(0251) 59 05 30*
www.oeding-erdel.de

J.C. Osthues
Das älteste Schmuckfachgeschäft Deutschlands, ein Traditionsjuwelier seit 1756. Eigenkollektion und Unikate, Schmuck und Uhren renommierter Hersteller wie *Cartier*, *Jochen Pohl* oder *Niessing*.

Prinzipalmarkt 35
☏ *(0251) 48 27 44*
www.juwelier-osthues.de

Till Weber
An- und Verkauf hochwertiger Zeitmesser, z.B. *Rolex*, *Breitling*, *Cartier*.

Königsstraße 15
☏ *(0251) 5 60 42*
www.till-weber.de

RUND UM DAS STADTTHEATER

kleinod
Galerie für unkonventionellen Schmuck als Unikat oder in Kleinserie.

Hörsterstr. 39
☏ *(0251) 38 42 01 59*
www.kleinod-walter.de

KUHVIERTEL

Müller Tenckhoff
Schmuckstücke aus Meisterhand. Individuelle Eigenkollektion und Anfertigungen nach Kundenwünschen.

Kreuzstraße 33
☏ *(0251) 4 38 56*
www.mueller-tenckhoff.de

Antiquitäten und Möbel

Rosenplatz 10
☎ (0251) 51 13 07

KIEPENKERLVIERTEL

Kunsthandel Peter Schlächter
Antikes aus verschiedenen Stil-
epochen plus modernes Design. Die
Kollektion *Masterpieces* des Münsteraner Designers Dieter Sieger ist nicht
nur in Moskau, New York und Dubai,
sondern auch am Spiekerhof zu sehen.

Spiekerhof 6-11
☎ (0251) 4 20 02
www.kunst-handel.com

KUHVIERTEL

Belle Époque
Inhaberin Rita Overmann hat
Freude an schönen Möbeln und
Schmuck der zwanziger Jahre. Eine
weitere Filiale ist an der Hörster-
straße 49-50.

HAFENVIERTEL

Krukenkamp am Kai
Ausgefallene Möbel und hochwertige Wohnaccessoires.

Hafenweg 14
☎ (0251) 4 90 97 97
www.krukenkamp.de

Haut und Haare

INNENSTADT

Hülya exklusiv
Maniküre, japanische Entspannungs-
massagen und typgerechte Haarschnitte über *Café Grotemeyer.*

Salzstraße 24 | *☎ (0251) 4 84 46 06*
www.frisör-hülya.de

Der Beginn der Hafenmeile, vom *Cineplex* bis *Krukenkamp am Kai.*

Junge Köpfe

Preiswerte Haarschnitte ohne Termin. Auch auf dem *Germania Campus*.

Moltkestraße 5-7
① (0251) 2 84 48 41
www.junge-köpfe.de

Ostendorf

Individuelle Beratung und Privatparfümerie. Exklusive Parfüms von Etro, englische Düfte (Floris, Creed) oder Düfte aus dem Oman wie Amouage.

Rothenburg 46
① (0251) 4 43 25
www.parfuemerie-ostendorf.de

KIEPENKERLVIERTEL

Curantus

Hochwertige Naturkosmetik für sie und ihn, kosmetische Behandlungen und fundierte Beratung.

Spiekerhof 39
① (0251) 48 82 12 88
www.curantus.de

RUND UM DAS STADTTHEATER

Modefriseur Koch

Rudolf Koch liebt aufwändige Deko und ist vom Scheitel bis zur Sohle ein Coiffeur alter Schule.

Neubrückenstraße 59
① (0251) 4 56 71

United Beauty

Haareschneiden und Entspannen in der Ruheoase bei Ulrich und Rudolf. Exklusives Day-Spa in der alten Ziegelsteinvilla. Produkte mit reinen Pflanzen- und Blütenessenzen wie Aveda.

Hörsterstraße 54
① (0251) 4 84 46 00
www.ulrich-und-rudolf.de

KUHVIERTEL

Rottmann Rüther

Sigrid Rottmann sorgt bereits in der dritten Generation für elegante Haarmode. Im Sommer 2008 übernahm sie zusätzlich den Traditions-Friseurladen *Rüther* an der Warendorfer Str. 11.

Frauenstr. 41
① (0251) 4 47 68
www.rottmann-ruether.de

HAFENVIERTEL

Beleza

Rundumversorgung in Sachen Frisuren und Kosmetik.

Hafenweg 13
① (0251) 62 56 12 10
www.beleza-pur.de

Cabelo

Frisiersalon, Farblichttherapie, Permanent Make-Up, Wimperndauerwelle.

Hafenweg 46-48 | *① (0251) 6 74 43 33*
www.cabelo.de

Kaiserschnitt

Trend-Frisuren bei Dirk Muerköster und seinem Team.

Hohenzollernring 19
☎ (0251) 53 43 53
www.kaiserschnitt.de

Tätowiersucht

Die Fans lassen sich von Tanina Palazzolo stechen.

Hansaring 34 | ☎ (0251) 4 36 51
www.taetowiersucht.de

KREUZVIERTEL

Udo S.

In-Friseur mit eigenem Kosmetikstudio.

Maximilianstraße 29 | ☎ (0251) 29 64 37
www.udo-s.com

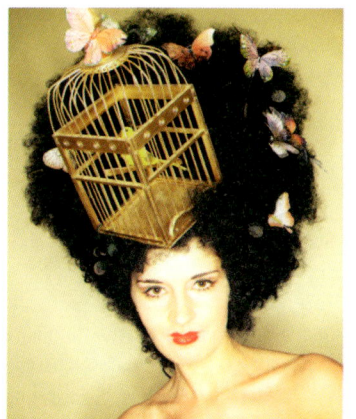

Avantgarde à la *Kaiserschnitt*.
Prof. Landois mit seinem Vogelnistkasten im Zylinder wäre begeistert gewesen.

PRAKTISCHE HINWEISE

Ärztliche Notdienste
(0180) 5 04 41 00

Zahnärztlicher Notdienst:
(0251) 1 44 95 88

Reise-Informationen

Anreise
...mit dem Auto

Münster ist von Norden und Süden gut über die A 1 zu erreichen. Aus Richtung Süden verläuft ab Wuppertal auch die A 43, auf der oft mit etwas weniger Verkehrsaufkommen zu rechnen ist.

Anreise
...mit der Bahn

Vom Hauptbahnhof mit seinen IC, ICE und EC-Verbindungen erreichen Sie die Innenstadt zu Fuß in wenigen Minuten. Lange Zeit wurde um die Finanzierung der längst überfälligen Renovierung des Bahnhofs gestritten. Seit dem Umbau müssen sich die Münsteraner nicht länger dafür schämen, wie sie Reisende empfangen.

Anreise
...mit dem Flugzeug

Der internationale Verkehrsflughafen Münster-Osnabrück ist per Bus- und

Taxitransfer in ca. 25 Minuten zu erreichen, der Flughafen Dortmund ist nur circa 30 Autominuten entfernt.

Flughafen Münster-Osnabrück
www.fmo.de

Übernachtungsmöglichkeiten

Tobias Rehberger verwandelte 2013/2014 elf hässliche Schaltkästen rund um Münsters Hautbahnhof in schöne Kunst.

in den 1980ern zur Szene und gibt den Gästen Tipps aus erster Hand.

Weseler Str. 63
☎ (0251) 5 34 88 65
www.bedandbreakfastmuenster.de

Günstige Unterkünfte

IN BAHNHOFSNÄHE

Sleep Station
1-8 Bettenzimmer zu kleinen Preisen, nicht nur für Rucksackreisende.

Wolbecker Straße 1 | 48155 Münster
☎ (0251) 4 82 81 55
www.sleep-station.de

AM AASEE

Rossis Bed & Breakfast
Sehr persönlich und gemütlich haben es die Gäste in der Stadtwohnung von Rossi und Hans. Das Weltenbummler-Paar gehörte schon

Jugendgästehaus Aasee
Ein Jugendherbergsausweis ist erforderlich.

Bismarckallee 31 | 48151 Münster
☎ (0251) 5 30 28 12
www.djh.de

SÜDVIERTEL

Hotel Krone
Ideal für junge Leute, familiäre Atmosphäre. Die angeschlossene Kneipe serviert leckere Salate und italienische Gerichte (Mo-Fr 15-1 Uhr | Sa 12-1 Uhr | So 15-24 Uhr).

Hammer Straße 67
48153 Münster
① *(0251) 7 38 68*
www.hotelkrone-muenster.de

AN DER WERSE

Campingplatz Münster

Laerer Werseufer 7
48157 Münster
① *(0251) 31 19 82*
www.campingplatz-muenster.de

Hotels

INNENSTADT

Central Hotel
Schönes Hotel mit Faible für Kunst. So hängt zum Beispiel in jedem Zimmer mindestens ein Kunstwerk von Joseph Beuys.

Aegidiistraße 1
48143 Münster
① *(0251) 51 01 50*
www.central-hotel-muenster.de

Hotel Feldmann
Hotel in Familientradition. In barocker Umgebung im Herzen der Stadt und trotzdem ruhig. Restaurant mit sehr feiner, kreativer und klassischer Küche. (Mo–Sa 12–14.15 und 18–21.15 Uhr).

An der Clemenskirche 14 | 48143 Münster
① *0151/41 44 90*
www.hotel-feldmann.de

Stadthotel Münster
Angenehmes Hotel in der City. Wenn Wahl-Berliner Henning Wehland von den *H-Blockx* seine Heimatstadt besucht, hält man Zimmer 101 bereit – für ihn „das schönste der Stadt".

Aegidiistraße 21 | 48143 Münster
① *(0251) 4 81 20*
www.stadthotel-muenster.de

Treff Hotel
4 Sterne, großes Restaurant. Mittendrin.

Stubengasse 33 | 48143 Münster
① *(0251) 49 09 90*

KIEPENKERLVIERTEL

Hotel Busche
Drehplatz für die Filmlegende *Alle Jahre wieder* am Kiepenkerldenkmal. Spuren aus den sechziger Jahren lassen sich noch entdecken.

Bogenstraße 10 | 48143 Münster
① *(0251) 4 64 44*
www.hotel-busche.de

IN BAHNHOFSNÄHE

Hotel Kaiserhof
4-Sterne-Hotel direkt am Bahnhof mit dem Restaurant *Gabriel's* (Mo-Sa 12-14 Uhr und Mo-So18-22 Uhr) und Münsters einzigem Speise-

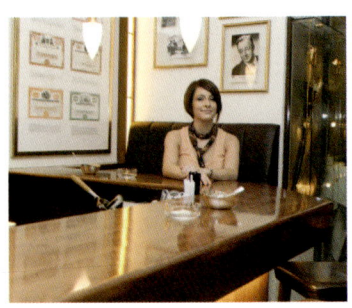

In der Hotelbar vom *Hotel Kaiserhof*

lokal mit einem Michelin-Stern, dem *Gourmet 1895* (Di-Sa 18-22 Uhr).

Bahnhofstraße 14
48143 Münster
☎ (0251) 4 17 80
www.kaiserhof-muenster.de

Mauritzhof Hotel Münster

Schlichte Eleganz, puristische Formen und individuell eingerichtete Zimmer prägen das moderne Hotel direkt an der Promenade. Schöne *M.Lounge*.

Eisenbahnstraße 17 | 48143 Münster
☎ (0251) 4 17 20
www.mauritzhof.de

Hotel Mercure

Logis-Chef Çetin Coşkan brachte die türkische Gastfreundschaft nach Westfalen. 4 Sterne. Internationale Küche im Restaurant (tägl. 12-14 Uhr und 18-22 Uhr).

Engelstraße 39 | 48143 Münster
☎ (0251) 4 17 10
www.mercure.com

AM AASEE

Hotel Mövenpick

4-Sterne-Hotel mitten im Grünen am Aasee. Gute Küche im Restaurant *Chesa Roessli* (Mo-Fr 12-15 Uhr und 18-23 Uhr, Sa 18-23 Uhr).

Kardinal-von-Galen-Ring 65
48149 Münster
☎ (0251) 8 90 20
www.moevenpick-hotels.com

GERMANIA CAMPUS

Factory Hotel

Designhotel. Lohnenswert sind die Jazz-Konzerte mit Ben Bönniger in der Hotel-Bar *Tide*. Man speist im *EAT* (Mo-Sa 6.30-22.30 Uhr) und im *la tapia* (tägl. ab 17 Uhr).

An der Germania Brauerei 5
48159 Münster
☎ (0251) 4 18 80
www.factoryhotel.de

Hotel *Mauritzhof*

Idyllische Hotels am Stadtrand

MÜNSTER–WEST

Schloß Wilkinghege

Idyllisches Hotel in der Wasserburg mit prachtvollen Sälen und Salons im Spätrenaissancestil. Nahe dem Herrensitz aus dem 16. Jahrhundert liegt ein 18-Loch Golfplatz mit alten Bäumen. Das Restaurant bietet hervorragende klassische Küche (tägl. 12-14 Uhr und 18-22 Uhr).

Steinfurter Straße 374
48159 Münster
�》 (0251) 14 42 70
www.schloss-wilkinghege.de

ROXEL

Parkhotel Schloß Hohenfeld

Gehobene Gastlichkeit mitten im schönen Park. Im Kaminzimmer wird fürstlich gespeist (tägl. 12-14 und 18-21.30 Uhr).

Dingbängerweg 400
48161 Münster
�》 (02534) 80 80
www.hotel-muenster-hohenfeld.de

HANDORF

Ringhotel Landhaus Eggert

Wellness-Hotel im Gutshofcharakter mit Blick auf die Werseauen. Inmitten der Münsterländer Parkland-schaft. Ausgezeichnetes Restaurant (tägl. 12-14 Uhr und 18-21 Uhr)

Zur Haskenau 81
48157 Münster
�》 (0251) 32 80 40
www.landhaus-eggert.de

Romantikhotel Hof zur Linde

Familie Löfken führt das Hotel im rustikal-edlen Landhausstil. Das angeschlossene Restaurant lockt mit Herdfeuer und erstklassiger Küche (tägl. 12-14 Uhr und 18.30-21 Uhr).

Handorfer Werseufer 1
48157 Münster
�》 (0251) 3 27 50
www.hof-zur-linde.de

HILTRUP

Best Western Premier Hotel Krautkrämer

Hotel am See. Ausgezeichnete Küche und erlesene Weine. Hier soll Hollands Weltklassespieler Johann Cruyff 1974 zur Fußball-WM eine Pool-Orgie veranstaltet haben. Nicht bewiesen ist, dass diese Meldung in der Bildzeitung die Kicker um Franz Beckenbauer zum legendären Geist von Malente beflügelt hat. Im Restaurant gibt es westfälische Küche mit Einflüssen aus der ganzen Welt (tägl. 12-22 Uhr).

Zum Hiltruper See 173 | *�》 (02501) 80 50*
www.krautkraemer.de

Informieren über Münster

Eat The World
Kulinarische Stadtführungen
So schmeckt Geschichte: Stadtrund-
gang für alle Sinne, z.B. im Hafen-
oder Kreuzviertel.

☎ *(0251) 1 36 46 42*
www.eat-the-world.com

Münster Information
Alles, was der Tourist wissen muss.

Heinrich-Brüning-Straße 9
48143 Münster
☎ *(0251) 4 92 27 10*
Mo-Fr 9.30-18 Uhr
Sa 9.30-13 Uhr
www.muenster.de/tourismus

Münster Marketing/ Touristik-Angebote
Münster-Arrangements und Hotel-
buchungen, Ballonfahrten, Gourmet-
reisen oder Literaturausflüge.

Klemensstraße 10
48143 Münster
☎ *(0251) 4 92 27 10*
www.tourismus.muenster.de

Münsterland Touristik
Pauschalangebote von der Pättkes-
tour bis zur Schlösserroute; Ferienwohnungen, Urlaub auf dem Bauern-
hof. Freizeitkarten und Kataloge.

Airportallee 1
48268 Greven
☎ *(02571) 94 93 92*

kostenlose Service-Hotline:
0800/9 39 29 19
www.muensterland-tourismus.de

StattReisen
Sightseeing mit großem Unter-
haltungswert. Historische Stadt-
rundgänge, Radtouren ins Umland
oder kreative Stadtspiele. The-
menführungen mal gruselig, mal
amüsant, unter literarischen und
kulinarischen Aspekten. Berühmt
ist der Nachtwächter-Rundgang im
Laternenschein.

Rothenburg 47
48143 Münster
☎ *(0251) 4 14 03 33*
Mo-Do 10-13 Uhr
und 14.30-16.30 Uhr
Fr 10-13 Uhr
www.stattreisen-muenster.de

Stadtlupe e.V.
Bei der Freizeitgestaltung in Mün-
ster hilft der Verein *Stadtlupe* im
Stadthaus 1.
Angeboten werden Führungen durch

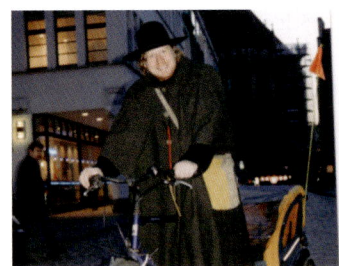

Selbstverständlich per Fahrrad: Der
StattReisen-Nachtwächter auf dem Weg
zur Arbeit

Medien vor Ort

Der ortsansässige Aschendorff Verlag hat schon zwischen 1763 und 1849 das *Münsterische Intelligenzblatt* herausgegeben. Bei der Namensgebung für die Zeitung war man später bescheidener: *Westfälische Nachrichten* heißt die heutige Tageszeitung; ebenso etabliert ist die *Münstersche Zeitung*.

Menschen mit Interesse an junger Kultur informieren sich 14-tägig im *Ultimo* oder jeden Monat im *GIG*. Beide Stadtmagazine liegen kostenlos in Kneipen und Geschäften aus, ebenso die wöchentlich erscheinende *Na dann*, die wegen des Veranstaltungskalenders und WG-Wohnungsmarktes Pflichtlektüre für alle Studierenden ist.

Die beiden Service-Guides *Münster kauft ein* und *Münster geht aus* liegen entweder kostenlos aus oder können in den Buchhandlungen *Thalia* und *Poertgen-Herder* für kleines Geld erworben werden. Das ebenfalls kostenfrei ausliegende Interviewmagazin *Stadtgeflüster* stellt Münsteraner und prominente Fans der Stadt vor. Zu den besten regionalen Monatsmagazinen aus der Stadt und dem Münsterland zählt *MÜNSTER!* mit Porträts und Reportagen. Die Wochenzeitungen, die umsonst an alle Haushalte verteilt werden, heißen *Kaufen und Sparen*, *Hallo Münster* und *Münster am Sonntag*. Obdachlose bieten ihre Zeitung *draußen!* monatlich in der Fußgängerzone der Innenstadt an.

Das Landesstudio Münster des *WDR* sorgt für Regionalnachrichten in Funk und Fernsehen. Der private, lokale Radiosender heißt *Antenne Münster* (95,4 MHz), der Campus-Sender für Studierende Radio Q (90.9 MHz).

Westfälische Nachrichten:
www.wn.de

Münstersche Zeitung:
www.muensterschezeitung.de

Ultimo:
www.ultimo-muenster.de

GIG:
www.gig-online.de

Na Dann:
www.nadann.de

Stadtgeflüster:
www.stadtgefluester-muenster.de

MÜNSTER!:
www.muenster-magazin.com

draußen!:
www.strassenmagazin-draussen.de

WDR:
www.wdr.de/studio/muenster

Antenne Münster:
www.antenne-muenster.de

Radio Q:
www.radioq.de

Weitere Medien in Münster:
www.muenster.de/medien.html

die Stadt, Touren per Fahrrad, Heißluftballon oder Kutsche, Fahrten zu den Wasserburgen im Umland, sportliche Aktivitäten, Kinderbelustigungen und kulturelle Events. Lustig wird es bei den Stadtführungen mit der fast 80-jährigen Elfriede Möllenbaum; jeweils am ersten Sonntag im Monat um 15 Uhr ab Lambertikirchplatz.

Klemensstraße 10
48143 Münster
☎ (0251) 4 92 27 70
Mo-Fr 10-18 Uhr
Sa 10-13 Uhr
www.stadt-lupe.de

Frauenforschungsstelle Münster e.V.

Der feministische Ort in Münster seit Mitte der achtziger Jahre. Frauenarchiv und Bibliothek zu allen Themen aus der Frauenperspektive mit Nachschlagewerken und über 50 Zeitschriften und Videos.

Achtermannstraße 10-12
48143 Münster
☎ (0251) 51 11 95
Fr 11-13 Uhr
www.muenster.org/schwarze-witwe

ZeitenLauf e.V.

Führungen durch die Stadt, bei denen man das Frauenleben in Münster von einst und jetzt kennenlernt. Erstaunliche Begebenheiten, Schicksale, Frauenberufe, lustige und traurige Ereignisse. Außerdem haben die Historikerinnen

Rundgänge in einfacher Sprache sowie für sehbeeinträchtigte Menschen entwickelt.

Warendorfer Str. 3 | 48143 Münster
☎ (0251) 4 81 64 02
www.muenster.org/geschichtswerkstatt

Kirchenfoyer Münster

Ausstellungen und Informationen zum kirchlichen Leben in der Stadt. Gottesdienstzeiten entnimmt man dem hier ausliegenden Flyer oder der Tageszeitung.

Salzstraße 1 | 48143 Münster
☎ (0251) 3 99 98 43 50
Mo-Fr 10 -18 Uhr | Sa 10-16 Uhr
www.kirchenfoyer.de

Karten-Vorverkauf

Jörgs CD-Forum

Alter Steinweg 4-5
☎ (0251) 5 88 89
Mo-Fr 10-20 Uhr | Sa 10-18 Uhr
www.cd-forum.com

WN-Ticket-Shop

Prinzipalmarkt 13-14
48143 Münster
☎ (0251) 69 05 93
Mo-Fr 9-18 Uhr | Sa 9-14 Uhr

Münsterland Ticket

Alversloher Weg 32
48155 Münster
☎ (0251) 6 09 49 10
Mo-Fr 10-18 Uhr | Sa 10-14 Uhr

ZU GAST IN MÜNSTER

TIPP für Menschen mit Behinderungen

Ausführliches Material, Wegweiser und einen Stadtplan bekommt man in der *Münster-Information* (S. 260). Im Internet informiert der Online-Stadtführer *KOMM Münster*. Hier gibt es auch Faxvordrucke für einen Notruf.

Hörbeeinträchtigte Menschen bestellen ihr Taxi per Fax bei der Taxi-Zentrale (0251) 9 87 79 47 oder bei Taxi-Ruf (0251) 2 55 19.

Auch in Tastmodellen können die Besucher einen Eindruck von Münster bekommen: Bronzemodelle der Innenstadt stehen zwischen Rathaus und Domplatz sowie auf dem Lambertikirchplatz. Eine Beschreibung in Blindenschrift ergänzt die Modelle.

Die Altstadt mit den Gebäuden innerhalb des Promenadenrings steht als Modell am Ende der Salzstraße vis-à-vis dem *Stadtmuseum* und auf dem Schlossplatz.

Eine Bronzetafel in der Form des Rathauses ist gegenüber vom Rathaus angebracht und ermöglicht blinden Menschen das Ertasten der Form des Giebels. Eine weitere Tafel in Blindenschrift gibt Einblicke in die Geschichte des Rathauses.

Das bundesweit beachtete Buch *Münster – ein Reiseführer in leichter Sprache* des Vereins *Zugvogel* führt Menschen, die Lernschwierigkeiten haben oder nicht gut lesen können, durch die Stadt.

Außerdem können Rundgänge in leichter Sprache sowie für Sehbehinderte und Gehörlose bei der Frauenforschungsstelle nachgefragt werden.

Münster zum Anfassen

KOMM Münster: komm.muenster.org

ZU GAST IN MÜNSTER

Mobil in Münster

Fahrradverleiher

Münster lässt sich prima per Draht-
esel erkunden. Hier können Sie Räder
parken oder ausleihen:

Radstation am Bahnhof

Die Leihgebühr beträgt 8 € am Tag.
Für 70 Cent pro Tag können Sie auch
Ihr eigenes Fahrrad parken.

*Berliner Platz 27a | ① (0251) 4 84 01 70
www.radstation-ms.de*

Radstation Münster Arkaden

Königsstraße 7 | ① (0251) 7 03 67 90

Weitere Fahrradverleiher in Münster:
www.muenster.de/stadt/tourismus/
radverleih.html

Auto

In der Innenstadt gibt es Parkhäuser
am Theater, Altem Steinweg, an der
Stubengasse, unter Aegidiimarkt
und *Münster Arkaden* (2 € für die
erste Stunde und höchstens 15 €
am Tag). Rund um den Bahnhof
sind sie an der Bahnhofstraße, dem
Bremer Platz und an der Engelenschanze (1,50 € für die erste Stunde
und höchstens 10 € am Tag). City-
nah sind auch das Parkhaus an der
Georgskommende und der Parkplatz
auf dem Schlossplatz.

Parkhäuser in Münster:
www.wbi-muenster.de

Münsters Radstation ist mit 3 300 Stellplätzen die größte in Deutschland.

Junges Gemüse in Münsters „guter Stube": Die Damen vom Swing-Trio *Zucchini Sistaz* radeln über den Prinzipalmarkt.

Autovermietungen

AVIS Autovermietung
Georgskommende 10 | ☎ (0251) 4 31 43
www.avis.de

Hertz Autovermietung GmbH
Siemensstr. 50a | ☎ (0251) 7 62 45 03
www.hertz.de

Sixt GmbH & Co.
Autovermietung KG
Weseler Straße 539 | ☎ (0251) 32 53 10
www.e-sixt.de

Bus und Bahn
In Münster fährt jeder Linienbus über den Hauptbahnhof. So muss man höchstens einmal umsteigen, egal wohin man möchte.
Busfahrplan für Münster und das

Münsterland im Internet:
www.stadtwerke-muenster.de
Download auf das Mobiltelefon:
www.mofahr.de

Mobilé
Fahrkartenverkauf für Bus und Bahn gegenüber dem Hauptbahnhof.

Berliner Platz 22
☎ 01803/50 40 30 (kostenpflichtig)
Mo-Fr 9-19 Uhr | Sa 9-14 Uhr

Taxi
Hier werden Sie gefahren:

Taxi–Zentrale	(0251) 6 00 11
City Taxi	(0251) 2 27 00
TaxiRuf	(0251) 2 55 00

DIE AUTOREN

Christa Farwick

Die Autorin ist Kommunikations-
beraterin. Ihre Wurzeln liegen im
Journalismus und in der Medien-
branche. Nachdem sie als junge
Reporterin mit Empathie das Leben
des Münsterländers unter die Lupe
nahm, vertiefte sie ihr Interesse am
kulturellen und sozialen Leben der
Menschen und studierte Ethnologie,
Soziologie und Politikwissenschaft.
1989 wurde Sohn Fabian geboren.
Christa Farwick ist eng mit Münsters Kulturleben verbunden und
machte sich mit ihrem Know-how
auch für die freie Kulturszene in
Münster stark. Film und Theater gehören zu ihren Leidenschaften.

Adam Riese

Der Münsteraner Adam Riese wurde
in den 80er Jahren als Sänger von
Punkrock-Bands wie *Die Fidelen
Schwager* oder *Äni(x)Väx* populär
und gab allerorten spektakuläre
Konzerte. Schon damals war Riese
auch als Entertainer unterwegs.
In den 90ern war er Veranstalter
obskurer Events und wurde Müns-
ters erster Schlager-DJ. Riese mo-
deriert seither Musikfestivals, Film-
partys und politische Diskussionen.
Im *Theater im Pumpenhaus* ist er der
Talkmaster der *Adam Riese Show*.
2001 schuf er ein Internetlexikon über
Münsters Kulturszene der 80er Jahre.
Ende 2004 veröffentlichte er den
Citywalk Münster, einen akustischen
Stadtführer im Hörbuch-Format.
www.adamriese.net

Christa Farwick und Adam Riese

Danke!

Für ihre Zeilen:
Dr. Götz Alsmann, Christoph Busch, Hannes Demming, Titus Dittmann, Mechthild Großmann, Wolfgang Hölker, Jürgen Kehrer, Ingrid Klimke, Barbara Müller, Dr. h.c. Ludwig Poullain, Dieter Sieger, Henning Wehland

Für Rat und Tat:
Jutta Balster, Isabelle Bettmer, Josef Bromenne, Ulla Flesch, Eduard Gödeke, Yvonne Happe, Hiltrud Herbst, Thomas Holz, Josef Horstmöller, Dr. Gabriele Kahlert-Dunkel, Dr. Devrim Karahasan, Dr. Thomas Kleinknecht, Prof. Kasper König, Rainer Kossuch, Petra Landwerth, Antonia Lotz, Benni Meier, Roman Mensing, Claudia Miklis, Anne Neugebauer, Dr. Carina Plath, Presseamt Stadt Münster, Anja Reining-Evering, Christel Riese, Lena Seydaack, Wolfgang Scherbening, Jürgen Schröder, Gabi Seifert, Hermann Stagnier, Steffi Stephan, Anne Surmund, Martin Trunz, Babsi Vahle, Nadja von Lüpke, Joscha Werschbizky

Für das Korrekturlesen:
Ylva Schwoon

Für Herz und Verstand:
Meram Karahasan
Fabian Farwick

TIPPS ZUM WEITERLESEN

Die umfassendste Sammlung von Münster-Literatur wurde von Walter Kutsch als Privatbibliothek geführt und 2013 dem Stadtarchiv Münster übergeben. Hier sind Rezensionen, Presseartikel und die komplette Literatur zu finden, die direkt oder indirekt mit Münster zu tun hat.

Datenbank von Walter Kutsch:
www.muenster.org/kutsch

Reiseliteratur

Baer-Schremmer, Ann:
Der Ausflugs-Verführer Münsterland. Ars vivendi, 2005.
Bauhüs, Helmut:
Das Münsterland. Die 100 Schlösser-Route. Ehrler-Mühle Verlag, 2006.
Reichert-Maja, Erika:
Münster – Kinder auf den Spuren der Stadt. Aschendorff Verlag, 2005.
Steinbicker , Otmar:
Die schönsten Radtouren im Münsterland. BVA Bielefelder Verlag, 1994.

Sachbücher

Audick, Anton und Ludewig, Ulrich:
Münstergewimmel (Kinderbuch)
Daedalus Verlag, 2013

Balster, Jutta:
Clara Ratzka. Leben und Werk einer münsterschen Schriftstellerin. Aschendorff Verlag, 2002.
Balster, Jutta:
Das Kreuzviertel in Münster. Bilder aus seiner Geschichte. Aschendorff-Verlag, 2004.
Möllenhoff, Gisela und Schlautmann-Overmeyer, Rita:
Jüdische Familien in Münster, Bd. 2/2, 1935-1945. Verlag Westfälisches Dampfboot, 2001.
Rademacher, Jörg W. und Steinhagen, Christian:
Gelehrtes Münster und rundum. Der Dichter und Denker Stadtplan, Jena Verlag 1800, 2005.

Und *Das Münsterbuch* gibt es auch auf Englisch.
Farwick, Christa und Riese, Adam:
The Münsterbook
Daedalus Verlag, 2007

Belletristik und Unterhaltung

Als Jürgen Kehrer 1990 seinen ersten Münster-Krimi mit dem Privatdetektiv Georg Wilsberg schrieb, war er ein Vorreiter; mittlerweile gibt es reichlich Mordgeschichten mit münsterländischem Lokalkolorit von Autoren wie Ursula Meyer, Andre Lütke-Bohmert, Andreas Busch, Michael Bresser und Martin Springenberg. Wilsberg gibt es seit 2012 auch als Comic, illustriert von Jörg Hartmann. Münsters erfolgreichste Krimi-Schreiberin Gisa Pauly lässt ihrer Bücher mittlerweile auf Sylt spielen. Kurzweilig sind auch die Musikkrimis von Bracht und Bracht. Otto Jägersberg karikierte das Münster der 1950er Jahre sehr witzig in seinem Roman *Weihrauch und Pumpernickel*. Mit anspruchsvoller Literatur machte sich der münstersche Schriftsteller Burkhard Spinnen einen Namen.

Bracht, Brigitte und Gerhard:
Tödliches Solo. Roman. Waxmann Verlag, 2009
Jägersberg, Otto:
Weihrauch und Pumpernickel – ein. Roman Diogenes Verlag, 1964
Hartmann, Jörg und Kehrer, Jürgen:
Wilsberg: In alter Freundschaft, Carlsen Comics, 2012
Justin, Harald:
Gut geraten – Das Münster-Quiz. Daedalus Verlag, 6. Aufl. 2009
Lüpkes, Sandra und Kehrer, Jürgen (Hg.):
Mörderisches Münsterland: Kurzkrimis von Bocholt bis Warendorf KBV, 2010
Ratzka, Clara:
Familie Brake. Roman. Agenda Verlag, 2000

Register ausgewählter Stichworte

ABSPANN

ABSPANN

ABSPANN

Bildnachweise

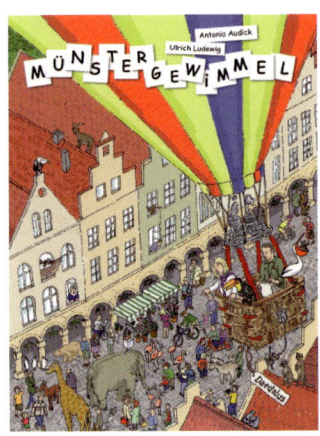

Antonia Audick - Ulrich Ludewig

Münstergewimmel

Pappbilderbuch, ab 2 Jahren
16 Seiten, 26 x 34 cm,
durchg. vierfarbig
ISBN 978-3-89126-280-1

„Ab sofort geht es auch in Münster so richtig schön wuselig
zu. Antonia Audick und Ulrich Ludewig haben das neue Bilderbuch *Münstergewimmel* liebevoll gestaltet."
Westfalenspiegel

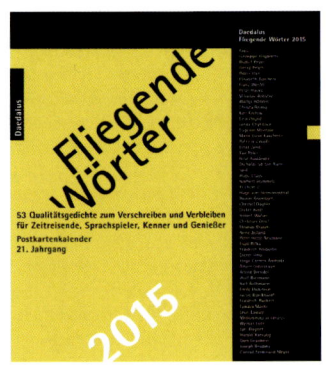

Fliegende Wörter
Postkartenkalender
56 Blatt – vierfarbig

Jedes Jahr neu – ab August:
53 Qualitätsgedichte zum
Verschreiben und Verbleiben.

„Dieser Kalender macht
süchtig. Man will ihn
immer wieder haben."
Münstersche Zeitung

Daedalus Verlag

STADTKARTE MÜNSTER

STADTKARTE MÜNSTER

STADTKARTE MÜNSTER